普通高等教育规划教材

大学军事理论教程

DAXUE JUNSHI LILUN JIAOCHENG

主　编　金恒刚　刘后根

副主编　曹良强　徐海军　涂明华

中国轻工业出版社

图书在版编目(CIP)数据

大学军事理论教程 / 金恒刚,刘后根主编. —北京:中国轻工业出版社,2010.8

ISBN 978-7-5019-7656-0

Ⅰ.①大… Ⅱ.①金…②刘… Ⅲ.①军事理论—高等学校—教育—教材 Ⅳ.①E0

中国版本图书馆 CIP 数据核字(2010)第 105680 号

责任编辑:刘云辉 张文佳

策划编辑:刘云辉 责任终审:劳国强 责任监印:张 可

出版发行:中国轻工业出版社(北京东长安街 6 号.邮 编:100740)

印 刷:华北石油华星印务有限公司

经 销:各地新华书店

版 次:2010 年 8 月 第 1 版 第 1 次印刷

开 本:787×1000 1/16 印张:16

字 数:330 千字

书 号:ISBN 978-7-5019-7656-0 定 价:26.00 元

邮购电话:010-65241695 传真:65128352

发行电话:010-85119835 85119793 传真:85113293

网 址:http://www.chlip.com.cn

Email:chub@chlip.com.cn

如发现图书残缺请直接与我社邮购部联系调换

100567J1X101ZBW

前言

孙子说:“兵者,国之大事,死生之地,存亡之道,不可不察也。”国防教育是国家为巩固和加强国防而对公民进行的普及性教育,是全民教育系统中的一个重要组成部分,接受国防教育,是每个公民的权利和义务。在高校中开展国防教育,是培养青年学生的国防意识、国防观念,进一步树立居安思危思想的重要途径。

本书严格按照教育部、总参谋部、总政治部2007年新修订的《普通高等学校军事课教学大纲》中的规定编写,同时吸收了近年来军事科学研究的新成果,力求融思想性、知识性、科学性于一体,以有利于扩大学生的军事知识面、增强学生的国防意识,是普通高校开展国防教育的实用教材。

本教材紧紧围绕国家人才培养和国防后备力量建设的需要,重点向青年学生传授中国国防建设、军事思想、国际战略环境、军事高技术、信息化战争等方面的基本理论知识,使学生认清国防与国家安危存亡、民族荣辱兴衰的密切关系,提高对国防地位和作用的认识,增强国防观念和国家安全意识;了解国际风云变幻及对我国安全构成的威胁与挑战,熟悉国家对外关系的方针和政策,明确自己所担负的历史责任;加深对中华民族爱国主义优良传统的理解,激发爱国热情;树立正确的世界观、人生观、价值观和高尚的理想情操,热爱祖国,关心国防,自觉为中华民族的振兴而奋斗。

本书由章清策划,金恒刚、刘后跟主编,全书分上、下篇,上篇为军事理论(第一、二、三、四、五章),下篇为军事技能训练(第六、七、八、九、十章);在编写过程中,参考、引用了有关专家、学者的研究成果,同时也得到了有关高校领导及同事们的大力支持,在此一并表示衷心的感谢。

由于国际政治、军事形势变幻莫测,军事高技术日新月异,加之编者的水平有限和资料的不足,书中难免有错漏之处,敬请读者和专家批评指正。

编　者

2010年4月

目　　录

第一章　中国国防

“国无防不立，民无兵不安。”国防是国家生存和发展的安全保障，关系到国家和民族的生死存亡和兴衰荣辱。建立巩固的国防是我国现代化建设的战略任务，是维护国家安全统一、全面构建社会主义和谐社会、实现中华民族的伟大复兴的重要保障。关注国防、建设国防，是我们义不容辞的责任。

第一节　国防概述

根据《中华人民共和国国防法》第2条规定，国防是指“国家为防备和抵抗侵略，制止武装颠覆，保卫国家的主权、统一、领土完整和安全所进行的军事活动，以及与军事有关的政治、经济、外交、科技和教育等方面的活动。”

一、国防的含义和目的

（一）国防的含义

国防是国家防务的简称。《中华人民共和国国防法》对国防的立法表述为：国防，是国家为防备和抵抗侵略，制止武装颠覆，保卫国家的主权、统一、领土完整和安全所进行的军事活动，以及与军事有关的政治、经济、外交、科技、教育等方面的活动。国防的行为主体是国家，其基本内容包括国防斗争和国防建设两个方面。

国防是综合国力的较量。“国不富无称雄之本，兵不强则无争霸之力”，这是古今中外、千百年来被历史所证明的真理。所以，凡国民都应关心国防，以弘扬国防观念为己任，关心、支持与参与国防建设。高校学生是一支具有强大战争威慑作用的战争潜在力量，是一支强大的国防后备军。从某种意义上看，大学生的国防观念、国防精神、国防能力将直接关系到国防的强弱、国家的兴衰。因此，作为当代大学生要以强烈的国防意识义无反顾地担负起强我国防、振兴中华的历史使命。树立关心国防、热爱国防、建设国防、保卫国防的光荣感和使命感，为国防现代化建设建功立业。

（二）国防的目的

1. 捍卫国家的主权

国家和主权不可分割，主权是国家存在的根本标志。如果一个国家的主权被剥夺，其他的一切，包括国家的独立、领土的完整、传统的生活方式、基本的政治制度、社会准则和国家荣誉、尊严等，都无从谈起了。因此，捍卫国家主权始终是国防最根本的目的和任务。

2. 保卫国家的统一

国家的统一是指国家由一个中央政府对领土内一切居民和事务行使完整的管辖权,不允许另立政府或分割国家的管辖权。从国际法的角度来说,保卫国家统一、反对分裂,历来是一个国家的内部事务,绝不允许外国干涉,这是一个原则性问题,不能有丝毫的含糊。因此,保卫国家的统一历来是国防的重要任务。

3. 保卫国家的领土完整

领土是指国家主权支配下的位于地球表面的特定部分以及其底土和上空。领土是国家存在和发展的自然物质前提,是构成国家的基本要素之一。国家主权与国家领土具有密切联系,领土既是国家行使其主权的空间,也是国家主权行使的对象,没有领土,主权就失去了存在空间和行使对象。国家的领土被侵占,主权必然要遭到侵犯。国防捍卫国家主权的独立,必然要保卫国家领土的完整。

4. 维护国家的安全

国家要正常地生存和发展,必须有一个安全的内外环境。一个国家如果没有和平、稳定的状态,不仅难以建设和发展。生存也会面临威胁。因此,维护国家的安全,也是国防的主要目的之一。一旦国家遭到外来侵略、颠覆和安全受到威胁,国防就必须履行自己的职能,抵御和挫败外来的侵略和颠覆,确保国家的和平、稳定状态;当国内敌对分子勾结外国敌对势力进行武装暴乱而危及国家安全时,国防力量就要采取措施,防止和平息这种内外勾结的暴乱,从而保卫国家安全。

二、国防要素

(一)国防的主体

国防的主体,是国防活动的实行者,通常为国家。任何国家,从其诞生之日起就要固国强边,防备和抵御各种外来侵略,以保障国家安全,维系国家生存,谋求国家发展。因此,国防必然随着国家的产生而产生,随着国家的发展而发展,最终也随着国家的消亡而消亡。从国家的本质上看,国家是阶级专政的工具,是统治阶级利益与意志的体现,实现这种利益与意志,必须通过国家权力。国防就是要维护国家的这种权力,同时,也只有依靠国家的这种权力才能使国防得以运转。从国防的本义看,国防是国家的防务,是全民族的防务,与国家的各个部门、各种组织以及全体公民都息息相关。加强国防建设,进行国防斗争,必须依靠国家各个方面的综合力量。

(二)国防的目的

国防的目的是保卫国家的主权、统一、领土完整和安全。它包含三方面的内容:一是捍卫国家的主权。主权是一个国家存在的根本标志。根据国际法的表述,主权是一国不受外来控制的自由。即一个主权国家按照自己的意愿选择适合自身发展的社会制度、国家制度、组织政府,独立自主地处理其国内事务和国际事务而不受他国干预或限制的最高权利和尊严。它是完整无缺、不可分割而独立行使的，如若主权被剥夺，其他一切包括国家独立、领土完整、政治制度、社会准则、传统生活方式等都毫无意义。因此，捍卫国家主权，是国防的首要目的和任务。二是保卫国家的统一、领土完整。国家的统一是指国家由一个中央政府对领土内一切居民和事务行使完整的管辖权，不允许另立政府或分割国家的管辖权。从国际法角度说，保卫国家的统一，反对分裂，历来是国家的内部事务，不允许外国干涉。领土完整是指凡属本国领土，决不能丢失，决不允许被分裂、肢解和侵占。领土既是国家行使主权的空间，又是国家主权行使的对象。三是维护国家的安全和稳定。国家要正常地生存和发展，必须有一个和平安全的外部环境和稳定的内部环境。

（三）国防的对象

国防的对象，就是指国防所要防备、抵抗和制止的行为，即"侵略"和"武装颠覆"。侵略，包括武装侵略和非武装侵略，武装侵略是指战争状态的侵略行为，对付武装侵略，国防行为使用战争手段进行制止，非武装侵略，是指运用各种经济、外交等手段进行的侵略行为，对付非武装侵略，国防行为则相应使用非战争手段。武装颠覆，是指颠覆国家政权、推翻社会主义制度的武装叛乱或者武装暴乱，这些武装叛乱、武装暴乱，对国家主权、统一、领土完整和安全，对我们的社会主义制度都构成严重威胁。

（四）国防的手段

国防的手段，是为达到国防目的而采取的方法和措施。面对对国家利益的各种形式的侵犯，威胁和危害最大的是武装侵犯，因此军事手段始终是主要手段，但又不是唯一手段，军事活动以及与军事有关的政治、经济、外交、科技、教育等方面的活动共同构成国防的整体，战时以军事手段为主，和平时以威慑为主，使平时的国防建设能量有节制地释放，达到"不战而屈人之兵"的最佳战略效果。

军事手段是国防的主要手段。国防的根本职能是捍卫国家利益，防备和抵御外来的各种形式侵犯，防备和平息内外部敌对势力相互勾结所发动的武装暴乱。对付武装入侵和武装暴乱最根本和最有效的是军事手段。

政治手段作为国防手段之一，指的是"与军事有关的"政治活动。政治对国防起着决定性的支配作用；国家的政治需要决定着国防的根本性质和类型；国家的政治指导思想和路线决定着国防的方向、方针和原则；国家的政治制度决定国防的根本制度；国家的政治素质制约国防的客观效应，其中，构成国防手段的政治活动主要是政治制度、政治思想工作、政治宣传等。

经济是国防的物质基础，社会经济制度决定国防活动的性质，社会经济状况决定国防建设的水平。现代条件下，无论是国防建设还是国防斗争，都要广泛采用经济手段，这些手段主要有国防经济活动、经济动员、经济战和经济制裁等。

国防外交活动主要是指国家与国家之间为了国防目的而开展的外交活动，它涉及军事政治关系、军队关系，军事战略关系、军事科技关系和军事经济关系等，它们都不是孤立的，而是有机联系的，从事国防外交活动的主体不单纯指武装力量，还包括国家机关和民间的一些部门。

此外，与军事活动相关的科技、教育等也是国防的重要手段。

三、国防的地位和作用

任何一个国家，从诞生之日起，首要的任务就是对内巩固政权，对外抵御侵略，保证国家的生存、安全与发展。国防的强弱与国家利益休戚相关，关系到国家安危、荣辱和兴衰。

（一）国防是国家安全的重要保障

为了保障国家安全，促进国家发展，各国都从本国实际出发，努力加强国防建设，同时在国民中普遍进行有关维护国家安全的国防教育，从物质和精神上加强军事斗争准备，强化国防实力，为国家的发展营造有利的条件和环境，保障国家安全。

（二）国防是国家独立自主的前提

"国无防不立，民无兵不安。"强大的国防，是确保国家安全、人民安居乐业的前提。有国无防，或国防不强，国家民族就要遭殃。旧中国沦为半殖民地半封建社会和新中国自立于世界民族之林的历史证明：国家和民族的独立，必须有强大的军队和巩固的国防。国家独立自主，民族兴旺，离不开具有强大战斗力的国防军和后备力量建设，离不开整个民族的尚武精神。在新的历史条件下，巩固的国防不仅是我们在异常激烈、错综复杂的国际环境中，赢得战略主动权的重要条件，也是完成祖国统一大业、全面构建社会主义和谐社会的重要保障。

（三）国防是国家繁荣发展的重要条件

一个国家只有有了巩固的国防，国家的其他建设事业才能顺利进行。否则这个国家的政权是无法稳定的，经济发展的目标难以实现，人民群众也无法安居乐业。因此，国家的生存、政权的稳固和经济发展利益的维护以及国际地位、形象的巩固，都必须有一个能够捍卫国家根本利益的国防。

四、现代国防的基本特征

现代国防是对传统国防的继承和发展，是一种全新的国防观念和国防实践活动。现代国防已不再是单纯的武力较量，而成为在综合国力的基础上，以军事手段配合政治、经济、科技、外交等手段进行的总体较量。

（一）现代国防是国家综合国力的体现

现代国防虽然仍以军事力量为主体，但不单纯指军事力量，还包括与国防有关的非军事力量，如政治、经济、外交、科技、文化等。此外，现代国防不仅依靠国家的现实实力，还依靠国家的潜力以及潜力转化为实力的能力。诸如国土面积、地理位置、自然资源、生产能力、人口数量和质量、科技和文化水平、交通运输和通信状况、国家政策和管理能力以及国际关系和国际地位等。如何运用这些条件，并在战时尽快而有效地使其得以增强，是一个国家综合国力强弱的根本体现。

(二)现代国防既是一种国家行为又是一种国际行为

现代国际政治经济的发展，把世界各国和地区的安全与发展利益同国际社会的整体利益日趋紧密地联系在一起，世界的和平与稳定已成为整个人类的共同奋斗目标。国家的安全与发展不仅与其本国利益相关，而且与国际的安全、发展和稳定息息相关。国家的发展离不开安全有利的国际环境，国际政治、经济的有序发展也有赖于各国国防的巩固。现代国防已不再仅仅是国家行为，而且日益成为一种国际行为。当代中国与世界的关系发生了历史性变化。中国经济已经成为世界经济的重要组成部分，中国已经成为国际体系的重要成员，中国的前途命运日益紧密地同世界的前途命运联系在一起。中国发展离不开世界，世界繁荣稳定也离不开中国。在新的历史起点上，中国坚定不移地走和平发展道路，坚定不移地推进改革开放和社会主义现代化建设，坚定不移地奉行独立自主的和平外交致策和防御性的国防政策，致力于与各国一道推动建设持久和平、共同繁荣的和谐世界。

(三)现代国防具有多层次的目标体系

政治、经济对现代国防影响程度的不断加深，使现代国防呈现出多层次的目标体系。从范围上，可分为自卫目标、区域目标和全球目标。自卫目标着眼于维护国家主权和领土完整；区域目标在维护本国安全利益的前提下，还努力争取维护周边地区的和平与稳定，以扩大自卫的纵深和弹性；全球目标着眼于维护世界和平与稳定，消除战争危险。从内涵上，也可分为不同的层次目标：在国家面临严重威胁时，国防目标要首先解决存亡问题；在和平与发展的情况下，要致力于保障国家的安全利益和发展利益，同时还应努力营造有利于国家发展的安全环境。

第二节　新中国国防的成就

从1949年新中国成立至今，新中国国防谱写了崭新的历史篇章，新中国国防建设取得了举世瞩目的巨大成就，新中国国防斗争取得了伟大而辉煌的胜利。经过60年的努力，中华人民共和国政治上独立，经济上迅速发展，综合国力不断增强，以一个负责任大国的形象屹立于世界。

一、新中国国防发展历程

(一)辉煌起步的十年(1949—1959)

这十年，在老一辈无产阶级革命家的正确领导下，国防和军队建设沿着正确的路线前进发展，国防建设、军队建设和作战均取得了辉煌成绩，为后来的国防和军队现代化建设打下了坚实的基础。

在军队建设方面，从精简整编入手，建立健全国家统一的军事领导指挥机关，建立诸军兵种合成体制，组建各类军事院校，开展军事科研，改善武器装备，建立一整套较为完善的军事制度,实施正规的军事训练等。

在军队作战方面,发扬了战争年代英勇善战的优良传统,在战略追击、大规模剿匪、抗美援朝、东南沿海军事斗争以及平息西藏武装叛乱等方面保卫了祖国领土的完整统一,维护了世界和平,支援了友邻国家人民的正义斗争;在巩固新生人民政权和支援国家经济建设方面也发挥了巨大的作用。

(二)曲折发展的二十年(1959—1978)

这二十年间,国防和军队建设取得了很大成就,但由于受到党内"左"的指导方针的影响,军队现代化、正规化水平下降。

曲折中的发展主要表现为:常规武器取得了重大进展,尖端武器有了明显突破,特别是20世纪60年代中期原子弹和氢弹的成功爆炸,使新中国成为世界五大核国家之一,并在此基础上组建了战略导弹部队;到20世纪70年代中期,国产装备已占全部装备的75%~97%。军事训练成为军队经常性中心工作,军队涌现了群众性练兵热潮;编写并贯彻新的条令、条例,规范了军队的军事训练和部队建设;20世纪70年代普遍开展了以打坦克、打飞机、打空降,防原子、防化学、防细菌为主的"三打"、"三防"训练。加强战备,粉碎了台湾当局乘大陆经济困难之机,反攻大陆的图谋。在20世纪60年代初先后取得了中缅边境勘界警卫战和中印边境自卫反击战的胜利;1969年取得了珍宝岛自卫反击战胜利;1974年取得了西沙群岛自卫反击战的胜利。

但是,从1966年至1971年,因"文化大革命"特别是林彪反革命集团的干扰,国防和军队的"三化"建设遭受了全面破坏,军队正常的教学训练秩序被打乱甚至被停止,规章制度被废止,部队作风受到破坏,纪律受到极大削弱。1971年"9·13"事件之后,军队建设有了转机,国防建设工作得到了恢复和发展。

(三)改革开放全面建设的三十年(1978—2008)

伴随中国改革开放30年伟大历史进程,国防和军队不断改革创新,全面加强革命化、现代化、正规化建设,为捍卫国家主权、安全、领土完整和维护世界和平作出了重要贡献。

20世纪70年代末至20世纪80年代,人民解放军走上中国特色精兵之路。基于和平与发展成为时代主题的科学判断,中央军委提出实现军队建设指导思想的战略性转变,即由准备"早打、大打、打核战争"转到和平时期建设的轨道上来,在服从和服务于国家经济建设大局的前提下,有计划有步骤地推进国防现代化建设。确立建设强大的现代化正规化革命军队的总目标,开创有中国特色的精兵之路。军队进行重大调整改革,裁减员额100万,朝着精兵、合成、高效的方向迈出重要一步。

进入20世纪90年代,人民解放军积极推进中国特色军事变革。确立以打赢现代技术特别是高技术条件下局部战争为基点的新时期积极防御军事战略方针,实施科技强军战略,制定国防和军队现代化"三步走"的发展战略,推进国防建设与经济建设协调发展。把中国特色军事变革作为军队现代化发展的必由之路，提出建设信息化军队、打赢信息化战争的战略目标，军队以军事斗争准备为牵引，加快武器装备发展，加强军兵种和应急机动作战部队建设，优化体制编制，裁减员额70万，防卫作战能力显著提升。

新世纪新阶段，人民解放军在新的历史起点上开创现代化建设新局面。坚持把科学发展观作为国防和军队建设的重要指导方针，贯彻统筹经济建设和国防建设、实现富国和强军统一的战略思想，全面履行新的历史使命，增强应对多种安全威胁、完成多样化军事任务的能力。军队加快机械化和信息化复合发展，积极开展信息化条件下军事训练，推进军事理论、军事技术、军事组织和军事管理创新，不断提高打赢信息化条件下局部战争的核心军事能力和实施非战争军事行动的能力。加强国防和军事的国防交流合作，在联合军演、国际军事竞技、维和与外海护航等方向都做出了卓有成效的努力，全面提升了我国国防和军队的形象。

二、新中国的国防斗争概况

中华人民共和国成立后，在加强国防建设的同时，为抵抗侵略，制止武装颠覆，保卫国家的主权、统一、领土完整和安全，我国武装力量同国内外敌人进行了多次坚决的斗争，并取得了一个又一个伟大的胜利。

（一）与国内敌人的斗争

1. 继续发展解放战争的伟大胜利

新中国成立时，祖国大部分地区已获得解放，但云南、贵州、四川、广东、广西、福建、新疆等省区和海南、舟山、万山等岛屿仍没解放，从1949年10月到1950年8月，人民解放军对残留的国民党军队展开了战略追击和围歼战，歼灭了盘踞在西南地区和中南、东南及西北等地区的国民党残余部队200余万人。1951年12月，我军进驻拉萨，解放了西藏苦难深重的百万农奴。至此，我军解放了除台湾及东南沿海少数岛屿外的全部国土，完成了统一祖国大陆的伟大事业。

2. 平息匪患和叛乱

1950年至1953年，我军在新解放区进行了大规模的剿匪斗争，共歼灭匪特武装260余万人，使全国范围内的匪患基本得以平息，保证了革命的胜利果实，巩固了新生的人民政权。1959年3月，西藏地方政府和上层反动集团发动了武装叛乱，人民解放军在当地爱国僧俗人民的协助下，进行了西藏平叛，粉碎了西藏分裂主义分子搞“西藏独立”的阴谋，维护了祖国的统一。

3. 粉碎国民党军队的窜扰活动

国民党当局从撤退台湾的时候起，就在美国政府的怂恿支持下，不断派遣军队，从海上和空中对大陆，特别是东南沿海地区，进行各种袭扰破坏活动。与此同时，逃往缅甸的国民党残部也不断窜扰云南边境地区。从1949年秋至1955年，人民解放军先后粉碎了国民党军在东南沿海地区的多次中小规模的登陆窜犯和武装袭扰活动,并解放了东山、一江山等20多个岛屿,共歼灭国民党军万余人。从1958年8月起,福建前线解放军部队对金门国民党军队,进行了大规模炮击,在军事上、政治上给美蒋以沉重的打击。驻云南的边防部队,从1950年起,与逃往缅甸的国民党军和武装特务进行大小战斗1302次,歼敌近3万人。

(二)自卫反击战

新中国成立后,为保卫和平,反对侵略,捍卫国家领土、主权的完整和安全,我军还与外国侵略者进行了多次交战,先后经历了1950年10月至1953年7月的抗美援朝战争,1962年10月至11月的对印自卫反击战,1969年3月的中苏珍宝岛自卫反击战以及1979年2月至3月的对越自卫反击战等边境自卫作战,此外,还有为保卫我蓝色海洋国土的1974年1月对越西沙保卫战,1988年3月对越南沙赤瓜礁海区之战。从新中国成立至20世纪70年代初,为保卫我领空击落美国作战飞机和高空无人侦察机数十架。

1. 抗美援朝战争

1950年6月,朝鲜爆发国内战争。美国打着"联合国军"的旗号侵入朝鲜。与此同时,美国还把其第七舰队开进台湾海峡,企图以武力阻止中国人民解放军解放台湾。10月上旬,美军已把战火烧到了中朝边境的鸭绿江和图们江附近,其飞机多次轰炸、扫射中国东北边境城镇和乡村,对中国的安全构成了严重的威胁。1950年10月25日,我国先后动员三批共25个野战军的207万志愿军,经过两年零九个月的艰苦作战,连续进行了5次战役,以小米加步枪,打败了美军的飞机加大炮,歼敌109万,把以美国为首的"联合国军"赶到了三八线以南,迫使美军不得不在停战协定上签字,取得了抗美援朝的胜利。美国参联会主席布雷德利无不感慨地说:"如果将战火引到中国大陆,那美国将会在错误的时间,错误的地点和错误的对象打一场错误的战争。"

2. 对印自卫反击战

由于历史的原因,中印之间的边界一直是以传统习惯界线来划分的。但印度政府继承与扩大英帝的衣钵,挑起边境冲突,居然对我国领土的东段边境"麦克马洪线"以南9万平方公里、中段边境2000平方公里以及一直在我国政府有效管辖下的西段边境阿克赛钦等地区33000多平方公里的领土提出领土争议,总计争议面积12.5万平方公里,相当于一个福建省的面积。1947年印度获得独立后,不仅要中国政府承认旧中国历届政府都没有承认的英属印度当局对中印边界非法、无效的划分,还企图通过武力手段把极不合理的大片领土要求强加于中国。从1951年到1958年间,印度在边境上对我国领土步步蚕食、侵占。印度方面错误估计了形势,企图乘人之危,它以为它当反华急先锋和南亚霸主,会得到美国和苏联等国的援助和赏识;以为当时中国经济困难已严重到不可克服的程度;以为美国支持台湾国民党当局正企图窜犯我东南沿海,牵制了我主要国防力量,西南地区防务空虚;以为中苏裂痕加深,中国"孤立无援"。所以,它认定此时是在中印边界全线进攻的"良好时机",不管它怎样进攻,中国是不敢还手的。1962 年 10 月 17、18 两日,入侵印军在东段和西段边境上,向中国边防部队进行猛烈炮击,挑起了大规模的边界武装冲突。一场对印自卫反击的"世界屋脊之战"打响了,第一阶段作战,从 10 月 20 日至 28 日的克节朗——达旺之役,首战告捷。从 11 月 16 日至 21 日,又迅速取得第二阶段作战胜利。在取得全面胜利的形势下,中国政府于 11 月 21 日宣布,从 22 日起中国边防部队在中印边境全线主动停火,主动后撤。从 12 月 1 日开始,我军回撤 1959 年 11 月 7 日中印双方实际控制线我侧 20 公里以内。其后,又将缴获的印军武器弹药和军用物资交还给印度,并释放了全部印军战俘。中国政府的这一举动,在战争史上是史无前例的,得到了世界上许多国家和人民的高度赞扬。中印边境自卫反击作战历时 1 个月,我军在西段清除了印军全部入侵据点,在东段进到了非法的"麦线"以南靠近传统习惯界线附近地区。总计歼灭入侵印军 8900 余人,有力地打击了当时印度扩张主义者的嚣张气焰。

3. 对越自卫反击战

1978 年年底,中美关系、中苏关系、中越关系、苏越关系变得异常复杂。中美接近对越、苏无疑构成重大威胁,苏联加速拉拢越南,促使越南迅速投向苏联,并在其南北统一后,立即开始了反华的举动。对内大加迫害华侨华人,对外频频骚扰我边境,打死打伤我边民及边防军,入侵我国领土拆毁我界碑。人不犯我,我不犯人,人若犯我,我必犯人。1979 年 2 月 17 日晨,集结在中越边境上的中国军队,以 9 个军的兵力,从广西、云南两个方向对越南 6 个省 11 个县发起进攻。空军部分战机起飞,沿边境我方一侧巡逻,海军部分战舰进入北部湾保卫石油平台。至 3 月 4 日,东线我军突进敌纵深 20 至 40 公里,攻占众多城镇和战略要地;西线我军突破敌防御纵深达 40 公里,越北各重镇被我军控制,威逼河内的态势已经形成,反击作战的战略目的已经达到。3 月 5 日,军委下达撤军命令。我西线部队于 3 月 13 日全部撤回中国境内,东线部队于 3 月 16 日全部撤回中国境内,对越自卫反击作战告一段落。对越之战,教训了侵略者的同时,也锻炼了我们的部队。

三、新中国国防建设成就

60 年来,我国的国防建设取得了辉煌的成就。主要表现在以下三个方面。

(一)铸造了一支现代化的合成军队

我军从人员数量庞大型向质量强大型跨越,由单一军种发展成为诸军兵种合成的强大军队,大大提高了现代条件下的合成作战能力。并且高技术军兵种已成为我军战斗力的骨干力量。如今陆军的装甲兵、炮兵、陆军航空兵等技术兵种已占 70%。海军已发展成为拥有水下潜艇、水面舰艇、航空兵、陆战队、岸防部队五大兵种在内的军种,成为海上的精锐之师,具备现代海上综合作战能力,也可协同其他军种进行海上作战。空军已拥有航空兵、空降兵、地面防空兵、雷达兵等诸多兵种,

具备较强的空中攻防作战能力。在全国范围内,构成了航空兵和地面诸兵种合成的完整防空体系。第二炮兵已形成了能独立或协同其他军种对敌实施自卫核反击和纵深常规打击能力。特别是核潜艇导弹和车载式机动洲际导弹的发射成功,标志着我们具有机动、隐蔽的二次核打击能力。

(二)形成了综合的国防工业和国防科研体系

航天工业,我国已成为世界上少数几个能独立研制和发射人造卫星的国家,是世界上第三个掌握卫星回收技术的国家。我国已成功研制和发射了几十颗人造卫星。我国长征运载火箭已形成比较完整的系列,成功地发射了几十颗国内外卫星。"神舟"一号宇宙飞船的发射成功和顺利返回,直到"神七"成功完成中国人首次太空行走,我国在航天领域有了实质性的飞跃。船舶工业,为中国海军设计建造了各类舰艇、辅助船舶达 100 余万吨。现在,为保卫我蓝色国土,要建造我们的航母。航空工业,从 1956 年 10 月的第一架喷气式歼击机研制成功起,已累计研制生产了包括歼击机在内的各种军用飞机以及多种民用飞机。国防工业各领域的发展和取得的成绩充分说明我国国防科研体系的成熟,不仅具备较强的设计能力,而且具有综合研制能力。

现在,中国正在加快国防科技工业改革创新,推进军工企业战略性结构调整、专业化重组,提高武器装备研制的自主创新能力,努力构建军民结合、寓军于民的国防科技工业新体系。

(三)建立了比较完善的国防动员体制,国防后备力量建设取得了长足的发展

改革开放以来,在提高综合国力的同时,健全了国防动员机构,我国于 1995 年成立了战争动员委员会,下设兵员动员、经济动员等 4 个办公室,负责指导、协调全国的后备力量建设和动员工作,保证国家在一旦发生战争的紧急情况下,能很快由平时状态转入战时状态,调动足够的人力、财力、物力应付战争的需要。现在,我国国防后备力量建设,经过一系列的调整改革,实现了指导思想的战略性转变,走上了在相对和平时期稳步发展的轨道,确立并实行了民兵与预备役相结合的制度,初步形成了具有中国特色的国防后备力量体系。民兵、预备役部队在参战支前、保卫边疆、发展生产、扶贫帮困、抢险救灾、维护社会治安等方面发挥了重要作用,为国家的改革、发展和稳定作出了巨大的贡献。此外,在边防、海防建设方面也取得突破性进展,在国际安全合作方面作出了巨大的贡献。

第三节 国防法规

国防法规是调整国防和武装力量建设领域各种社会关系法律规范的总和,是国家法律体系的重要组成部分,是加强国防和武装力量建设的基本依据。在国家强化依法治国和社会主义市场经济体制不断完善的新形势下,国防法规对于保障国防和军队建设的顺利进行,做好军事斗争准备具有十分重要的意义。

一、国防法规的特性

国防法规是国家法律的组成部分，是由国家制定或认可的，并由国家强制力保证其实施的行为规范，具有法律的一般特性，即鲜明的阶级性、高度的权威性、严格的强制性、普遍的适用性和相对的稳定性。同时，国防法规还具有区别于其他法规的特殊性，主要表现在以下三个方面：

1. 调整对象的军事性

法律是调整社会关系的行为规范，不同的法律规范用来调整不同领域的社会关系，国防法规所调整的是国防和武装力量建设领域的各种社会关系，包括军队内部的社会关系、武装力量内部的社会关系、武装力量与外部的社会关系。这些带有军事性的社会关系是国防法规特有的调整对象，是其他任何法律规范所不能代替的，这是国防法规特性的一个基本表现。

2. 司法适用的优先性

国防法规优先适用，是指在解决与国防利益、军事利益有关的法律问题时，如果国防法规和普通法都有相关的规定，要以国防法规的规定作为评判是非的标准和采取行动的准则。优先适用不是指先后顺序，而是一种排他性的单项选择。在涉及国防利益、军事利益的案件中，只适用国防法规，不适用普通法。国防法规属于特别法。“特别法优先于普通法”是国际公认的法律适用原则。

3. 处罚措施的严厉性

国防法规所保护的国防利益，是关系到国家兴衰存亡的最根本的国家利益，因而对危害国防利益的犯罪实行比较严厉的处罚。

同一类型的犯罪，危害国防利益的从重处罚。如《刑法》规定，抢劫罪通常处三年以上十年以下有期徒刑；而冒充军警人员抢劫的，抢劫军用物资的，处十年以上有期徒刑、无期徒刑或者死刑。

战时从重处罚。所谓战时，是指国家宣布进入战争状态、部队受领作战任务或者遭敌袭击时，部队执行戒严任务或者处置突发性暴力事件也以战时论。《兵役法》、《刑法》的许多条款都申明战时从重处罚。如《兵役法》规定，平时应征公民拒绝、逃避征集拒不改正的，在两年内不得被录取为国家公务员、国有企业职工，不得出国或者升学，还可同时处以罚款；而战时要依法追究刑事责任。

对军人违反职责的犯罪从重处罚。《刑法》规定的军人违反职责罪有30项罪名，其中12项罪名最高刑罚为死刑。对军人犯罪给予较重的处罚，是由军事斗争的特殊性决定的，是保障完成军事任务的需要。

二、国防法规体系

我国的国防法规，按立法权限分为四个层次：第一个层次是法律，是由全国人民代表大会及其常务委员会制定的。第二个层次是法规，是由国务院和中央军委制定的，由中央军委制定的为军事法规，由国务院制定或国务院与中央军委联合制定的为军事行政法规。第三个层次是规章，由军委各总部、各军兵种、各军区制定的为军事规章，由国务院有关部委与军委有关总部联合制定的为军事行政规章。第四个层次是地方性法规，是由省、自治区、直辖市人民代表大会及其常务委员会制定的贯彻执行国家国防法规的实施办法、实施细则和补充规定等。

我国的国防法规按调整领域可以分为十六个门类：国防基本法类、国防组织法类、兵役法类、军事管理法类、军事刑法类、军事诉讼法类、国防经济法类、国防科技工业法类、国防动员法类、国防教育法类、军人权益保护法类、军事设施保护法类、特区驻军法类、紧急状态法类、战争法类、对外军事关系法类。不同门类的国防法规调整和规范国防和军事活动的领域不同。

三、公民的国防义务和权利

（一）公民的国防义务

1. 兵役义务

兵役义务是公民在参加国家武装力量和以其他形式接受军事训练方面应当履行的责任。《兵役法》第三条规定："中华人民共和国公民，不分民族、种族、职业、家庭出身、宗教信仰和教育程度，都有义务依照本法的规定服兵役。"公民履行兵役义务的主要形式有三种。

第一，服现役。现役是公民在军队中所服的兵役，参加中国人民解放军和武装警察部队都是服现役。按照《兵役法》的规定，每年 12 月 31 日以前，年满 18 岁的男性公民，应当被征集服现役。当年未被征集的，在 22 岁以前，仍可以被征集服现役。根据军队需要，也可以征集 18 岁至 22 岁的女性公民服现役。同时，《兵役法》还规定，不得征集正在受到侦查、起诉、审判或者被判刑的应征公民。《兵役法》对有关违法行为也作出了惩处的规定。如有服兵役义务的公民拒绝、逃避征集的，政府可以作出在两年内不得录取其为国家公务员、国有企业职工，不得出国或者升学的决定。

除了征集新兵，军队平时还采取其他一些方式从适龄公民中选拔人员。如军事院校从青年学生中招收学员，部分普通高等学校招收国防生，军队招收高等学校毕业生入伍，军队从非军事部门具有专业技能的公民中招收志愿兵。符合服兵役条件的公民，可以通过以上途径参加人民解放军或武警部队服现役。

战时，预备役人员应随时准备应召服现役，在接到通知后，必须准时到指定的地点报到。遇有特殊情况，国务院和中央军事委员会可以决定征召 36～45 岁的男性公民服现役。应征公民拒绝、逃避征集构成犯罪的，依法追究刑事责任。

第二，服预备役。预备役是公民在军队以外所服的兵役，是国家储备后备兵员的形式。根据《兵役法》规定，预备役分为军官预备役和士兵预备役，并分别区分为第一类预备役和第二类预备役。公民服士兵预备役的年龄为18~35岁。

公民服预备役主要包括三个方面。一是登记服预备役。每年9月30日之前，兵役机关要对到年底满18岁的男性公民进行兵役登记。二是参加民兵组织。民兵分为基干民兵和普通民兵。28岁以下的退出现役的士兵和经过军事训练的人员以及选定参加军事训练的人员，编为基干民兵；其余18岁至35岁的男性公民，编为普通民兵。三是编入预备役部队。预备役部队是以现役军人为骨干，以预备役军人为基础，按照军队的编制体制建立起来的军事组织。它是战时成建制快速动员的重要形式。公民编入预备役部队担任预备役军官或士兵，都是服第一类预备役。

第三，参加学生军事训练。《兵役法》规定："高等院校的学生在就学期间，必须接受基本军事训练。""高级中学和相当于高级中学的学校，配备军事教员，对学生实施军事训练。"这些规定表明，接受军事训练是学生必须履行的兵役义务。学生军事训练依据教育部和解放军总参谋部、总政治部联合制定的《普通高等学校军事课教学大纲》、《高级中学和相当于高级中学军事训练大纲》组织实施。高等学校军事课含军事理论教学和军事技能训练，其中军事理论教学时数为36学时，军事技能训练时间为2~3周，实际训练时间不少于14天。各项教学和训练都规定了明确的内容和教学目标，必须严格执行。高等院校将军事训练作为必修课纳入教学计划，将学生军事训练考核成绩载入本人档案，考核不合格的，按高等院校学籍管理办法和有关规定处理。

2. 接受国防教育的义务

国防教育是建设和巩固国防的基础，是增强民族凝聚力、提高全民素质的重要途径。国家通过立法把国防教育作为公民的法律义务规定下来。

我国的《宪法》、《国防法》、《教育法》、《全民所有制工业企业法》等，都有明确的国防教育内容。2001年4月28日第九届全国人民代表大会常务委员会第二十一次会议通过的《中华人民共和国国防教育法》对国防教育的地位、目的、方针、原则，国防教育领导、保障，学校的国防教育，社会的国防教育和法律责任等作出了具体规定。2001年8月31日第九届全国人民代表大会常务委员会第二十三次会议通过《关于设立全民国防教育日的决定》，确定每年9月第三个星期六为全民国防教育日。依照法律规定，全体公民都是国防教育的对象，都有接受国防教育的权利和义务。

国防教育的内容主要包括国防理论教育、国防精神教育、国防知识教育和国防技能教育以及战备形势教育、国防任务教育、敌情等特定教育。这些教育相互联系、相互渗透、相互促进，其核心都是爱国主义精神教育。

3. 保护国防设施的义务

国防设施是指国家直接用于国防目的的建筑、场地和设备。其中包括军事设施、人民防空设施、国防交通设施和其他用于国防目的的设施。国防设施是国防建设的成果，是国防活动的依托，是抵抗侵略、保卫祖国的物质条件，在巩固国防、维护国家安全利益方面具有重要作用。国家采取一切必要措施保护国防设施。

公民在从事经济、文化和其他社会活动时，应当遵守法律的规定，自觉保护国防设施。对于破坏、危害国防设施的行为，公民应当对其检举、控告或制止。破坏、危害国防设施的，要承担相应的法律责任。国防秘密是指关系国家安全利益，在一定时间内只限一定范围人员知悉的军事或与军事有关的政治、经济、外交、科技、教育等方面的事项。国防秘密的主要表现形式是国防秘密信息和国防秘密载体。保守国防秘密事关国家的安危。公民应当遵守《中华人民共和国保守国家秘密法》以及有关的保密规定，严格保守国防方面的国家秘密。发现国防方面的国家秘密已经泄露或者可能泄露时，应立即采取补救措施并及时报告。

4. 支持国防建设、协助军事活动的义务

我国的国防是全民国防，公民应当积极参与和支持国防建设。支持国防建设的形式是多种多样的，公民所做的一切有利于国防建设的事都是支持国防建设。军事活动是国防活动的核心内容。公民和组织应当根据自己的能力和条件，自觉地提供便利和协助。

（二）公民的国防权利

公民不仅有履行保卫国防的义务，同时还在履行义务中享有国防权利。根据我国国防法规的相关规定，我国公民主要享有以下国防权利。

1. 提出建议权

公民依法对国防建设的指导思想、方针、原则、规章制度、实施方法等提出建议，是公民依照宪法享有的对国家事务建议权在国防建设方面的体现。

2. 制止和检举权

制止危害国防利益的行为，是指公民依法采取一定的方式方法使危害国防的行为停止下来，从而维护国防利益。对于危害祖国安全的行为，公民有权采取一切合法手段制止其发生、发展。

检举危害国防利益的行为，是指危害国防的行为发生后，公民对违法行为进行揭发。《国防法》规定公民享有制止和检举权，及时发现和有效地制止、打击侵害国防利益的违法犯罪行为，对维护国防利益，加强国防建设有着重要作用。

3. 获得补偿权

《国防法》规定公民享有获得补偿权。国家进行国防建设，武装力量开展军事活动，在某些情况下可能对公民的合法权益产生一定的影响甚至造成经济损失，公民可以按国家有关规定请求政府或军事机关予以补偿。

在战时和其他紧急状态下，有些补偿措施是在事后落实的，不应把预先得到补偿作为接受征用的条件。同时“补偿”不同于“赔偿”。补偿是由国家机关工作人员或军事人员的合法行为引起的，是国家对公民因国防活动受到损失所采取的补救措施,仅限于直接经济损失,不包括间接经济损失和精神损失,因此,必须实事求是地进行申请和核实。

第四节　国防建设

国防建设是国家为国家安全利益需要,提高国防能力而进行的各方面的建设,它是国家建设的重要组成部分,包括精神建设和物质建设两个方面。国防建设主要包括:武装力量建设,边防、海防、空防及战场建设,国防科技与国防工业建设,国防法制建设,国防动员建设,国防教育以及与国防相关的交通、通信、能源、航天建设等。国防建设的重点是武装力量建设。

一、国防领导体制

国防领导体制,是国家谋划、决策、指挥、协调国防建设和军事斗争的组织体系及相应制度,包括国防领导机构的设置、职权划分和相互关系等,是国家体制和军事组织体制的重要组成部分。国防领导体制对发挥综合国力,实现国防目的具有至关重要的作用。

(一)国防领导的特征及组织形式

我们党和国家对国防的领导,核心是制定国防政策和战略方针,对武装力量和国防建设事业实施全面的领导和管理。国防建设事业的领导和管理,涉及国家整体力量的正确运用和作用的发挥,直接关系到国家安全与发展。所以,党和国家对国防的领导是党和国家的重要职能,是国家政权机构行使最高国家权力的一种表现。正是由于国家对国防领导的这种职能,决定了国防领导在组织上具有最高层次性,在意志上具有最高权威性,在内容上具有极大的广泛性,在活动方式上具有严密性等特点。

党和国家对国防的领导,是通过一定的组织机构来实现的。我国最高国防领导的组织形式,体现了国体、政体和传统的一致性。它的一个基本特征就是党在国防领导中的决定性地位和作用。在革命战争年代,军事最高领导是党中央的军事委员会,党中央主席兼任军委主席,实行一元化领导。新中国成立以来,中国共产党成为执政党,是国家和社会主义建设事业的领导核心。我国的最高国防领导,也在实践中不断发展完善。其组织形式经历了多次变革,但根本的一条没有变,即中国共产党的核心领导。1982 年 12 月 4 日,中华人民共和国第五届全国人民代表大会第五次会议通过的《中华人民共和国宪法》规定,中华人民共和国中央军事委员会领导全国武装力量。同时规定,国家中央军委和中共中央军委同设一个机构,组成人员和对军队的领导职能完全一致。这样,既坚持和改善了党的领导,又进一步明确了军事系统在国家机构中的地位,确立了由党和国家共同行使领导职责的最高国防领导体制。

我国最高国防领导体制的组织形式，既体现了党对武装力量和国防建设事业的领导，又有利于国家机构领导全国武装力量，领导和管理国防建设职能的发挥，这对于国家加强武装力量的革命化、现代化、正规化建设，增强国防力量，实现国防现代化的宏伟目标，是强有力的组织保证。

（二）中华人民共和国国防领导职权

根据宪法和国防法，中华人民共和国的国防领导职权由以下机构行使：

1. 中共中央的国防领导职权

中国共产党作为执政党，是领导中国社会主义事业的核心力量。中共中央在国家生活包括国防事务中发挥决定性的领导作用。有关国防、战争和军队建设的重大问题，都由中共中央、中央军委、中央政治局及其常务委员会作出决策并通过必要的法定程序，作为党和国家的统一决策贯彻执行。

2. 全国人民代表大会及其常务委员会的国防领导职权

中华人民共和国全国人民代表大会是最高国家权力机关。它在国防方面的职权主要有：全国人民代表大会选举国家中央军委主席，根据中央军委主席的提名，决定中央军委其他组成人员的人选；决定战争和和平的问题，并行使宪法规定的国防方面的其他职权。全国人大常委会在全国人民代表大会闭会期间决定战争状态的宣布，决定全国总动员或者局部动员，并行使宪法规定的国防方面的其他职权。

3. 国家主席的国防领导职权

中华人民共和国主席的国防领导职权主要有：根据全国人民代表大会的决定和全国人民代表大会常务委员会的决定，宣布战争状态；根据全国人民代表大会的决定和全国人民代表大会常务委员会的决定，发布动员令；公布全国人民代表大会及其常务委员会制定的有关国防方面的法律；根据全国人民代表大会常务委员会的决定，授予在国防方面的国家勋章和荣誉称号；根据全国人民代表大会常务委员会的决定，批准或废除同外国缔结的有关国防方面的条约和重要协定。

4. 国务院的国防领导职权

中华人民共和国国务院是最高国家权力机关的执行机关，是最高国家行政机关。它的国防领导职权包括：编制国防建设发展规划和计划；制定国防建设方面的方针、政策和行政法规；领导和管理国防科研生产；管理国防经费和国防资产；领导和管理国民经济动员工作和人民武装动员、人民防空、国防交通等方面的有关工作；领导和管理拥军优属工作和退出现役军人的安置工作；领导国防教育工作；与中央军事委员会共同领导中国人民武装警察部队、民兵的建设和征兵、预备役工作以及边防、海防、空防的管理工作；法律规定的与国防建设事业有关的其他职权。

5. 中央军事委员会的国防领导职权

中华人民共和国中央军事委员会是最高国家军事机关，与中共中央军事委员会是同一机构，负责领导全国武装力量。其职权主要包括：统一指挥全国武装力量;决定军事战略和武装力量的作战方针;领导和管理中国人民解放军的建设,制定规划、计划并组织实施;向全国人民代表大会或者全国人民代表大会常务委员会提出议案,制定军事法规,发布决定和命令;决定中国人民解放军的体制和编制,规定总部以及军区、军兵种和其他军级单位的任务和职责;任免、培训、考核和奖惩武装力量成员;批准武装力量的武器装备体制和武器装备发展规划、计划,协同国务院领导和管理国防科研生产;会同国务院管理国防经费和国防资产;法律规定的其他职权。

中央军委实行主席负责制,中央军委主席实际即为全国武装力量的统帅。中央军委组成人员为:中央军委主席,副主席若干人,委员若干人。中央军委下设总参谋部、总政治部、总后勤部、总装备部。总部既是中央军委的工作机关,又是全军军事、政治、后勤、装备工作的领导机关。

二、国防政策

中国奉行防御性的国防政策。我国把捍卫国家主权、安全、领土完整,保障国家发展利益和保护人民利益放在高于一切的位置,努力建设与国家安全和发展利益相适应的巩固国防和强大军队,在全面建设小康社会进程中实现富国和强军的统一。新世纪新阶段中国国防政策的基本内容包括以下几个方面。

(一)维护国家安全统一,保障国家发展利益

我国国防的基本目标是:维护国家安全统一,保障国家发展利益,建立符合中国国情和适应世界军事发展趋势的现代化国防。坚持科学统筹发展与安全,防范和遏止"台独"分裂势力及其活动。运用多元化手段应对传统和非传统安全威胁,防范和打击一切形式的恐怖主义、分裂主义和极端主义,谋求国家政治、经济、军事和社会的综合安全。人民解放军坚决履行新世纪新阶段的历史使命,不断提高应对各种安全威胁、完成多样化军事任务的能力,确保在各种复杂形势下能有效应对危机、维护和平、遏制战争、打赢战争。

(二)推进国防和军队建设全面协调可持续发展

贯彻落实科学发展观,实现国防建设与经济建设协调发展。在相对稳定的和平时期,经济建设是国家的中心任务,国防建设服从和服务于国家经济建设大局;国家在集中精力进行经济建设的同时,高度重视国防建设,使国防和军队现代化进程与国家现代化进程相一致。坚持平战结合、军民结合、寓军于民的方针,在经济基础设施建设中兼顾平时和战时的需要,积极开发军民两用技术和产品,实行军地设施共用、人才通用,以一项投入同时获得经济效益、社会效益和国防效益,形成国防建设和经济建设协调发展的机制。使国防建设融入经济社会发展体系之中,在发展经济的同时增强国防实力。深化体制编制和政策制度调整改革,注重解决体制机制上制约军队发展的深层次矛盾和问题,着力推进军事组织体制创新和军事管理创新,提高军队现代化建设的效益。坚持依法从严治军,完善军队的法规制

度，保障部队官兵的合法权益，加强部队的严格管理。弘扬革命英雄主义，大力培育战斗精神，继承和发扬优良传统，保持我军的政治本色。

（三）加强以信息化为主要标志的军队质量建设

适应世界新军事变革的发展趋势，大力加强以信息化为主要标志的军队质量建设。坚持以机械化为基础，以信息化为主导，推进信息化机械化复合发展，实现军队火力、突击力、机动能力、防护能力和信息能力整体提高。实施科技强军战略，依靠科技进步加快战斗力生成模式的转变。提高国防科研能力，力争在一些基础性、前沿性、战略性技术领域取得重大突破，加速高新技术武器装备发展，改造现役武器装备，形成系统配套的武器装备体系。加紧构建适应信息化战争需要的联合作战指挥体制、训练体制和保障体制，加强诸军兵种的综合集成建设，优化军队结构，发展信息化条件下的作战理论。实施人才战略工程，培养大批适应军队信息化建设、胜任信息化条件下作战任务的高素质新型军事人才。提高训练的科技含量，创新训练内容、方式和手段，推动军事训练向更高层次发展。

（四）贯彻积极防御的军事战略方针

我国在战略上奉行防御、自卫和后发制人的原则，贯彻积极防御的军事战略方针。和平时期，采取积极的措施遏制危机、遏制战争，灵活运用政治、经济、军事、外交等手段，改善国家的战略环境，减少不安全、不稳定因素，尽量使国家建设免遭战争的冲击；战争爆发之后，实行战略上的防御、战役战斗上的进攻，以积极的攻势作战行动来达到战略防御的目的。陆军逐步由区域防卫型向全域机动型转变，提高空地一体、远程机动、快速突击和特种作战能力；海军逐步增大近海防御的战略纵深，提高海上综合作战能力和核反击能力；空军加快由国土防空型向攻防兼备型转变，提高空中打击、防空反导、预警侦察和战略投送能力；第二炮兵逐步完善核常兼备的力量体系，提高信息化条件下的战略威慑和常规打击能力。

（五）坚持自卫防御的核战略

我国的核战略贯彻国家的核政策和军事战略，根本目标是遏制他国对我国使用或威胁使用核武器。我国始终奉行在任何时候、任何情况下都不首先使用核武器的政策。无条件地承诺不对无核武器国家和无核武器地区使用或威胁使用核武器，主张全面禁止和彻底销毁核武器。我国的核力量由中央军事委员会直接指挥，坚持自卫反击和有限发展的原则。建设一支精干有效的核力量，增强核武器的安全性、可靠性，保持核力量的战略威慑作用。我国对发展核武器采取极为克制的态度。过去没有、将来也不会与任何国家进行核军备竞赛。

（六）营造有利于国家和平发展的安全环境

按照和平共处五项原则开展对外军事交往，发展不结盟、不对抗、不针对第三方的军事合作关系。参与国际安全合作，加强与主要大国和周边国家的战略协作和磋商，开展双边或多边联合军事演习，推动建立公平、有效的集体安全机制和军事互信机制，共同防止冲突和战争。支持按照公正、合理、全面、均衡的原则，实现有效裁军和军备控制,反对核扩散,推进国际核裁军进程。遵守联合国宪章的宗旨和原则,履行国际义务,参加联合国维和行动、国际反恐合作和救灾行动,为维护世界和平稳定发挥积极作用。

三、武装力量建设

武装力量建设是指为建立和加强国家武装力量所采取的一系列举措,它以军队建设为主体,是国防建设的重要组成部分。

(一)武装力量的构成

《中华人民共和国国防法》规定:“中华人民共和国的武装力量,由中国人民解放军现役部队和预备役部队、中国人民武装警察部队和民兵组成。”

1. 中国人民解放军现役部队和预备役部队

人民解放军是中国武装力量的主体力量。它诞生于1927年8月1日,历经了红军、八路军和新四军、人民解放军等发展阶段。它从小到大,由弱到强,在解放中国人民的长期武装斗争中,先后打败了国内外一切反动军队、反动势力和日本侵略者,为新中国的诞生立下了不朽功勋。新中国成立后,又在抗美援朝和历次边境反击战争中捍卫了国家主权和尊严,成为保卫祖国和社会主义建设事业的坚强柱石。它由现役部队和预备役部队组成。

现役部队,是国家的常备军。它由陆军、海军、空军和第二炮兵组成。

预备役部队,是具有一定战斗力的准正规部队。它以现役军人为骨干,以预备役军官、士兵为基础,按统一编制编成,能在战时迅速转为现役部队。它是中国人民解放军的重要组成部分,是战时首批动员的后备力量。

预备役部队组建于1983年。其中包括陆军、海军、空军和兵种预备役部队。预备役部队已列入解放军建制序列,实行统一编制,授有番号、军旗,执行人民解放军的条令、条例。预备役部队平时隶属于省军区(卫戍区、警备区),战时转入现役后隶属指定部队(海、空军预备役部队归海、空军建制,平时受海、空军和省军区或卫戍区或警备区双重领导)。

人民解放军的性质:中国共产党缔造和领导的,用马克思列宁主义、毛泽东思想、邓小平理论武装起来的人民军队;中华人民共和国的武装力量,人民民主专政的坚强柱石。概括起来就是“党的军队,人民的军队,社会主义国家的军队”。

人民解放军的宗旨:紧紧地和人民站在一起,全心全意为人民服务。

人民解放军的使命:巩固国防,抵抗侵略,保卫祖国,保卫人民的和平劳动,参加国家建设。

2. 中国人民武装警察部队

人民武装警察部队成立于1982年6月19日,是中华人民共和国武装力量的重要组成部分,是保卫社会主义现代化建设的重要力量。

《国防法》规定,人民武装警察部队担负国家赋予的安全保卫任务,维护社会秩序。它是人民民主专政的重要工具之一。人民武装警察部队根据人民解放军的建军思想、宗旨和原则,按照人民解放军的条令、条例和有关规章制度,结合武警部队特点进行建设。

人民武装警察部队属于国务院编制序列,由国务院、中央军委双重领导,实行统一领导管理与分级指挥相结合的体制。人民武装警察部队总部,下属武警指挥部、武警总队、武警机动师和武警院校;各省、自治区、直辖市设武警总队,各总队下属武警支队、初级指挥学校。

3. 中国民兵

民兵,是不脱离生产的群众武装组织,是中华人民共和国武装力量的组成部分,是人民解放军的后备力量。民兵初建于第一次国内革命战争时期。革命战争年代,民兵为民族的解放,打败日本侵略者和新中国的建立作出了巨大的贡献。正如毛泽东所说:"兵民是胜利之本。"新中国成立后,民兵成为国家武装力量的组成部分,在建设祖国、保卫祖国中发挥了重大作用。

民兵的使命。积极参加社会主义现代化建设,带头完成生产任务;担负战备勤务,保卫边疆,维护社会治安;随时准备参军作战,抵抗侵略,保卫祖国。

民兵的组织领导体制。全国民兵工作在国务院、中央军委领导下,由总参谋部主管;各大军区按照上级赋予的任务,负责本区域的民兵工作;省军区(卫戍区、警备区)、军分区和县(市)人民武装部是本地区的民兵领导指挥机关;乡、镇、街道和企事业单位人民武装部,负责民兵和兵役工作。地方各级人民政府,对民兵工作实施原则领导,对民兵工作实施组织和监督。

民兵制度。政治合格、身体好是民兵必须具备的基本条件。民兵可分为基干民兵和普通民兵。基干民兵:由28岁以下复员军人和经过选拔的军事素质过硬的男女青年组成,其中,女民兵人数控制在适当比例。普通民兵:由18~35岁,符合服兵役条件的男性公民组成。边疆、海防、少数民族地区和特殊情况下,基干民兵的年龄可适当放宽。兵役法规定,实行民兵和预备役相结合制度。一是基干民兵为一类预备役,普通民兵为二类预备役;二是参加民兵组织与服预备役的年龄、政治、身体等条件相一致;三是民兵组织是预备役的基本组织形式。

民兵的编组。目前,民兵已经遍及广大城乡,一般以乡(镇)、行政村和厂矿企业为单位,分别编为班、排、连、营、团,编有应急分队、防空分队、地炮分队、通信分队、防化分队、工兵分队、侦察分队以及海军、空军和第二炮兵民兵专业分队等。民兵根据所担负的任务配备相应的武器装备。

民兵的训练。民兵在平时战备训练中,以军事斗争准备为牵引,着眼于平时能应急、战时能应战,加强针对性训练,通常按照不同分队的训练需要,年度训练时间为7~25天不等。

(二)中国人民解放军的构成和任务

中国人民解放军由陆军、海军、空军三个军种和一个独立的兵种第二炮兵构成。每个军兵种都是一个多系统、多层次有机结合的整体，不仅有战斗兵种、战斗保障兵种及专业部队，而且设有各级领导机构、后勤保障系统和院校培养体系。新世纪新阶段，人民解放军在新的历史起点上开创现代化建设新局面。坚持把科学发展观作为国防和军队建设的重要指导方针，贯彻统筹经济建设和国防建设、实现富国和强军统一的战略思想，全面履行新的历史使命，增强应对多种安全威胁、完成多样化军事任务的能力。

1. 陆军

陆军是人民解放军的基础，是主要在陆地遂行作战任务的军种，由步兵、装甲兵、炮兵、防空兵、航空兵、工程兵、通信兵、防化兵、电子对抗兵等兵种和各种专业勤务部队组成。经过82年的建设，陆军已由单一兵种发展成为诸兵种合成的现代陆军，成为既能独立遂行作战任务又能与海军、空军和第二炮兵实施联合作战的强大军种。

2. 海军

海军是人民解放军的战略军种，是海上作战行动的主体力量，担负着保卫国家海上方面安全、领海主权和维护海洋权益等任务。我国海军于1949年4月23日成立，主要由潜艇部队、水面舰艇部队、航空兵、陆战队、岸防部队等兵种组成。进入新世纪，海军着眼信息化条件下海上局部战争的特点规律，全面提高近海综合作战能力、战略威慑与反击能力，逐步发展远海合作与应对非传统安全威胁能力，推动海军建设整体转型。经过60年建设，海军已初步发展成为一支多兵种合成、具有核常双重作战手段的现代海上作战力量。

3. 空军

空军是人民解放军的战略军种，是空中作战行动的主体力量，担负着保卫国家领空安全和领土主权、保持全国空防稳定等任务。我国空军成立于1949年11月11日，主要由航空兵、地面防空兵、空降兵、通信兵、雷达兵、电子对抗兵、技术侦察兵、防化兵等兵种组成。经过近60年建设，空军已初步发展成为一支多兵种组成的战略军种，具备了较强的防空和空中进攻作战能力、一定的远程精确打击和战略投送能力。

4. 第二炮兵

第二炮兵是中央军委直接掌握使用的战略部队，是中国实施战略威慑的核心力量，主要担负遏制他国对中国使用核武器、遂行核反击和常规导弹精确打击任务。第二炮兵成立于1966年7月1日，与海军潜地战略导弹部队和空军战略轰炸机部队构成我国三位一体的战略核力量(其中第二炮兵是主要力量)。

第五节　国防动员

国防动员是国防活动的重要内容之一，它是准备和实施战争的重要措施，是打赢战争的基础环节，是应对紧急突发事件的有效措施，是支援经济和社会发展的重要力量。

一、国防动员概述

（一）国防动员的概念

国防动员，是国家或政治集团由平时状态转入战时状态，统一调动人力、物力、财力为战争服务所采取的措施。简称动员，也称战争动员。

国防动员的主体是国家，动员的对象是人力、物力、财力，活动过程是社会管理体制的“平战转换”，将战争潜力转化为战争实力，实施手段为战时紧急管理，颁布战时法令和政策，限制公民和组织的部分权利，通过管制、征用、征召等手段改变社会资源的使用方向，目的是直接为战争服务。

（二）国防动员的类型

国防动员按动员的规模、方式和时序，可分为局部动员与总动员；秘密动员与公开动员；应急动员与持续动员。

1. 局部动员和总动员

局部动员，是指国家安全受到局部威胁，在部分地区范围内，或部分领域和部门进行的动员。它具有规模小、时间短、相对独立的特点。进行局部动员时，国家在总体上仍实行和平建设时期的政治、经济体制。如我国在对越自卫反击战时所进行的动员，就属于局部动员的一种形式。总动员，也称全面动员，是指在国家发生全面战争的情况下，将整个国家的军事、政治、经济、文化、科技等一切领域纳入战时体制，集中统一地调动一切人力、物力、财力为战争服务。总动员通常是在国家确已发现全面战争征候或大规模全面战争已经爆发，需要举国迎敌的情况下被迫并公开实施的。如中国的抗日战争动员、苏联在第二次世界大战时抵抗德国侵略的战争动员，都属于总动员的类型。

2. 秘密动员和公开动员

秘密动员，是在各种伪装措施掩护下，隐蔽实施的动员，其目的，军事上在于出敌不意，向敌发起突然袭击或避免暴露己方的行动企图；政治上是为了避免给敌人以发动战争的口实。在战争史上，通过秘密动员而后发动突然袭击的成功战例不胜枚举。第二次世界大战苏德战争爆发前，德国以执行“海狮计划”为名对英国佯动，并与苏联签订贸易协定，有效地迷惑了苏联，掩护了战前的动员，使其“闪击”收到了巨大的作战效益。公开动员，是公开发布动员令，宣布进入战争状态实施的动员，通常在战争即将爆发前或爆发后进行。公开动员，传播快捷，覆盖范围广，政治号召力强，是快速运员、争取主动的有效动员方式之一。

3. 应急动员和持续动员

应急动员，是在战争临近或遭敌突然袭击的情况下紧急进行的动员，其目的在于以最快的速度,在最短的时间内形成与战争相适应的作战力量。应急动员通常包括临战动员和战争初期动员。临战动员是指在战争一触即发的情况下进行的动员;战争初期动员是指战争爆发后较短时间内所进行的动员。现代高技术局部战争的突发性、突变性不断增强,战争进程大大缩短,争取时间对战争胜负具有决定性的意义,应急动员将成为现代条件下国防动员的主要方式。持续动员,是在战争初期动员后所进行的中、后期动员。持续动员的目的在于不断保持和增强军队的作战实力。如在海湾战争中,美国总统布什曾三次签署行政命令或授权国防部征召预备役人员服现役,并动用后备部队,以保证"沙漠盾牌"和"沙漠风暴"行动,其中,后两次动员就带有持续动员的性质。

二、国防动员的主要内容

国防动员的主要内容包括:武装力量动员、国民经济动员、人民防空动员、交通战略动员和政治动员。

(一)武装力量动员

武装力量动员,是国家将军队和其他武装组织由平时状态转入战时状态所进行的活动。战争是武装力量的直接对抗,因此,武装力量动员是战争动员的核心。武装力量动员通常包括现役部队动员、后备兵员动员、预备役部队动员和民兵动员。

现役部队动员,是指挥中国人民解放军各军兵种部队和武装警察部队从平时编制转为战时编制,按动员计划进行扩编,达到齐装满员。现役部队动员主要包括:一是进入临战状态,二是实行战时编制,三是扩建现役部队,四是组建新的部队。

后备兵员动员,是征召适龄公民到军队服现役的活动。主要是征召预备役军官和士兵补充现役部队。后备兵员动员是直接为现役部队动员服务的,是与现役部队动员的同步活动。

预备役部队动员,是指预备役部队成建制转服现役的活动,是战时快速动员的一种重要方式。《国防法》规定,预备役部队"战时根据国家发布的动员令转为现役部队。"

民兵动员,主要是指组织发动民兵担负参战支前任务。民兵可以配合军队作战和担负支援保障任务,也可以独立担负后方防卫作战和维稳任务。

(二)国民经济动员

国民经济动员,是国家将经济部门、经济活动和相应的体制从平时状态转入战时状态所进行的活动。国民经济动员是战争动员的基础和重要内容,对于充分发挥国家的经济潜力,提高军品生产能力,及时满足战争对各种物资和勤务保障的需求具有重要的作用。国民经济动员主要包括工业动员、农业动员、贸易动员、财政金融动员、科学技术动员、医疗卫生动员和劳动力动员等。

工业动员，是指国家调整和扩大工业生产能力，增加武器装备及战争需要的其他工业品产量的活动。农业动员，是指国家调整和挖掘农业生产潜力，维护农业设施，增加粮食、棉花、油料、肉类及其他农副产品的产量和国家征购量，满足战争和人民生活对农产品的需求。贸易动员，是指国家在商品流通领域实行战时管理体制和战时商贸政策，控制商品流通秩序和流向，以满足战争和人民生活对各种商品的需求。财政金融动员，是指国家为保障战争需要而采取的筹措和分配资金，维持财政金融秩序的活动。科学技术动员，是指为保障战争对科学技术的需要，国家统一组织和调整科研机构、科研人员、科研设备、资料及成果所进行的活动。医药卫生动员，是指统一调度和使用医药卫生方面的人力、药品器材、设备和设施，满足战争对于医药卫生的需要所进行的活动。劳动力动员，是指国家统一调配和使用劳动力，开发劳动力资源，以满足武装力量扩编、军工生产及其他领域对人力的需求所进行的活动。

（三）人民防空动员

人民防空动员，是国家发动和组织人民群众防备敌人空袭、消除空袭后果所进行的活动。在现代战争中，远距离精确打击成为重要的作战样式，大、中城市和经济基础设施面临的空袭威胁日益严重。人民防空动员对于减轻空袭危害，减少人民群众生命财产损失，保持后方稳定，保存战争潜力，具有重要的作用。

人民防空动员，主要包括人防预警动员、群众防护动员、重要经济目标防护动员、人防专业队伍动员等。

人防预警动员，是为了及时获取防空斗争所必需的情报，为组织民众防护和进行抢救抢修提供信息保障。群众防护动员，是为了保护人民生命安全，保存后备兵员和劳动力资源，保证人心安定和社会稳定，维持战时生产和生活秩序。重要经济目标防护动员，是为了减轻战争破坏程序，保护关键的生产能力。高技术局部战争表明，空袭经济目标、摧毁国防潜力对战争的进程和结局具有决定性影响，搞好重要经济目标防护动员十分重要。相对于政治、军事目标，重要经济目标数量多、面积大，情况千差万别，抗打击能力弱，敌空袭这类目标成功率最高。人防专业队伍动员，是根据战时消除空袭后果的需要，按照专业系统组成的担负抢救抢修等防空勤务的群众性组织需要所进行的活动。

（四）交通战备动员

交通战备动员，包括交通运输动员和通信动员，是国家统一管制各种交通线路、设施、工具和通信系统，组织和调动交通、通信专业力量为战争服务的活动。交通和通信是人员、物资和信息流动的物质载体，交通战备动员对于保障军队的机动和其他人员、物资的前送后运，保障作战指挥和通信联络的畅通，具有重要的作用。

交通运输动员，是国家为了适应战争需要，组织和利用各种交通运输线路、设施和工具，进行人员、物资和装备输送的活动。主要包括铁路、公路、水路、航空和管道五种运输方式的动员。通信动员，是指国家为了适应战争需要，统一组织调动通信资源和力量,综合运用多种通信手段,保证通信联络安全、稳定、畅通所进行的活动。在信息化条件下,战时指挥协同的通信量大大增加,通信动员的任务十分繁重。

(五)政治动员

政治动员,是国家为进行战争而开展的宣传、教育、组织工作和外交活动。政治动员是国防动员的一项重要内容,并为其他领域的动员活动提供思想和组织保证。政治动员对于充分调动和发挥本国军民的精神力量,尽可能地争取国际社会的同情和支持,瓦解敌方的战斗意志,具有重要作用。

平时政治动员主要表现为国防教育。战时政治动员主要包括国内政治动员和外交舆论宣传。国内政治动员,就是运用各种宣传舆论工具,对全国军民进行以爱国主义和革命英雄主义为核心的国防教育,使之增强国防观念,坚定打败敌人、夺取胜利的信心。在国内政治动员中,对军人及其家属实行优待和抚恤政策是十分重要的,可以起到激励将士奋勇杀敌、勇立战功,引导全社会拥军优属、为争取战争胜利作贡献的作用。外交舆论宣传,是国家通过各种外交活动和对外宣传,揭露敌人的战争阴谋,控诉敌人的战争暴行,瓦解敌方的战斗意志,争取各国的声援和支持,建立国际统一战线,或建立战略协作关系。

三、国防动员的组织实施

国防动员的组织实施程序,按照进行动员决策、发布动员令、充实动员机构、修订和落实动员计划等步骤进行。

(一)进行动员决策

进行动员决策,是战争动员实施过程中首先需要解决的问题。只有实施了动员决策,整个国家的政治、军事、经济、文化和外交等部门或领域才能相应地转入战时体制,进行动员的各种活动。

进行战争动员决策的关键,是正确分析判断敌情。必须充分利用各种手段,广泛收集各国尤其是敌国的政治、经济、军事等各方面的情况,并对这些情况进行综合分析,尽早洞察敌国的战争企图,从而视情况确定动员实施的时机、规模和方式等。

(二)发布动员令

动员令是宣布全国或部分地区、某些部门转入战时状态的命令。动员令的发布,关系战争的胜负和国家的命运,各国大都由最高权力机关或国家元首、政府首脑发布。《中华人民共和国国防法》第十条规定:全国人民代表大会依照宪法规定,决定战争与和平的问题。全国人民代表大会常务委员会依照宪法规定,决定战争状态的宣布,决定全国总动员或者局部动员。第十一条规定:中华人民共和国主席根据全国人民代表大会的决定和全国人民代表大会常务委员会的决定,宣布战争状态,发布动员令。

发布动员令的方式，分为公开发布和秘密发布两种。公开发布动员令，一般是在战争即将或已经爆发的情况下，运用一切宣传工具和通讯手段，把爆发战争的真实情况和战略态势告诉全体军民。秘密发布动员令，一般在战争已不可避免、但尚未爆发的情况下施行，通常执行严格的保密限制，只秘密通知政府有关部门和军事机构等。

（三）充实动员机构

动员机构是指平时负责动员准备、战时负责动员实施的组织领导机构。一旦实施战争动员，和平时期的动员机构，无论在人力上还是物力上，都难以适应需要，必须及时调整和加强。一是要扩大组织，增加人员。二是要增加支出，保障需要。与此同时，还要赋予其应有的职权，使其具有较高的权威性。战争动员事关国家安危，责任重大，如果权力有限，指挥无力，处处受制，就难以完成繁重的动员任务，影响战争的顺利进行。

（四）修订动员计划

战争动员计划，是实施战争动员的依据。在面临战争的情况下，由于国际战略环境和国内条件都发生了变化，事先制定的动员计划难免与战争的实际情况不完全吻合，所以要及时予以修订。修订战争动员计划，一般与充实动员机构同时进行。

（五）落实动员计划

落实动员计划，是使计划见之于行动，实施战争动员的关键环节。动员令发布之后，负有动员任务的地区和部门，应根据修订的动员计划，迅速转入战时体制。各行业以及社会生活的各个方面，都应以保障战争胜利为轴心迅速进行调整。其中，武装力量要迅速转入战时状态。现役军人一律停止转业和退伍，停止探亲和休假，外出人员立即归队。预备役部队应迅速集结、发放武器装备，并抓紧时间进行训练，准备承担作战任务。民兵应做好应征准备，同时启封武器装备，成建制进行训练，并准备承担各项任务。地方政府要根据上级下达的动员任务，积极实施动员行动。各行业、各阶层都要动员起来，落实战争动员任务，为赢得战争胜利贡献自己的力量。

思考题：

1. 什么是国防？国防的基本要素有哪些？
2. 新中国国防建设取得了哪些成就？
3. 简述中国人民武装力量的基本构成。
4. 什么是国防法规？其特性有哪些？
5. 我国公民负有哪些国防义务？

第二章　军事思想

军事思想是关于战争和军事问题的高层次的系统的理性认识。它揭示战争的本质、战争的基本规律以及进行战争的指导规律，阐明军队建设的基本理论和原则，从总体上反映研究战争和军事问题的成果。军事思想研究的问题，通常包括战争观、战争与军事问题的方法论、作战指导思想和原则、军队建设的指导思想和原则等基本内容。

第一节　概述

一、军事思想的基本特征

（一）阶级性

战争是一种在一定时间空间内关系整个社会生活的特殊社会活动形态，而军事又是以准备和实施战争为中心的社会活动，因而它必然涉及社会的政治、经济、科学技术、文化教育以及意识形态等各个方面。因此，作为揭示战争和军事领域一般规律的军事思想，有着鲜明的阶级性。

战争和军事领域的规律是客观存在，是不以人们的主观意志为转移的，但它又是通过从事战争和军事的人们的实践活动表现出来的。在阶级社会里，人们是存在阶级差别的，不同阶级的人们由于立场、观点和方法的不同，因而对战争规律的认识和应用也就不完全相同。阶级社会的战争是私有制和阶级的伴随物。军事思想作为战争规律的理论概括，必然打上深刻的阶级烙印。在阶级社会里，国家是阶级统治的工具，军队是国家政权的主要成分，因而任何国家占统治地位的军事思想，都是统治阶级的军事思想，它必然要服从本国的政治并为其服务。对民族之间的战争、政治集团与政治集团之间的战争，也要作阶级分析，它们仍然是政治的继续，反映一定阶级和集团利益的政治观点，决定军事思想的阶级性质，并制约其发展方向。

（二）实践性

军事思想来源于战争和军事实践，又对战争和军事实践起着巨大的指导作用，并在战争和军事实践中受到检验、得到发展。实践性是军事思想的一个显著特征，正如毛泽东指出："军事的规律，和其他事物的规律一样，是客观实际在我们头脑中的反映。除了我们的头脑以外，一切都是客观实际的东西。"从历史上看，人类早期的大规模战争多发生在地中海沿岸、西亚和中国的中原地区，人们总结这些地区的战争经验,于是就出现了中国古代的孙子兵法和古希腊、古罗马的军事思想。战争实践具有间断性的特点,在两次战争之间的和平时期,人们通过近似实战的军事训练、演习和科学实验,也可以总结出新的军事思想和新的战法。

按照辩证唯物主义的观点,在承认战争与军事实践是军事思想产生、发展的源泉和动力时,还要承认军事思想的反作用,承认它对战争和军事实践的巨大指导作用。在历史上,每一次大规模的战争,都会产生出新的军事思想,而每一次获得伟大胜利的战争,都离不开正确军事思想的指导。春秋时期,吴国用了孙武的军事思想,打败了楚国。战国时期,齐国用了孙膑的军事思想,打败了强大的魏国。在中国革命战争中,由于毛泽东军事思想的指导,打败了国内外强大的敌人,创造了以弱胜强的最光辉范例。

同时应当指出,军事思想指导战争和军事实践的过程,也是检验和发展军事思想的过程,战争和军事实践是检验军事思想正确与否的唯一标准。军事思想是否具有真理性,只有通过实践把它与客观实际联系起来,看其是否与客观实际相符合。一般来说,在实践中获得成功,达到了预期目的的军事思想,就证明它与客观实际相符,因而是正确的,否则就是不正确的。战争和军事实践的不断发展,推动着军事思想的不断发展。军事思想在指导军事实践的过程中,正确的得到肯定,不完善的得到补充,错误的被否定,过时的被淘汰。与此同时,战争和军事实践不断地为军事思想提出新课题,推动着人们去研究。所有这些都必然要引起军事思想的变化和发展。这一特征告诫人们,军事思想必须随时倾听战争和军事实践的呼声,才能永具生命力。

(三)时代性

军事思想的时代性特征与其实践性特征是相一致的。任何军事思想都是一定历史发展阶段的产物,不同历史时期的军事思想各有自己的特征。这种特征往往最能反映当时的生产方式、社会制度、物质生产水平,特别是军事技术装备的发展水平。技术决定战术,军事技术和武器装备的改进与发展,在很大程度上制约着战争的形式、作战方法以及军队的建设,因而也就制约着人们对战争和军事问题的理性认识。

当然,制约军事思想时代特性的不只是军事技术装备一个因素的变化,还有政治等方面的因素。一种社会经济结构转变为另一种社会经济结构的革命,不仅赋予战争以革命的正义的性质,而且必然导致武装斗争的方式方法发生根本性的变革,从而使军事思想得到阶段性的发展,在西方资产阶级革命时期,法国革命战争和拿破仑战争的实践,使资产阶级军事思想得以产生和发展。正如恩格斯所指出的:"现代的作战方法是法国革命的必然产物,它的前提是资产阶级和小农的社会和政治的解放。"克劳塞维茨的军事思想,就是18世纪末、19世纪初欧洲战争,特别是法国资产阶级革命战争和拿破仑战争的经验总结。

由于军事思想的发展依赖于军事实践的发展变化,而人们对实践的认识需要一个过程，当每一种认识形成后，对实践来说，又具有相对的独立性，因而军事思想往往存在着落后于军事实践的现象。同时，由于军事思想是揭示军事领域一般规律的，而规律又是反复起作用的，因而军事思想又能够预见军事领域各种事物的本质的联系及其发展趋势，又具有超前性的特点。但从总体上说，时代是根据一定的政治、经济，文化、科技状况划分的历史时期，任何一种军事思想都有它产生和发展的时代背景，也必然要受到所处时代的影响和制约。正确认识时代发展和军事思想的内在联系，才能着眼时代特点，以科学的态度看待军事思想，并使军事思想跟上时代的步伐，更好地发挥军事思想对战争和军事实践的指导作用。

（四）继承性

军事思想是在继承与发展的辩证运动中不断向前发展的。发展是军事思想的强大生命力所在，但这种发展不是孤立的，而是在继承基础上的发展。所谓继承，是指对传统的军事思想和军事遗产中具有普遍真理意义的原理、原则及宝贵经验的保留和借鉴。之所以如此，从根本上说是由战争和军事的统一性（共性）决定的。当然由于战争和军事的变动性和多样性，这种继承也不是静止的继承，而是在运用和发展中的继承。

历史上的一些伟大的军事家和军事理论家，之所以能够创造出伟大的军事思想，是由于他们除了有一定的战争和军事实践外，还由于他们大量地借鉴了前人和别人的军事思想，深刻地研究了大量的战史和战例，总结了各方面的战争经验。许多军事思想家指出，战史是最好的军事教科书，这话是很有道理的。例如，《孙子兵法》虽然是一部很早的军事理论著作，但它也吸取了前人和同时代人研究军事问题所取得的成果。在这部著作中，多次引用过古兵书《军政》上的思想。法国的拿破仑不仅读过许多兵书，而且注意研究战例。他曾提出要研究亚历山大、汉尼拔、恺撒、菲德烈等著名统帅的用兵方法以及有关的战役文献。德国的克劳塞维茨之所以能写出《战争论》的伟大巨著，是因为他不仅参加了战争实践，而且还详细研究了130多个战例。他的许多结论，都是以这些战例为基础的。恩格斯之所以能成为马克思主义军事思想的奠基人和卓越代表，是同他几十年如一日地钻研军事问题分不开的。毛泽东是毛泽东军事思想的主要代表，他不仅继承了马列主义军事理论的基本原理，而且吸取了古代、近代和现代的中外优秀军事思想。他曾说：我确定读了许多中国古代打仗的书，研究过《孙子兵法》之类的著作。还说："看了不少外国战争的书"，"在一部叫做《世界英杰传》的书里，我也读到了拿破仑、俄国叶卡德琳娜女皇、彼得大帝、惠灵顿、格莱斯顿、卢梭、孟德斯鸠和林肯。"就拿美军的所谓"空地一体作战"理论来说，美军自己也承认是在继承本国传统作战理论和作战经验的基础上发展起来的。与此同时，它还吸取了《孙子兵法》中的"以正合，以奇胜"、"兵贵胜，不贵久"、"胜兵先胜而后求战"等思想。但是应当指出，军事思想的继承性，不是要对传统的军事思想采取照搬照套的教条主义态度，而是要"从自己经验中考证这些结论，吸收那些用得着的东西，拒绝那些用不着的东西，增加那些自己所特有的东西。”要从现代战争的实际情况出发，灵活运用，去其糟粕，取其精华，注入新的时代内容，创造性地加以运用和发展。

二、军事思想的历史发展

军事思想作为一种独立的意识形态，历经古代、近代、现代三个大的发展阶段，其形成与发展既伴随着整个人类社会的历史进程，又同时受着多种因素的制约，如地理环境的开放与闭塞、军事技术的进步与落后、对战争本质的理性与非理性认识、指导战争能力的强与弱、兵役制度的长处与不足、军队管理的严格与松懈，甚至包括不同区域的文化积淀等，从而形成不同时期、不同阶级、不同国别的丰富多彩的内容体系。

(一)古代军事思想

古代军事思想的产生、形成、发展主要集中在两个相对独立的区域，即中国和地中海一带沿海国家，内容包括奴隶制社会和封建制社会两个阶段。

1. 中国古代军事思想

中国古代军事思想是中国乃至世界军事思想宝库中的珍贵遗产。它从公元前21世纪中国建立第一个奴隶制王朝开始至1840年鸦片战争结束，前后历经4000余年，大致经历了早期萌芽、形成发展、充实提高和系统完善四大阶段。

早期萌芽。主要从公元前21世纪夏王朝建立开始，至公元前771年西周灭亡，历经夏、商、西周三个朝代，共1300多年。主要内容为：提出了以服从天命、安身保民和伸张正义为主要内容的战争观，如“恭行天之罚”、“吊民伐罪”、“保民”。重视在治军上齐众以律。“师出以律，失律凶也”；“尚桓桓，以成威武之师”；“严赏罚，用命赏于祖，不用命戮于社”。在战争指导上强调以重礼信、轻诡诈为主导思想，如主张“以礼为固，以仁为胜”，“不穷不能”，“成列而鼓”。在作战指挥上注意不同兵种、不同阵法的配合使用。

形成发展。主要从公元前8世纪后期东周开始到公元前3世纪秦统一中国前，历经春秋、战国两个阶段，前后500多年。主要表现为：形成了以慎战、重战、备战为特点的战争观。“兵者，国之大事也，死生之地，存亡之道，不可不察也”。明确地提出了“安国之道，先戒为宝”的重要思想，强调时刻做好准备，投入对敌作战。关于战争的起源和战争的性质都作了初步的探讨，“凡兵之所起者有五：一曰争名，二曰争利，三曰积恶，四曰内乱，五曰因饥。”孔子提出战争分正义和非正义两种，主张支持正义战争，反对非正义战争。关于战争的目的，主张“战胜而强立”，“自保而全胜”。提出了以“全胜”为主要目的的战争指导思想。“不战而屈人之兵”的全胜战略思想是春秋战国时期兵家所追求的最高理想境界。为达此全胜战略目的，他们强调“知彼知己”，“遍知天下”，以做到“自保而全胜”。战术指导思想也由“偏战”递嬗为以“致人而不致于人”占主导地位的“仁诡”合一思想。建立了一整套“令文齐武”的治军理论。明确提出“以治为胜”的治军原则，并对将帅的素质提出要求，如要兼刚柔，具有理、备、果、戒、约的素质。提出治军的关键在于申饬军纪，严明赏罚。阐发了朴素的古代军事哲学思想。如“知彼知己，百战不殆”的辩证观点，并注重从事物的联系中研究战争。

充实提高。从公元前221年秦始皇统一中国到公元960年五代十国灭亡，其间经历秦、两汉、三国、两晋、南北朝和隋唐，前后近1200年。主要内容为：提出大一统的战争观。秦灭六国是“兴义兵，诛残贼，平定天下，海内为郡县，法令由一统，自上古以来未尝有，五帝所不及”的宏伟大业。对战争的认识有了很大程度的提高，“众之所助，虽弱必强，众之所去，虽大必亡”。提出长治久安的国防观。积极倡导“重农”、“贵粟”、“薄赋敛，广蓄积”，以“赐爵”和“除罪”的手段鼓励农民发展生产，采取措施强边固防，如修长城，建以“直道”、“驰道”为主的交通网，徙民实边、积谷屯田。提出弘思远益的战略谋划思想。如诸葛亮的“联吴抗曹”，孙权的“联魏击蜀”，曹魏的离间吴蜀、坐山观斗等，都反映了对战争全局的思考，各有成效。提出以治为胜的建军思想。秦开始确立了集中统一的建军观，并倡导以法治军、赏罚分明。“军以赏为表，以罚为里，赏罚明，则将威行”。推陈出新的作战指导思想。在多政权、多势力并存的群雄割据形势下，强调“非计策无以决嫌定疑，非谲奇无以破奸息寇，非阴谋无以成功”。

系统完善。从公元960年宋朝建立至1840年鸦片战争前，历经宋、辽、金、元、明、清前期诸朝，前后近900年时间。主要内容为：以实现国家统一为目的的战争观。主张兵权高度集中，将军事行政权与军事指挥权互相制约。通过联姻、赏赐、赈济等手段，安抚、笼络周边的少数民族政权，争取人心。注重练将练军的思想。练将的目的是训练一支英勇善战的军队，同时需要武器装备的改良和更新，“有精器而无精兵以用之，是谓徒费；有精兵而无精器以助之，是谓徒强”。以谋略见长的战争指导思想。“阵而后战，兵之常法，运用之妙，存乎一心”。以边、海防为特色的国防建设思想。构筑了牢固的边、海防多层次防御体系，注重对长期处于和平环境中的臣民加强国防观念的教育，“国家承平日久，务须安不忘危”。

2. 外国古代军事思想

外国古代军事思想相对于中国古代军事思想起步晚，认识不够全面、系统、深刻，缺少军事思想方面的专著，其观点主要散见于历史和文学作品中。

公元前8世纪到公元476年是西方古代的奴隶制社会时期，这一阶段以古希腊和古罗马的军事思想为主要代表。

古希腊历史上虽然先后爆发了希波战争、伯罗奔尼撒战争等一系列大规模的战争，涌现出米太亚得、埃帕密浓达、色诺芬、亚历山大等一大批著名军事将领，但对战争理论的研究却远远赶不上东方中国，直到伯罗奔尼撒战争期间，一些希腊诡辩学家才开始总结战争艺术。作为军事统帅兼理论家色诺芬的《长征记》无疑成了西方军事理论研究的鼻祖。古希腊军事思想主要表现在：战争不是偶然的冲突，而是由根本利害矛盾引起的，只要利害冲突不可调和，战争就不可避免；战争的胜利依赖于政治、军事、经济和精神等条件,没有民众的支持与拥护,战争想取得彻底胜利是不可能的;提倡建设一支捍卫城邦的军事力量,重视激发将士的尚武精神、吃苦耐劳的作风和强烈的集体荣誉感;并开始对"将兵术"进行研究,包括编组战斗队形及其在不同情况下的具体运用,如埃帕密浓达创造了西方军事史上著名的"斜楔"战术。

古罗马曾对外进行过三次布匿战争、内部爆发过斯巴达克奴隶起义,培养出费边、西庇阿、恺撒、斯巴达克等一批英勇善战的将领。古罗马重视对战争艺术的研究,除了在历史著作中有对战争场面的描述,还出现了专门的军事著作《谋略》、《论军事》以及《高卢战记》和《内战记》。古罗马军事思想主要表现为:战争有正义和非正义之分,为利益、光荣而战就是正义的;战争的胜利不完全取决于人多势众,或者作战凶猛,只有武艺精湛,训练有素,才能确保胜利;熟悉整军经武之道会使人在战斗中勇气倍增;突然性能使人惊恐,循规蹈矩则作用平平;要从农村中征选身强力壮、有使命感、勇于献身的年轻人当兵;重视严明的纪律在打造一支坚强军队中的作用;军事技术的革新与应用也是古罗马军事家们认为重要的方面。

从公元476年西罗马帝国灭亡欧洲开始进入封建制社会开始,到1640年英国资产阶级革命前,欧洲近1200年一直处于宗教神权的统治之下,史称欧洲中世纪。法国、英国、西班牙、德国、意大利、俄国等封建制国家纷纷出现,并在对外的扩张过程中进行了系列的战争,如拜占庭—波斯战争、英法百年战争、十字军东征等,也造就了诸如贝利萨留、萨拉丁、贡萨洛这样的军事将领。但由于神学和经院哲学的桎梏,欧洲封建社会军事思想的发展受到极大的限制,表现为:宣扬战争是人类天性中的一部分,是原始罪恶之果,使战争披上宗教外衣,彻底掩盖统治集团间的利益争夺;兵役制度从雇佣兵制到募兵制,进而发展到义务兵役制;技术的进步引发了兵种的变化和武器装备的发展,冷热兵器在作战中并存;提出了积极防御、诱敌深入、联合作战等战略战术思想;认识到制海权的重要,认为控制了海洋就可以守住大量的海外领土。

(二)近代军事思想

近代军事思想是指资本主义时代对战争、军队和国防等问题的理性认识,它包括资产阶级军事思想和无产阶级军事思想两大体系。

1. 外国近代资产阶级军事思想

外国近代资产阶级军事思想形成于17世纪中叶至19世纪中叶。当时,欧洲相继爆发资产阶级革命并建立资产阶级政权,对近代国际战略格局产生了重要影响。围绕王位继承和国家利益等问题相互之间进行了频繁的战争,且规模不断扩大,特别是拿破仑战争使国与国之间的关系更加复杂;近代科学技术的发展引发了新式兵器的大量使用,产生了与之相适应的新的作战理论;一批著名的军事家如拿破仑、比洛、若米尼和克劳塞维茨等积极地对战争经验进行总结,提出了一系列卓越的战争理论,并著有《战争论》、《战争艺术概论》等资产阶级军事经典著作。近代外国资产阶级军事思想的主要内容为:战争是为政治目的服务的,“战争无非是政治通过另一种手段的继续”;任何出色的战争都是讲求方法的战争,所有伟大将领之所以建立丰功伟业,全在于遵循兵法的规律与自然的法则,但又不能墨守成规;强调集中兵力、避实击虚、出奇制胜、快速机动、各个击破,并保持各兵种协同作战;重视军队中的思想政治工作,拿破仑认为世界上只有两种强大的力量,一是刀枪二是思想;在若米尼看来,战略是在地图上进行战争的艺术,是研究整个战争区的艺术,战术则是具体指挥战斗的艺术,是“在作战现场根据条件配置和使用兵力的艺术”等。

2. 中国近代军事思想

中国近代军事思想是伴随着中国近代史(从1840年鸦片战争开始至1919年五四运动止)的发展而产生和发展的。鸦片战争之后,中国开始沦入半殖民地半封建社会,饱受列强的欺凌,统治阶级中的有识之士如魏源、曾国藩、左宗棠、李鸿章等提出“师夷长技以制夷”,开始学习、研究西方的军事思想和军事科技,认识到“自强以练兵为要,练兵又以制器为先”的重要性,引进西方先进技术,筹办近代军事工业,翻译西方重要军事著作,并兴办军事学堂,培养新式人才。辛亥革命前后,以孙中山、黄兴为代表的资产阶级革命党人,认识到建立一支革命军队的绝对必要性,提出军队必须与“国民相结合”,使之成为“国民之武力”的建军思想,并在军队中建立党代表制和政治工作制度,对军队进行三民主义教育。孙中山关于建立我国国民革命军的思想,是我国资产阶级登上历史舞台后把我国近代军事思想推向高峰的标志。

3. 外国近代无产阶级军事思想

无产阶级在争取自身解放的过程中,不断总结革命战争经验,并且吸取了军事思想史上的积极成果,形成了自己的军事思想,近代无产阶级军事思想的创始人是马克思、恩格斯,列宁、斯大林继承并发扬了他们的思想。马克思和恩格斯处于无产阶级由小到大、由弱到强,逐渐发展成为独立的政治力量的时代,在几十年的革命斗争和实践中,他们运用辩证唯物主义和历史唯物主义观点,全面总结了工人阶级进行起义,特别是巴黎公社起义的经验教训,撰写了《法兰西内战》、《德国农民战争》、《德国的革命与反革命》等军事著作,奠定了无产阶级军事思想的基石。列宁、斯大林则处于帝国主义和无产阶级革命时代,他们运用马克思主义战争观,结合本国的实际情况,深入研究了无产阶级的军事理论,著有《无产阶级革命的军事纲领》、《战争与革命》等,并领导俄国十月社会主义革命取得了胜利,建立了世界上第一个社会主义政权。马恩列斯军事思想的主要内容有:战争是为了本部族、本集团或本阶级的根本利益而进行的,“私有制引起了战争,并且永远会引起战争”;为反抗外敌入侵而进行的防御性战争是正义的战争,相反为了“争夺霸权的战争,或维护某一王朝利益的战争”,是非正义的战争;无产阶级要取得政权,必须要有自己的武装,必须要采取革命的暴力;“赢得战斗胜利的是人而不是枪”;建立一支强大的人民武装是无产阶级取得革命和战争胜利的根本保证；人民群众不但是社会革命的主体、社会发展的决定力量，而且是战争胜负的决定力量等。

（三）现代军事思想

现代军事思想是指俄国十月社会主义革命和第一次世界大战后世界各国对战争、军队和国防等问题的理性认识。科学技术的迅猛发展带来了武器装备水平的日益提高，战争的样式和战场的规模远远超过历史，作战指挥理论空前繁荣，以杜黑、富勒、古德里安、鲁登道夫、利德尔·哈特、伯纳德·布罗迪、约翰·柯林斯、丹尼尔·格雷厄姆、基辛格等为代表的军事理论家层出不穷，特别是以精确制导武器为代表的高技术武器被广泛运用于战场后，现代战争样式基本成为战场的主角。现代军事思想按时间可分为冷战前、冷战时期、冷战后三个阶段；按国家可分为美国现代军事思想、苏联/俄罗斯现代军事思想、日本现代军事思想、印度现代军事思想等；按作战理论的发展可分为机械化战争时期的作战理论、高技术战争时期的作战理论、信息化战争时期的作战理论。

1. 机械化战争时期的作战理论

机械化战争论。英国的富勒根据对坦克在第一次世界大战中重要作用的研究，首先在《1919 年计划》中提出了建立和使用机械化军队的新观点；后又在《世界大战中的坦克》、《机械化战争论》等著作中进一步作了阐述，创立了机械化战争理论。他认为，坦克出现以后，陆军机械化是必然的发展趋势，战争将是一种纯粹的机械化活动，战争胜负"百分之九十九在于武器"，战场上坦克数量多的一方胜利的机会也多。继富勒之后，德国的古德里安、法国的戴高乐、奥地利的艾曼斯贝格尔等人，也从不同角度提倡机械化战争论。这种理论为德国法西斯头子希特勒及其统帅部所接受，并应用于第二次世界大战初期闪击波兰、法国和进攻苏联的作战行动中。

制空权理论。由意大利的杜黑、美国的米切尔和英国的特伦查德共同创立，以杜黑 1921 年所著《制空权》而命名。该理论认为，飞机的出现将导致战争的特性发生变化。制空权，就是阻止敌人飞行，同时又能保证自己飞行的一种态势。夺取制空权的方法，只能是空中进攻。未来战争，空中战场将是决定性战场，空中力量将是决定性力量。制空权理论，反映了人类社会进入飞行时代后战争行动从海地平面向空中立体化发展的历史趋势，今天的"制太空权"理论实际上是制空权理论的一种发展。

总体战理论。最早由德国希尔提出，后被鲁登道夫继承、发展并提出的系统作战理论。鲁登道夫在第一次世界大战的经验教训和 20 世纪初工业生产、科学技术和武器装备发展水平基础上提出，现代战争是全面的总体战争；民族的精神团结是总体战的基础；国家经济对总体战有重要影响；强大的军队是总体战的支柱；进攻是总体战最有效的作战手段；统帅是实施总体战的首脑。这一理论是纳粹德国发动第二次世界大战的重要理论基础。

2. 高技术战争时期的作战理论

核武器制胜论和核威慑战略。核武器制胜论是冷战时期美苏两个超级大国为争霸需要实施的作战理论。20世纪60年代后期至70年代,随着美苏之间核僵局的出现,美国及其盟国的一些战略家逐渐认识到,未来的"绝对战争"即大规模核战争如同世界末日,打不得,并由此转入了对由不测因素引发的冲突和战争风险的研究中,进而提出了核威慑背景下的有限战争和一般局部战争理论。

高边疆理论。这是美国丹尼尔·格雷厄姆在对美国实施"相互确保摧毁"战略进行研究的基础上提出的一种有利于美国在对苏竞争中占据新的制高点的理论。高边疆是指最大限度地利用美国的空间技术,开拓和利用对军事战略有着重要影响的太空领域,取得对苏的战略优势。这一理论为1983年里根政府提出"战略防御倡议"(即"星球大战"计划)提供了依据。

3. 信息化战争时期的作战理论

非对称作战理论。1991年海湾战争之后,美国首先提出这一概念并展开大量相关理论研究。经过科索沃战争、阿富汗战争和伊拉克战争的实际运用,逐渐丰富了非对称作战理论。美军最初提出非对称作战的含义是指不同类型部队之间的交战。随着实践的发展,非对称作战内涵得到进一步拓展,是指利用交战双方军事力量对比的悬殊,充分利用在国家军事战略、武器技术和军兵种运用上的各种优势,积极寻找对手军事力量中的薄弱环节,扬长避短,以强击弱,避实击虚,以极小的代价换取战争的胜利。其实质是以己之长克敌之短,强调的是超越常规,出奇制胜。

第六代战争理论。俄罗斯军事科学院斯里普琴科将军在其《第六代战争》一书中所提,是俄罗斯新军事变革理论的代表。它提出21世纪前25年的世界战争可以分为两种类型:一种是使用常规武器的接触战争;另一种是使用不同作战平台的高精度突击和防御武器、新物理原理武器、信息武器及电子战兵力兵器的非接触战争。第六代战争的主要目的是以非接触方式摧毁任何距离上敌国的经济潜力,在将全部火力用于无条件毁伤敌人经济设施的同时,还要实施强大的信息突击和不同作战平台无人驾驶高精度兵器的密集突击。

第二节 毛泽东军事思想

作为一个内涵丰富且博大精深的科学理论体系,毛泽东军事思想是中国人民解放军长期以来建军和作战的指针,是中国共产党军事理论的核心,是我们一切军事工作的指导思想,是邓小平新时期军队建设思想、江泽民国防和军队建设思想、胡锦涛关于国防和军队建设重要论述的理论基础。

一、毛泽东军事思想的科学含义

毛泽东军事思想是毛泽东关于中国革命战争、人民军队和国防建设以及军事领域一般规律问题的科学理论体系，是毛泽东思想的重要组成部分。它是马克思列宁主义普遍原理与中国革命战争和国防建设实际相结合的产物，是中国共产党领导中国人民及其军队长期军事实践经验的科学总结和集体智慧的结晶，同时也多方面汲取了古今中外军事思想的精华，是中国共产党领导中国革命战争、军队建设、国防建设和反侵略战争的指导思想。它包括四个方面的科学内涵。

（一）它是马克思列宁主义军事理论与中国革命战争实践相结合的产物

这是毛泽东军事思想的本质，也是毛泽东军事思想的基本特征，是确定毛泽东军事思想科学含义的唯一前提和根本条件。众所周知，马克思列宁主义是放之四海皆准的真理，是指导世界无产阶级革命的科学，但是它所提供的只是一般的指导原则，而不是绝对适应于一切时代和一切国家的结论和公式。中国革命所处的历史背景和中国革命自身发展所具备的条件和特点，要求中国共产党人必须从中国的实际出发，在马克思列宁主义的革命理论指导下，探索中国革命战争的特点和规律，才能真正而彻底地解决在半封建半殖民地的大国如何夺取革命战争胜利等一系列重大问题。正是在这个不断地认识和探索过程中，创立了具有中国特色的完整科学的军事思想体系——毛泽东军事思想。

（二）它是长期的中国革命战争实践经验的总结

中国人民的伟大革命战争实践是毛泽东军事思想赖以产生和发展的物质基础。没有它，就没有毛泽东军事思想。而毛泽东军事思想既来源于实践，又是对中国革命实践的科学总结。它不是个别天才人物头脑中主观臆造的理论概念，不是先于中国革命战争实践的神秘产物，而是以毛泽东为代表的中国共产党人对中国革命战争实践经验的科学总结，是来源于中国革命战争实践而又被中国革命战争实践所证明是正确的科学理论体系。

（三）它是中国共产党人集体智慧的结晶

1942 年延安整风时毛泽东说过，毛泽东思想这不是我一个人的思想，是千万先烈用鲜血写出来的，是党和人民的集体智慧。中国革命战争及其人民军队的创建是在以毛泽东为代表的中国共产党人共同领导下进行的，而在毛泽东军事思想的形成发展过程中，老一辈无产阶级革命家不断地为它提供充足的“原料”和丰富的“营养”，毛泽东则是产生这个思想的理论加工者和集大成者。他在指导中国革命战争的过程中不仅能非常注意听取其他同志的意见，而且善于把其他老一辈无产阶级革命家的思想、意见、建议上升到理论高度加以认真地总结和抽象，最终经过科学的提炼、加工和理论升华而形成了中国革命和军队建设的理论指南。

（四）它是毛泽东思想的重要组成部分

党的十一届六中全会通过的《关于建国以来党的若干历史问题的决议》对毛泽东思想的基本内容进行了概括，主要分为六部分：(1)关于新民主主义革命的理论；(2)关于社会主义革命和社会主义建设的理论；(3)关于革命军队建设和军事战略的理论；(4)关于政策和策略的理论；(5)关于思想政治工作和文化工作的理论；

(6)关于党的建设的理论。其中毛泽东关于革命军队建设和军事战略的理论是毛泽东思想中最丰富、最完善、最系统化的。据不完全统计，目前尚存的从1927年到抗美援朝战争时期毛泽东亲手撰写的军事论著和指挥作战的电文就达5000余篇，约400余万字。

二、毛泽东军事思想的形成和发展

身为伟大军事家、战略理论家的毛泽东，其军事思想是在中国革命长期的战争实践中逐步形成和发展起来的，并经历了武装斗争与和平建设两个历史时期。其整个思想体系的形成发展可分为三个阶段。

(一)毛泽东军事思想的产生

从1921年中国共产党诞生，到土地革命战争中期，是毛泽东军事思想的产生时期。

这一时期的主要标志是：毛泽东开始形成关于武装斗争思想工作、农村根据地思想、人民军队思想、人民战争思想和人民战争战略战术思想等。这些思想集中反映在毛泽东在这一时期的《政权是由枪杆子取得的》、《关于红军的情况报告》、《中国的红色政权为什么能够存在?》、《井冈山的斗争》、《关于纠正党内的错误思想》、《星星之火，可以燎原》、《反对本本主义》、《兴国调查》等主要著作中。

(二)毛泽东军事思想的形成

从遵义会议重新确立毛泽东同志在党内的领导地位开始，到延安时期，即土地革命战争后期和抗日战争时期，是毛泽东军事思想的形成时期。

这一时期的主要标志是：毛泽东全面深入地阐述了关于建设人民军队、进行人民战争和运用战略战术的系统理论，回答了当时迫切需要解决的军事理论和实践问题。他结合当时面临的新形势和新问题，运用马克思主义，总结红军创建10年来在建军和作战两方面极为丰富的实践经验，撰写了一批军事著作。主要有：《中国革命战争的战略问题》、《实践论》、《矛盾论》、《关于坚持华北独立自主山地游击战争的战略方针和部署》、《论抗日战争的基本战术——袭击》、《论持久战》、《论新阶段》、《战争和战略问题》、《抗日游击战争的战略问题》等。与此同时，周恩来的《抗战军队的政治工作》，朱德的《论抗日游击战争》和《论解放区战场》等也成了研究和指导中国革命战争的重要论著。

(三)毛泽东军事思想的发展

从解放战争开始，到建国后的抗美援朝战争及和平建设时期，是毛泽东军事思想的发展时期。

这一时期的主要标志是：毛泽东进一步丰富和发展了人民军队思想、人民战争思想和战略战术原则，并提出了和平建设时期如何加强国防现代化建设及如何进行反侵略战争的思想。这些思想集中体现在《抗日战争胜利后的时局和我们的方针》、《目前的形势和我们的任务》、《关于辽沈战役、淮海战役、平津战役的作战方针》、《抗美援朝的伟大胜利和今后的任务》等著作中。

三、毛泽东军事思想的主要内容

毛泽东军事思想揭示了中国革命战争和国防现代化建设的客观规律，是具有中国特色的发展了的马克思主义军事理论，是一个完整的科学体系。它的主要内容包括无产阶级的战争观和方法论、人民军队、人民战争、人民战争的战略战术、国防建设理论等。

（一）战争观和方法论

1. 无产阶级的战争观

以毛泽东为代表的中国共产党人，在指导中国革命的实践中，创造性地运用马克思主义的辩证唯物论和历史唯物论，观察和分析战争的基本问题，认识和运用军事领域的辩证规律，深刻阐明了无产阶级战争的起源、性质、目的，与政治、经济的关系及现代战争根源，精辟阐述了无产阶级对待战争的态度等问题。

（1）对战争的起源、实质和形式作了精辟的概述。战争是一个极其复杂的事物，又是一个历史的范畴。由于人的立场不同，对待战争所持有的观点和看法也不相同。古今中外许多军事家、政治家企图给战争下一个准确的定义。但是，由于时代的局限性，并不是一开始就能准确地反映战争这一事物的外延和内涵。经过漫长的历史发展过程，直到 19 世纪初，德国著名的资产阶级军事家克劳塞维茨才给战争下了一个定义：战争是迫使敌人服从我们意志的一种暴力行为。

毛泽东继承和发展了马克思主义关于战争理论的学说，总结了古今中外一切战争和中国革命战争的经验，对战争下了一个科学的定义："战争——从有私有财产和有阶级以来就开始了的，用以解决阶级和阶级、民族和民族、国家和国家、政治集团和政治集团之间，在一定发展阶段上的矛盾的一种最高的斗争形式"。对战争的起源、实质、形式作了精辟的概括。首先，它指明了战争的起源是私有财产和阶级，说明战争是一个历史范畴，结论是只要人类存在私有制和阶级，就有发生战争的土壤。其次，揭示了战争的本质即战争是解决阶级之间、民族之间、国家之间、政治集团之间矛盾的一种最高斗争形式。最后，它明确了战争的表现形式是一种暴力行为。

（2）对战争与政治的关系作出了科学完整的阐述。克劳塞维茨在《战争论》中指出：战争是政治通过另一种手段（即暴力）的继续。毛泽东在《论持久战》中引用被列宁高度评价的上述观点时，作了科学的完整的马克思主义的阐述，明确指出："'战争是政治的继续'，在这点上说，战争就是政治，战争本身就是政治性质的行动，从古以来没有不带政治性的战争。"同时指出："战争有其特殊性，在这点上，战争不等于一般的政治。'战争是政治的特殊手段的继续'，政治发展到一定阶段，再也不能照旧前进，于是爆发了战争，用于扫除政治道路上的障碍"，"政治是不流血的战争，战争是流血的政治。"由此得出四个结论。结论一，战争从来就不是一种单纯的军事现象，战争一刻也离不开政治。战争从属于政治，为政治服务，是为了达到政治目的的一种手段。结论二，战争又不等于一般的政治。任何阶级和政治集团要达到政治目的的手段是多种多样的——经济的、外交的、文化的等。当使用这些手段达不到政治目的时，就采用了战争的手段，去扫除政治道路上的障碍，于是和平转化为战争。结论三，当经过战争达到了政治目的之后，战争便告结束，战争又转化为和平。结论四，既然战争是政治的继续，那么，从战争的性质来分析就有正义与非正义之分。马列主义者认为：凡符合人民根本利益，推动社会向前发展的战争是正义的；一切违背人民的根本利益，阻碍社会向前发展的战争都是非正义的。我们的态度是"拥护正义战争反对非正义战争"。

(3)说明了战争不但是军事的和政治的竞争，还是经济的竞争。马克思主义认为，战争与经济的关系有三方面的含义。一是战争作为一种暴力行为，起源于一定的生产方式；二是战争的目的是为了一定的经济利益；三是以暴力为特征的战争依赖于社会的经济力量。

毛泽东在领导中国革命战争的实践中，创造性地运用马克思主义的观点。毛泽东认为革命战争的出发点和目的，最终原因都是经济原因，都是为解放生产力和为改变生产关系的。就革命战争自身而言，经济是革命战争的物质基础。因此，在井冈山斗争时期，毛泽东就把"有足够给养的经济力"作为工农武装割据的存在和发展的最主要的条件之一，并规定"打仗筹款子"用于解决当时红军后勤给养，并作为红军的三大任务之一。1933 年 8 月，毛泽东在苏区的十七县经济建设大会上指出："现在我们的一切工作，都应当为着革命战争的胜利，首先是粉碎敌人第五次'围剿'战争的彻底胜利；为着争取物质上的条件去保障红军的给养和供给；为着改善人民群众的生活，由此更加激发人民群众参加革命战争的积极性；为着在经济战线上把广大人民群众组织起来，并且教育他们，使战争获得新的群众力量；为着从经济建设上去巩固工人和农民的联盟，去巩固工农民主专政，去加强无产阶级的领导"。接着，毛泽东强调："只有开展经济战线方面的工作，发展红色区域的经济，才能使革命战争得到相当的物质基础，才能顺利地开展我们军事上的进攻，给敌人的'围剿'以有力的打击；才能使我们有力量去扩大红军……也才能使我们的广大群众都得到生活上的相当的满足，而更加高兴地去当红军，去做各项革命工作"。

(4)指出了决定战争胜负的是人，而不是一两件新式武器。"武器是战争的重要因素，但不是决定的因素，决定的因素是人不是物。力量对比不但是军力和经济力的对比，而且是人力和人心的对比。军力和经济力是要人去掌握的"，毛泽东的这一论述，科学地阐明了人和武器在战争中的不同地位及其辩证统一的关系。

"人是决定的因素"，是指在战争全体上，对战争的胜负经常地、长远地、普遍地起作用的因素。它包括人力、人心和人的主观能动性。人力是物质力量，人心和能动性是精神力量；人既有物质的属性，又有精神的属性，是物质和精神的统一体。

"武器是重要的因素"，是指武器是构成军队战斗力的要素之一，对战争的进程和胜负有着重大影响，是取得战争胜利的不可缺少的条件，没有武器不可能进行战争，当然也就没有战争的胜利。

武器是战争的重要因素，但起决定作用的归根到底是人而不是物。既要反对过分夸大精神作用的唯意志论，又要反对过分夸大武器作用的机械论。

(5)阐明了战争的目的和消灭战争的道路。战争既不是从来就有的，也不是永远存在的。列宁曾经指出："无产阶级无论现在和将来都要始终不懈地反对战争，但它一分钟也没有忘记：只有完全消灭社会划分为阶级的现象，才可能消灭战争"。毛泽东继承和发展了列宁的思想，明确指出："战争——这个人类相互残杀的怪物，人类社会的发展终究要把它消灭的"。我们研究和进行战争的最终目的是为了消灭一切战争，实现人类永久和平。这是区别我们共产党人和一切剥削阶级的界限。消灭战争是同彻底消灭阶级、消灭剥削、消灭国家，最终实现共产主义的伟大目标紧密联系在一起的。在阶级社会，阶级之间的战争产生于阶级剥削和阶级压迫。民族之间、国家之间、政治集团之间的战争，也总是与阶级斗争紧密联系在一起的。因此，消灭战争的方法只有一个，"就是用战争反对战争。用革命战争反对反革命战争，用民族革命战争反对民族反革命战争，用阶级革命战争反对阶级反革命战争"，以求得国家的和平，世界的和平，人类永久的和平。

2. 研究和指导战争的认识论和方法论

战争问题的认识论和方法论，是要解决如何认识和运用战争规律，正确指导战争，使主观指导符合客观实际的问题。它同战争观是统一的，并受一定的战争观的指导。无产阶级关于战争问题的认识论和方法论，是以辩证唯物主义和历史唯物主义为理论基础的，是马克思主义的认识论和方法论在战争问题上的体现。毛泽东创造性地运用马克思主义辩证唯物论和历史唯物论的立场、观点和方法，系统地阐明了关于战争问题的认识论和方法论。

(1)研究和指导战争必须认识和把握战争规律。研究和指导战争的基本方法是如何认识和掌握战争规律。战争是一种特殊而复杂的社会现象，由于交战双方都是活生生的人，因此，战争与别的社会现象相比具有较多的不确定性。但是，战争又同其他事物一样，又有其自身的规律。这就是战争双方互相矛盾着的政治、经济、军事、自然条件等基本因素的本质的、必然的联系，及其一般的发展趋势。它具有客观性、重复性、必然性和普遍性的属性，是不以人们的主观意志为转移的，也是不可抗拒的。但是，人们可以认识它、掌握它和利用它。毛泽东指出"战争的规律——这是任何指导战争的人不能不研究和不能不解决的问题"，因为，"不知道战争的规律，就不知道如何指导战争，就不能打胜仗"。研究战争规律，既要研究战争的一般规律，更要研究战争的特殊规律。毛泽东指出"我们不但要研究一般战争的规律，还要研究特殊的革命战争的规律，还要研究更加特殊的中国革命战争的规律"。研究认识战争规律目的在于正确指导战争。它是人们对战争客观规律的认识的能动反映，是人的主观能动性和战争规律的统一性。战争规律是发展变化的，因此，一切战争指导规律，依照历史的发展而发展，依照战争的发展而发展。战争指导者为着正确地指导战争，不但要研究战争的客观规律，而且必须研究基于战争客观规律之上的战争指导规律。

(2)认识和掌握战争规律的基本方法。首先，应着眼于特点和发展。毛泽东指出："我们研究在各个不同历史阶段、各个不同性质、不同地域和民族的战争的指导规律，应着眼于其特点和着眼其发展"。所谓着眼其特点，就是研究和把握战争的一般和特殊的规律，尤其要把握战争的特殊规律。所谓着眼其发展，就是对战争的认识，要随着时代的发展，科技的发展，战略战术和作战方式的发展，武器装备的发展，时间、地域、性质上的差异而发展，制定正确的战争指导策略。

其次，要立足全局，掌握重要关节。战争的全局与局部的关系是辩证的统一。在一定场合为全局性的东西，在另一场合则变为局部性的东西，反之亦然。战争全局是战争的整体和发展的全过程，战争的局部是战争全局的一个部分、一个阶段。全局由各个局部构成，没有局部就没有全局，各个局部的变化对全局都有影响，只是对全局的影响程度各不相同而已。任何局部都离不开全局而独立存在，全局统率局部，决定局部，局部隶属全局，服从全局。战争指导者必须把自己的主要精力放在战争全局上，全面考虑战场形势，客观分析敌我，关照好各局部情况，把战争全局中的各个局部和阶段周密地组织和衔接起来，以达成总的战争目的。

再次，要做到"知彼知己"。这是正确解决主观和客观之间的矛盾，认识战争规律和应用这些规律于作战行动的必要前提。毛泽东指出："指挥员的正确部署来源于正确的决心，正确的决心来源于正确的判断，正确的判断来源于周密的和必要的侦察和对于各种侦察材料的联贯起来的思索"。战争指导者必须从战争的实际出发，对双方的政治、经济、军事、地理等各方面的情况，进行认真而周密的调查，从中找出规律，并确定战略战术、军事行动。这种行动不但存在于战争之前，而且存在于战争开始以后，贯穿于整个战争的全过程。在战争进行中，指挥员要不断地检验、修正原来的行动计划，使主观指导尽最大可能地适应客观的要求，这是指挥员指导战争的最重要的环节。

最后，要善于学习，勇于实践。学习军事和战争，除了在书本上汲取古今中外的先进的军事理论和有益的经验外，更重要的是从战争中学习战争，在战争中总结自己的战争经验，认识战争规律，提高军事理论水平。毛泽东指出："读书是学习，使用也是学习，而且是更重要的学习。从战争中学习战争——这是我们的主要方法。没有进学校机会的，仍然可以学习战争，就是从战争中学习战争。革命战争是民众的事，常常不是先学好了再干，而是干起来再学习，干就是学习"。战争时期，主要的方法是从战争中学习战争。和平时期，主要靠教育训练提高战争艺术。因此，认真学习古今中外的先进的军事理论，汲取前人有益的经验并加以发展是必要的。同时，还应特别重视和强调实战的演练，认识和掌握现代战争的规律与实践，做好反侵略战争的准备。

3. 尊重战争的客观规律，充分发挥主观能动性

毛泽东指出："军事家不能超过物质条件许可的范围外企图战争的胜利，然而军事家可以而且必须在物质条件许可的范围内争取战争的胜利。军事家活动的舞台建筑在客观物质条件的上面，然而军事家凭着这个舞台，却可以演出许多有声有色威武雄壮的活剧来"。毛泽东明确指出了实施正确指导战争的两个基本条件：一是取胜的物质条件，二是取胜的主观条件。物质条件是作战双方的政治、经济、军事、自然诸条件等，它是实施正确指挥的物质条件。离开一定的客观条件奢谈战争的胜利，那是战争的唯心论者。然而在客观条件具备时，战争指导者不发挥主观能动性去实施正确的指挥，也就不可能把战争胜利的可能性变成现实性。历史上强军打败仗，弱军打胜仗的事例举不胜举。单有某种优势还不能确定主动地位，更不能确定战争的最后胜利，真正的胜利，还要经过主观上的充分努力才能达到。当然，充分发挥主观能动性，必须建立在实事求是的基础上，决不可与蛮干混同起来，这里的关键是发挥主动，力避被动，把科学态度和斗争胆略、智慧和勇敢紧密结合起来。

（二）人民军队思想

人民军队是人民群众自发地或在先进阶级领导下建立的并为人民群众利益而战斗的军队。毛泽东指出："没有一个人民的军队，便没有人民的一切"。他要求中国共产党和中国人民充分认识人民军队在革命进程中的重要作用。毛泽东在领导中国革命战争实践中，运用马克思主义的原理，系统地解决了把一支以农民为主要成分的队伍，建设成为无产阶级性质的，同人民群众保持密切联系的，具有严格组织纪律和高度军事素养的，新型人民军队的理论、方针和原则问题。

1. 确立了中国共产党对军队的绝对领导地位

中国人民军队从诞生之日起，就置于中国共产党的绝对领导之下。党对军队的绝对领导权，首先体现在思想上的领导。早在井冈山和中央苏区时，毛泽东就指出：我们感觉无产阶级思想领导的问题，是一个非常重要的问题。其次是政治上的领导。这支军队是执行革命政治任务的武装集团，政治工作是我军的生命线，必须对我军进行正确路线的教育，用马列主义武装部队，用共产主义理想教育部队，维护军队的高度统一和严格的纪律、良好的内部和外部的团结，提高部队的战斗力，使我军为执行党的路线、方针、政策而奋斗。再次是组织上的领导，设立了党代表制度。这是毛泽东和中国共产党人在领导中国革命斗争中，从正反两方面总结出来的宝贵经验。1927 年 9 月底，毛泽东在秋收起义失败后的"三湾改编"中，根据斗争的实际情况就设立了党代表制度，规定了班有党员，排有党小组，连有党支部，营团有党委，使起义军从一开始就置于中国共产党的绝对领导之下。1928 年 12 月，毛泽东在古田会议上又一次强调，一定要加强党对军队的绝对领导。1938 年 11 月 6 日，毛泽东在延安指出"我们的原则是党指挥枪，而绝不容许枪指挥党"。只有坚持和实施党对军队的绝对领导，才能保证人民军队的无产阶级性质，才能坚持全心全意为人民服务，才能完成党交给的各项艰巨任务，才能捍卫我们的国家。

2. 规定了全心全意为人民服务是这支军队的唯一宗旨

毛泽东指出“我们的共产党和共产党所领导的八路军、新四军，是革命的队伍。我们这个队伍完全是为着解放人民的，是彻底地为人民的利益工作的”。因为，只有全心全意地为中国人民服务，才能得到人民最广泛的同情和支持，这个军队便无敌于天下。在井冈山斗争时期，毛泽东就指出：要教育我们军队的士兵明确为人民去打仗。在古田会议决议中，毛泽东又指出“红军的打仗，不是为了打仗而打仗，而是为了宣传、组织、武装群众，并帮助群众建立革命政权才去打仗的，离开了对群众的宣传、组织、武装和建设革命政权等项目标，就失去了打仗的意义，也就失去了红军存在的意义。”在 1945 年 4 月的中共七大政治报告中，毛泽东对我军的宗旨作了最完整的概括：“为着广大人民群众的利益，为着全民族的利益，而结合，而战斗。紧紧地和中国人民站在一起，全心全意地为中国人民服务，就是这个军队的唯一的宗旨”。毛泽东还指出：军民团结如一人，试看天下谁能敌。

3. 制定了服从于人民根本利益的铁的革命纪律

中国共产党领导的人民军队，是为了维护人民群众的根本利益而建立而战斗的，为了保证党的任务的完成，就必须要有铁的纪律作保证。严格执行铁的纪律，尊重政府，爱护人民，使人民群众把这支军队看成是自己的子弟兵，保证军民一致，就能无敌于天下。

为此，毛泽东在红军初创时期，就要求部队对待群众说话和气、买卖公平、不拉夫、不打人、不骂人。1927 年 10 月，毛泽东制定了三大纪律六项注意（三大纪律：行动听指挥、筹款要归公、不拿老百姓一个红薯；六项注意：上门板、捆稻草、说话和气、买卖公平、借东西要还、损坏东西要赔）。1930 年，在瑞金又把六项注意改为十项注意（增加了洗澡避女人、大便找厕所、不搜俘虏腰包、进出要做宣传工作）。1947 年 10 月 10 日，重新颁布了三大纪律八项注意（三大纪律：一切行动听指挥、不拿群众一针一线、一切缴获要归公；八项注意：说话和气、买卖公平、借东西要还、损坏东西要赔、不打人骂人、不损坏庄稼、不调戏妇女、不虐待俘虏）。

4. 实行了军队内的民主主义

毛泽东把群众路线系统地运用于军队建设的各个方面，成功地建立了有领导的民主制度，实行政治民主、军事民主、经济民主，保证了官兵一致、上下一致。毛泽东在《井冈山的斗争》中写道：“红军的物质生活如此菲薄，战斗如此频繁，仍能维持不敝，除党的作用外，就是靠实行军队内的民主主义。官长不打士兵，官兵待遇平等，士兵有开会说话的自由，废除繁琐的礼节，经济公开。……中国不但人民需要民主主义，军队也需要民主主义。军队内的民主主义制度，将是破坏封建雇佣军队的一个重要武器。……同样一个兵，昨天在敌军中不勇敢，今天在红军中很勇敢，就是民主主义的影响”。后来，毛泽东把这种部队的民主主义分为政治民主、军事民主、经济民主,称之为"三大民主"。其政治民主以达到政治上的高度团结;经济民主以改善生活,达到激发军人的革命热情;军事民主以达到提高技术和战术水平。

5. 实行了"官兵一致、军民一致和瓦解敌军"的政治工作三原则

毛泽东为这支军队建立了强有力的革命政治工作,推行进步的政治教育,造成生动活泼的政治书面,以保证中国共产党的路线方针政策的贯彻执行,保证军队各时期任务的顺利进行,保证军政首长命令指示的付诸实施,保证全体官兵充分发挥为人民而战的积极性和创造性,保证军队各项任务的顺利完成。毛泽东为人民军队创立了无产阶级的政治工作三原则。"三原则"要求人民军队要官兵平等,互尊互爱,尊重人民,坚决依靠人民,一切从人民的利益出发,宽待俘虏,涣散敌人的军心和斗志。这是我军内部和外部团结,瓦解敌军和保证战争胜利的强大武器。毛泽东指出:"八路军的政治工作的基本原则有三个,即:第一,官兵一致的原则,这就是在军队中肃清封建主义、废除打骂制度,建立自觉纪律,实行同甘共苦的生活,因此全军是团结一致的。第二,军民一致的原则,这就是秋毫无犯的民众纪律,宣传、组织和武装民众,减轻民众的经济负担,打击危害军民的汉奸卖国贼,因此军民团结一致,到处得到人民的欢迎。第三,瓦解敌军和优待俘虏的原则。我们的胜利不但是依靠我军的作战,而且依靠敌军的瓦解"。

6. 规定了人民军队的任务是"战斗队、工作队和生产队"

毛泽东指出"中国的红军是一个执行革命政治任务的武装集团。……红军决不是单纯地打仗的,它除了打仗消灭敌军军事力量之外,还要负担宣传群众、组织群众、武装群众、帮助群众建立革命政权以至于建立共产党的组织等项重大的任务","我们有打仗的军队,又有劳动的军队。打仗的军队,我们有八路军新四军;这支军队也要当两支用,一方面打仗,一方面生产。我们有了这两支军队,我们的军队有了这两套本领,再加上做群众工作一项,那要,我们就可以克服困难,把日本帝国主义打垮"。在井冈山时期,毛泽东就规定了我军的三大任务:打仗消灭敌人;打土豪分田地筹款子;宣传群众、武装群众、组织革命委员会。抗日战争时期,毛泽东把我军的三大任务称为:打仗;做群众工作;生产。解放战争时期,三大任务发展为:战斗队、工作队、生产队。打仗以消灭敌人;工作以组织、宣传、武装群众,帮助人民群众建立政权;生产以改善部队生活、减轻人民负担。全国解放后,这支人民军队既是祖国的保卫者,又是精神文明和物质文明的建设者。

7. 确定了人民军队的建设方向,要求军队不断加强正规化、现代化建设,不断用现代化的武器装备和新的技术装备部队,提高战斗力

毛泽东指出:我们的国防将获得巩固,不允许任何帝国主义者再来侵略我们的国土。在英勇的经过了考验的人民解放军的基础上,我们的人民武装力量必须保存和发展起来。我们不但有一个强大的陆军,而且有一个强大的空军和一个强大的海军。人民军队要不断加强教育训练,全面提高指战员的军政素质。人民军队

要加强军事科学研究，注重把自己的战争经验上升为理论，批判地接受古今中外军事思想的有益成分，发展中国现代的军事科学。

(三)人民战争思想

人民战争是指被压迫阶级或被压迫民族为谋求自身的解放，发动和依靠广大人民群众所进行的战争。在中国革命的过程中，以毛泽东为代表的中国共产党人，以辩证唯物主义和历史唯物主义为基础，继承中国历史上的优秀军事遗产，总结中国近百年革命战争的经验和教训，发展了马克思主义关于人民战争的理论，形成了一整套具有中国特色的人民战争思想。

1. 中国革命斗争的主要形式是武装斗争

毛泽东指出"革命的中心任务和最高形式是武装夺取政权，是战争解决问题。这个马克思列宁主义的革命原则是普遍地对的，不论在中国在外国，一概都是对的"，"在中国，离开了武装斗争，就没有无产阶级的地位，就没有人民的地位，就没有共产党的地位，就没有革命的胜利"。中国革命的中心任务和最高形式是发动人民群众武装夺取政权。由武装的革命反对武装的反革命，这是半封建半殖民地的中国取得革命胜利的唯一正确的道路。当然，坚持武装斗争是中国革命的主要形式。但是，并不排除其他的斗争，如政治的、经济的、文化的、外交的等。只有把武装斗争同其他形式的斗争直接或间接地配合起来，形成全国的人民战争，才能最大限度地发挥人民战争的威力，孤立和打击敌人。

2. 坚持依靠人民群众进行武装斗争

马克思主义的历史唯物论者认为：历史是人民创造的，人民群众是历史的主人。毛泽东指出"战争的伟力之最深厚的根源，存在于民众之中"，"革命战争是群众的战争，只有动员群众才能进行战争，只有依靠群众才能进行战争"，"民兵是胜利之本"，这是毛泽东人民战争思想的理论基础。毛泽东人民战争思想的实质就是在革命战争中实现彻底的群众路线，一切为了人民，坚决依靠人民，充分动员人民，把人民组织和武装起来，进行人民战争。同时，革命的正义性，是实行人民战争的政治基础。一切进步的正义战争，代表了人民群众的利益，能够得到人民群众的积极拥护和参加，一定能取得最后胜利。人民战争的坚实基础是人民，只有动员、组织、依靠和武装群众才能进行战争。因此，一定要放手发动群众，实行正确的政策，形成最广泛的统一战线，共同对付敌人，直至取得人民战争的最终胜利。

3. 建立一支以农民为主体的人民军队

人民军队是实行人民战争的骨干力量。中国共产党人从中国社会和中国革命的特点出发，把创建新型人民军队作为中国革命的首要问题。1926 年，毛泽东就提出了建立农民自己的武装的思想。经过三湾改编、古田会议，毛泽东从根本上解决了把一支以农民为主体的军队建设成一支新型人民军队的一系列理论、路线和原则问题。这支人民军队自创建开始就在中国共产党的绝对领导下，以全心全意为人民服务为宗旨,具有高度的政治觉悟和开展了强有力的政治工作。这支军队与人民紧密地团结在一起,由小到大,由弱到强,在几十年的艰苦卓绝的斗争中,为全国人民夺取政权,巩固无产阶级专政作出了巨大贡献。这支人民军队实行主力兵团和地方兵团相结合,正规军和游击队、民兵相结合,武装群众和非武装群众相结合的武装力量体制。

4. 建立巩固的农村革命根据地

革命根据地是实行人民战争的依托,是进行人民战争的战略基地。建立巩固的革命根据地,军队就能有备战和训练的基地,供养生息的良好环境,建立有利的战场,能提供必要的人力、物力、财力以利长期坚持战争,同时也能广泛地组织人民群众开展多种形式的对敌斗争。有了革命根据地,才能形成人民战争,才能积蓄力量、发展力量并夺取革命的最后胜利。

在经济落后的中国,如何建立革命根据地,把武装斗争、土地革命和建立政权结合起来,使之成为发动群众、扩大武装、准备干部、发展生产和支持长期战争的战略基地呢?毛泽东根据半封建半殖民地中国的经济发展的不平衡性,创造性地提出了建立巩固的农村革命根据地,以农村包围城市,最后夺取城市的伟大理论,并付诸于实践。当全国处于一片白色恐怖之中时,毛泽东就提出了要"上山",要"当革命的山大王"。当起义失败后,毛泽东毅然决然地选择上山,建立了井冈山革命根据地,并把在井冈山燃起的星星之火形成了燎原之势,波浪式地向全国推进,逐步夺取全国的胜利。

5. 确立了机动灵活的战略战术

毛泽东根据中国革命战争敌强我弱的基本情况,创造了人民战争及其以弱胜强的灵活机动的战略战术,实行正确的战争指导。这种战略战术就是在人民战争的基础上,承认武器装备和总兵力在敌强我弱的条件下,充分地利用敌人的弱点,发挥人民战争的优点,一切从实际出发,灵活机动地进行作战,把战略上的劣势逐步转变为优势,能动地夺取战争的最后胜利。

6. 建立了最广泛的统一战线

实行人民战争必须团结一切可以团结的阶级、阶层和社会集团,利用一切可以利用的矛盾,结成最广泛的统一战线,最大限度地孤立和打击最主要的敌人。

(四)人民战争的战略战术思想

中国共产党领导的革命战争,是一场范围极其广泛的人民战争。人民军队在人民群众支持和配合下,运用了革命战争的指导艺术和作战方法。这种指导艺术和作战方法是在战争实践中形成、发展和不断完善起来的。毛泽东人民战争的战略战术思想包括一整套适合中国革命战争特点的战略战术。其基本精神是:在敌强我弱的条件下,充分利用敌之短处,我之优点,运用唯物辩证法,把劣势转变为优势,充分依靠人民群众,坚持一切从实际出发,你打你的,我打我的,打得赢就打,打不赢就走，有什么枪打什么仗，对什么敌人打什么仗，什么时间地点打什么时间地点的仗，趋利避害，扬长避短，敌变我变，灵活机动。其基本内容包括以下几个方面。

1. 在“保存自己，消灭敌人”的原则下，把战争目的与作战手段辨证地统一起来

革命战争在相当长的时间内，是敌强我弱，一切战略的、战役的和战术的行动，以及军事技术的运用，更要自觉地着眼于“保存自己，消灭敌人”。要把消灭敌人放在第一位，“只有大量地消灭敌人，才能有效地保存自己”。保存自己的目的在于消灭敌人；而消灭敌人又是保存自己的最有效的手段。

2. 坚持积极防御，反对消极防御

在战略上实行内线的持久的防御战，在战役战斗中实行外线的速决的进攻战；依据双方力量消长，适时进行以调整主要作战形式为基本内容的军事战略转变；适时把战略防御发展为战略进攻；适时把战略反攻导向战略进攻和战略追击；慎重初战，初战必胜；实行有利条件下的决战，避免无利条件下的决战；不战则已，战则必胜，每战力求有准备，不打无把握、无准备之战。

3. 力求实现歼灭战

战场作战的基本方针是歼灭战，以歼灭敌人有生力量作为作战的主要目标，力求避免打消耗战。要求每战均能解除一部分敌人的武装，剥夺其抵抗力，俘虏或毙伤其全部或大部人员，摧毁或缴获其全部或大部武器装备，以歼灭敌人有生力量为主要目标，而不以保守或夺取地方为主要目标，保守或夺取地方是歼灭敌人有生力量的结果；在特殊情况下则给敌人歼灭性打击，以求歼灭其一部，击溃其另一部；力求避免打得不偿失的消耗战。为实现歼灭战，必须贯彻集中优势兵力各个歼灭敌人的原则；必须慎重地选择打击方向和攻歼目标；拣弱的打，先打分散孤立之敌，后打集中强大之敌；先取广大乡村和中小城市，后取大城市；对于初战持慎重态度，要求不打则已，打则必胜；执行有利的决战，避免不利的决战。

4. 采取恰当的作战形式，实行运动战、阵地战、游击战相结合

就中国革命战争的全过程而言，运动战是大量歼灭敌人、决定战争命运的主要作战形式。阵地战是消耗敌人和歼灭敌人的重要作战形式。其中阵地防御作战主要是用于制止敌人长驱直入和辅助运动战；阵地进攻战在战略进攻阶段将大量使用，主要用来执行攻歼据守之敌、夺取城市的任务。游击战是进行分散流动的作战，是从战略战役和战斗上配合正规战的不可缺少的作战形式。在长期的革命战争中，游击战和游击性的运动战是中国革命战争的主要作战形式。毛泽东创造了具有中国特色的各种战争形式，并且巧妙地把它们有机地结合起来，娴熟地进行各种战争形式的转换，最有效地发挥人民战争的强大威力，取得了一个又一个战略战役的伟大胜利，最终战胜了国内外的敌人，实现了新民主主义革命，建立了社会主义的新中国。

（五）国防建设思想

建国以后，毛泽东等老一辈无产阶级革命家，从实际情况出发，适应新的形式和任务的需要，总结了国防建设和军事斗争的实践经验，创立了国防建设的理论。它对国防现代化建设的重要性，对人民军队的革命化、正规化、现代化建设，对坚持独立自主的方针，对国防建设指导思想的战略转变，对军事改革的思想和原则以及对战争准备等问题作了系统的阐述。这是毛泽东军事思想在建国以后的重大发展和重要组成部分。国防建设涉及政治、经济、军事、科学技术等各个学科和领域，并受到这些因素的制约。国防建设的内容包括国防经济、国防科技、国防工业、国防动员、国防外交、国防教育、武装力量建设等方面。其要点是：

(1) 根据国家安全利益的需要，以积极防御的战略方针为指导，从国际形势和我国的具体情况出发，确立国防建设的目标和方针。

(2) 国防建设必须与国家经济建设相适用，必须服从和服务于国家经济建设大局，军队要积极参加、支援国家经济建设，使国防建设和经济建设协调发展。

(3) 国防建设必须以现代化建设为中心，这是现代战争的必然要求，也是我军向高级阶段发展的必由之路。国防现代化的最主要标志是武器的现代化、高科技化，必须建立强大的国防。

(4) 国防建设必须坚持独立自主、自力更生的方针。我们希望并争取外援，但我们不依赖外援。国防建设的现代化必须放在自己力量的基点上，自力更生地解决军队现代化建设所需的武器装备，建设具有中国特色的国防。

(5) 国防建设必须坚持改革开放，坚持四项基本原则，坚持建设具有中国特色的社会主义。要实行精干的常备军与强大的后备力量相结合，搞好军队体制改革和精简整编，加强军队的法制建设，保持武装力量的高度统一和集中。

(6) 努力做好工作，避免或推迟世界大战的爆发，保持和平的国际环境和稳定的国内政治局面。国防建设要走军民兼容、平战结合、寓兵于民的道路。加强全民国防教育，提高全民的国防观念。发展军事科学，发挥先进的军事理论在国防建设中的先导作用。

(7) 坚持共产党对军队的绝对领导，不断加强和改进思想政治工作，保持无产阶级军队的性质，把教育训练摆到战略地位，努力提高部队的战斗力，建设一支具有中国特色的现代化、正规化、革命化的军队。

(8) 加强战略后方和战场建设；加强国防后备力量建设；坚持现代条件下的人民战争，立足现有装备战胜优势装备的入侵之敌。

国防建设理论，是我们进行国防现代化建设和做好未来反侵略战争准备的重要理论依据。在应用这个理论于国防建设的实践时，要重视研究新情况，发现新问题，总结新经验，在坚持这个理论的同时，发展这个理论。

四、毛泽东军事思想的历史地位

(一)毛泽东军事思想极大地丰富和发展了马列主义军事理论，树立了无产阶

级军事理论发展的新的里程碑

1. 系统地论述了关于研究和指导战争的认识论和方法论

马、恩、列、斯的军事理论没有专门系统地论述过关于战争问题的认识论和方法论。毛泽东却把马克思主义的认识论创造性地引入军事领域，系统阐明了战争指导者认识战争运动的辩证过程，提出了一系列革命性与科学性相统一的军事辩证法。毛泽东的军事哲学思想，是毛泽东军事思想体系中极为光彩的部分，是马克思主义哲学在军事领域创造性的运用和重大发展。

2. 发展了马克思主义关于武装夺取政权的理论

马克思、恩格斯提出了武装夺取政权是无产阶级革命的最高形式。列宁、斯大林开创了无产阶级发动城市起义夺取全国政权的道路。毛泽东将马、列主义的普遍原理与中国革命的具体实践相结合，创造性地解决了在半殖民地、半封建的中国，无产阶级夺取政权的道路问题即农村包围城市，最后夺取全国政权。这个理论的创立丰富和发展了马列主义关于武装夺取政权的革命理论。

3. 系统提出了人民军队的建军原则

马克思、恩格斯提出了建设无产阶级军队的重要性。列宁、斯大林创建了苏联红军，提出了无产阶级建军的基本理论。毛泽东把马列主义建军学术同中国实际情况相结合，提出了一整套无产阶级政党对军队的政治、思想和组织为核心的建军原则，系统地解决了把一支以农民为主要成分的革命军队，建成为一支无产阶级性质的人民军队的问题。

4. 系统地制定了适用中国特点的人民战争的战略战术

马克思、恩格斯根据巴黎公社等仅有的几次武装起义，提出了重要的作战思想，为世界革命人民留下了宝贵的精神财富。列宁、斯大林总结了十月革命和红军的作战经验，丰富和发展了马克思主义的战略战术理论。毛泽东根据中国革命战争的特点，提出了人民战争的伟大战略思想，系统地总结了人民战争的战略战术，它不仅正确地反映了中国革命战争的特殊规律，而且深刻地反映了战争的一般规律。

（二）毛泽东军事思想的产生，标志着中国旧的军事观念的终结和无产阶级军事理论的确立

《孙子兵法》是古代军事理论的一颗明珠。然而，孙武毕竟是两千年前剥削阶级的军事家，他的思想自然带有历史与阶级的局限性，存有唯心史观和形而上学的思想。在中国近代史上，只有一种中国历史上最反动最残暴的反人民的统治阶级的军事思想，始终没有形成一个适于中国人民进行武装斗争并把这场斗争引向胜利的军事理论。毛泽东运用无产阶级世界观，科学地考察和指导战争，批判地汲取古今中外有价值的军事理论成果，总结自己的丰富战争经验，创立了毛泽东军事思想。中国人民在它的指引下，打败了国内外敌人，创建了人民的新中国。毛泽东军事思想的理论价值和历史地位，已被中国革命战争的伟大胜利所肯定。毛泽东军事思想的产生，是中国军事思想史上的根本变革，它把中国军事思想的发展推进到一个全新的历史阶段。今后，毛泽东军事思想仍然是中国共产党领导中国各族人民进行军队建设、国防建设和未来反侵略战争的指导思想和行动指南。

（三）毛泽东军事思想在世界上有着广泛的影响

毛泽东军事思想受到世界各方面人士的重视，许多人对它进行探索和学习，称颂毛泽东是当代最伟大的军事家、战略家和军事理论家。有的国家成立了毛泽东思想研究会，出版了《毛泽东思想》月刊，要求军官晋升时必须撰写毛泽东军事思想的论文。毛泽东的军事著作已成为各国军事家必读的经典，甚至成为一些国家首脑人物的案头书。毛泽东军事思想在第三世界广泛传播，成了许多国家被压迫民族和人民争取民族独立和解放的强大思想武器。毛泽东军事思想已经成为世界人民共同的财富，在世界军事思想史上占有重要的地位。

第三节 邓小平新时期军队建设思想

邓小平新时期的建军思想，是在科学地坚持以毛泽东军事思想为指导的前提下，为适应新的历史条件下的和平与发展的需要而产生和丰富起来的。保卫社会主义祖国的稳定与安全，保障当今世界的和平与发展，是邓小平新时期军队建设思想的本质特征。

一、邓小平新时期军队建设思想形成过程

任何一种理论都是随着实践需要而产生的，又随着实践的发展而发展。邓小平新时期军队建设思想形成大体经过了以下几个阶段：

第一阶段：1975年1月到1976年10月

1975年1月6日，邓小平任党中央副主席、国务院副总理、军委副主席兼总参谋长。

1975年1月25日，邓小平在总参团以上干部会上发表了题为《军队要整顿》的重要讲话。邓小平说："我们这个军队有好传统，从井冈山起，毛泽东同志就为我军建立了非常好的制度，树立了非常好的作风。我们这个军队是党指挥枪，不是枪指挥党。从1959年林彪主管军队工作起，特别是在他主管的后期，军队被搞得相当乱。现在，好多优良传统丢掉了，军队臃肿不堪。……军队出现了一个新的大问题，就是闹派性，……再一个问题是军队的纪律很差"（《邓小平文选》第二卷1～2页）邓小平批评那些"被派性迷住了心窍的人，打几年派仗打昏了头，马克思主义不见了，毛泽东思想不见了，共产党也不见了"（《邓小平文选》第二卷6页）。针对这种情况，邓小平强调：要按照毛泽东提出的"军队要整顿"对军队加以整顿，要按照毛泽东制定的军事路线、建军原则，好好地清理一下。上述的实质，就是邓小平要

恢复我军优良传统,使军队的各项工作重新回到毛泽东军事思想的正确轨道上来。这次整顿在短时间内就收到明显效果,但由于受到“四人帮”的破坏与干扰,整顿被迫中止。但是前段时间的整顿已经产生了积极的影响。

第二阶段:1976 年 10 月到 1981 年 6 月

1976 年 10 月一举粉碎了“四人帮”。1977 年 7 月,党的十届三中全会决定恢复邓小平 1975 年初担任的全部职务。

邓小平恢复工作的第一件事就是抓具有决定意义的思想路线上的拨乱反正。邓小平指出:“两个凡是”不符合马列主义,一定要坚持实事求是的正确路线。

1977 年 8 月 28 日,邓小平在军委座谈会上提出了解决林彪、“四人帮”对军队破坏问题的思路,首先调整各级领导班子,然后抓教育训练,接着学习现代战争知识,通过办院校,解决干部指挥现代化战争能力不够的问题,这本身就是在坚持恢复毛泽东军事思想的前提下,着眼于发展了。1977 年 12 月 28 日,邓小平又向全军提出了十项任务,即揭批“四人帮”;做好战争准备;加强干部队伍建设;加强党的建设;把教育训练提到战略地位的高度;大抓国防科技;继续精简整编;加强后勤建设;坚持三结合武装力量体制;恢复和发扬我军的优良传统。同时通过了《关于加强部队教育训练的决定》等九个决定和条例。

1978 年 9 月,邓小平提出:“理论要通过实践来检验”(《邓小平文选》第二卷 128 页)。同时,邓小平还说:“世界天天发生变化,新的事物不断出现,新的问题不断出现,我们关起门来不行,不动脑筋永远陷于落后不行”(《邓小平文选》第二卷 128 页)。

1978 年 12 月,我党十一届三中全会召开,这是我党历史上的又一个伟大转折。在这次大会上,邓小平发表了《解放思想,实事求是,团结一致向前看》的重要讲话。其主要观点包括:全党工作的重心要转到四化建设上来,这是一场新的长征。实现四化是一场伟大的革命,革命的阻力就是干部中间不少人的思想处于僵化半僵化状态。

1979 年 7 月,邓小平又指出:思想路线、政治路线的实现要靠组织路线来保证。要求中央党政机关要选好接班人,军队高级机关也要进一点比较年轻的干部。

1980 年 1 月,邓小平提出了 20 世纪 80 年代的三件事:反对霸权主义、台湾回归祖国、加紧经济建设。核心是现代化建设,再次要求军队“要消肿”。

第三阶段:1981 年 6 月到 1985 年 6 月

1981 年 6 月,在十一届六中全会上,邓小平当选为中央军委主席。1981 年 9 月 19 日,邓小平在华北某地阅兵时,发表了《建设强大的现代化正规化的革命军队》的讲话,提出了一系列重大决策和重要理论原则:实现我军装备现代化的途径和方法;军队调整的方针;第三世界是维护和平,反对霸权主义的主力;我国 20 世纪 80 年代的三大任务;台湾回归祖国,一国两制;我国的对外政策;加强国防建设等。邓小平在这一时期,对毛泽东军事思想的发展,作了提纲挈领的概括和归纳。

第四阶段:1985 年 6 月军委扩大会议以后

这一时期,邓小平新时期军队建设思想得到了进一步深化和完善。主要表现在:进一步辩证地论述了战争与和平;重申了解决两种社会制度矛盾的"一国两制";谁搞霸权主义就反对谁;国际关系中,重点关心的是和平与发展;一要改革开放,二要坚持四项基本原则;为建设现代化、正规化、革命化的军队而奋斗;应该建立国际政治新秩序等。

二、邓小平新时期军队建设思想的主要内容

邓小平新时期军队建设思想是邓小平关于新时期中国革命战争和军队建设问题的科学理论,是发展了的毛泽东军事思想。所谓发展,就是指在坚持毛泽东军事思想的同时,根据新的历史条件下新的实践,总结出新的原理和结论,为毛泽东军事思想增加原来所没有的新内容。

邓小平新时期军队建设思想的主要内容包括:无产阶级战争观的新拓展、现代条件下的人民战争、新时期人民军队建设、中国特色的国防等。

(一)无产阶级战争观的新拓展

历史是不断发展的。在不同历史时期提出的不同问题,都需要从理论上不断进行探讨并在实践中加以解决。及时地回答历史和时代所提出的问题,是马克思主义军事理论丰富和发展的重要契机。邓小平从世界全局出发,科学地回答了当代战争提出的新问题。

1. 霸权主义是当代战争的根源

战争这个怪物在人类生活中已经存在很久了,它对人类生活的影响很大,既可以加速也可以延缓社会历史的进程。所以,自古以来,人们都很关注战争问题,不断地思索战争问题。历史上出现过,至今仍然存在着形形色色的战争观。实践证明,只有马克思主义的战争观,才深刻地揭示了战争的本质属性。马克思主义认为,战争的根源是社会经济制度。列宁指出,帝国主义是当代战争的根源。毛泽东认为,世界上只要存在着帝国主义制度,战争就不可避免。

早在 20 世纪 80 年代初期,邓小平就果断提出:当今世界不安宁来源于霸权主义的争夺,霸权主义是战争的根源。经过多年的冷静观察与审慎思考,邓小平又进一步完善为:无论是世界性霸权主义,还是地区性霸权主义,都是当代战争的根源。邓小平这一新的论断,丰富了马克思主义战争观。

邓小平关于"霸权主义是当代战争根源"的思想,具有丰富的内涵,是对马克思主义战争根源理论的重大发展。第一,任何社会制度的国家只要推行霸权主义,都可以成为战争的根源。第二,霸权主义,既有世界霸权主义,又有地区霸权主义,两者侵略扩张本质相同。第三,苏联解体,两霸相争消失,但决不意味着霸权主义消失。

2. 世界战争是可以避免的

在世界大战问题上,邓小平研究了军事活动的历史和现状得出了一个新的结论:1975 年,邓小平讲大仗 5 年打不起来;1980 年,又讲 5 年打不起来;1984 年,邓小平指出:仗打不起来这个话,我们多次讲过,过去讲 10 年,现在过了几年,还可以说 10 年;1985 年,邓小平明确指出:工作做得好,世界大战是可以避免的。

20 世纪 80 年代后期,世界战略格局的多极化转变,出现了制约世界大战的多种因素:第三世界的崛起,中国国际地位的增强,成为制约世界大战的首要因素;发达国家摆脱超级大国控制的独立倾向的发展,成为制约世界大战的第二种势力;20 世纪 80 年代前期,两个超级大国相互遏制,战略部署未调整好以及经济实力无法承受的消耗,捆住了它们发动大战的手脚。这些制约因素的增长,决定了世界大战可以避免的结论的产生。

邓小平认为:如果工作做得好,世界大战可以避免。这是邓小平对世界军事运动的新趋势的基本判断。近年来国际军事运动的新趋势在于:一是世界大战不再以少数几个大国的意志为转移,而是取决于战争力量与和平力量新的对比,目前的特点是和平力量的发展超过了战争力量的发展;二是无论局部战争还是武装冲突,越来越多地受到国际政治、经济、外交等多种因素的制约。

3. 战争不是解决国家、民族、阶级间利益矛盾的唯一手段

在阶级社会中,战争尽管被亿万人所痛恨,但它绝不会自动退出历史舞台。战争总是以流血的方式去贯彻政治的意志。但是,人类社会的前进,使科学技术迅猛发展,核武器的发展使战争时代的人民战争有着不同的内容和形式。人民战争思想只有与时代特征和要求相适应,才能发挥巨大的威力。

邓小平强调指出,现在的人民战争与过去不同,装备不同,手段也不同,条件不同,人民战争的表现形式也不同。为此,邓小平对毛泽东军事思想作了若干重要的发挥与发展,其中包括毛泽东的人民战争思想。

邓小平对毛泽东人民战争思想的发挥与发展,主要体现有:

一是强调人民战争要与时代发展的脚步相适应。人民战争是不断发展的,它随着时代的发展而发展。邓小平多次指出,霸权主义是现代战争的根源,今后我们进行的人民战争,将是反对大小霸权主义的侵犯;在战争规模上,不排除大规模的反侵略战争,但可能性更大的是边境局部战争和武装冲突;在战争样式上,将是高技术、高性能兵器的对抗。

二是强调人民战争的内容要与现代军事斗争和国防建设的任务相一致。在现代条件下,贯彻毛泽东人民战争思想,既表现在直接的战争准备上,又表现在持久的国防建设上。当今世界上,爆发战争的可能性依然存在,尤其在我国周边地区,还存在一触即发的战争热点。因此,作好直接的战争准备,保卫祖国,反抗一切侵犯我国主权的斗争是我们的首要任务。但是,现代条件下的人民战争,不仅是武装力量的对抗,战争中人民作用的发挥,更普通更重要的体现是在平时的、持久的、全

面的国防建设上,是国家与国家综合国力的对抗。因此,动员全国各族人民、各行各业、各个领域都来关心国防,建设国防,把自己从事的工作与民族的振兴、国家发展与安全联系起来,将是现代条件下人民战争思想的重要体现。

三是强调人民战争的形式要与现代战争的特点相吻合。邓小平指出,在现代条件下如果敌人打来,我们仍然要发挥野战军、地方军和民兵三结合的威力,陷敌人于人民战争的汪洋大海之中。同时,邓小平又指出,未来战争将是建立在高技术基础上的现代化战争,人民战争只有同现代军事技术紧密结合起来,同先进的武器装备结合起来,才能形成足以使敌人畏惧的战斗力,达到克敌制胜的目的。人民战争的最大特点就是有什么武器打什么仗。现代条件下,军事技术有了突飞猛进的发展,各种尖端武器大量涌现,必定带来战术的变化,人民战争必须有新的形式。为此,重视武器装备的改进和军事技术的提高以及现代条件下人民战争形式的研究,充分发挥现代条件下人民战争的威力是我们新时期国防建设的一个重要内容。

四是强调从事现代战争条件下人民战争的人必须具有很高的素质。未来战争将是现代科学技术激烈竞争的领域。人把高技术战争推上历史舞台,反过来高技术战争又要求与之相适应的人来驾驭。在勇敢精神、牺牲精神和严格的纪律等政治思想因素不失其意义的同时,知识、智能及现代科学技术和现代军事技能武装起来的现代军事人才,将比以往发挥更巨大的威力。在未来战场上,不论战争规模大小,都要求参战人员不仅要有良好的政治觉悟和心理素质,而且还要熟练掌握现代化装备,精通军事技术和技能,否则,要完成作战任务是不可想象的。因此,邓小平再三强调:“在军队中,科研和教育也要一起抓,进行现代战争没有现代战争知识怎么行。”(《邓小平文选》第二卷 41 页)

(二)新时期人民军队建设

建设一支强大的现代化、正规化、革命化的军队,是邓小平通过对国际形势、我国现代化建设以及我军军情实际,进行科学分析后提出的,是新时期我军建设的纲领和实际工作的指南。

1. 建设一支现代化、正规化的革命军队

由共产党和毛泽东创建的人民军队,是一支全心全意地为人民服务的军队。在战争年代,为新中国的成立而流血牺牲、英勇战斗;在社会主义建设时期,为保卫祖国的建设事业又立新功;在新时期,这支能征善战的人民军队应该如何建设,才能捍卫国家的主权,适应现代战争的需要呢? 1981 年 9 月,邓小平明确提出:必须把我军建设成一支强大的现代化、正规化的革命军队”(《邓小平文选》第二卷 395 页)的伟大目标。

现代化、正规化、革命化是互相联系、互相促进,缺一不可的。革命化体现人民军队的本质、军队的政治素质和传统作风;正规化体现军队组织、管理和军制水平;现代化体现军队的武器装备、指挥、作战和协同等方面适应现代高技术战争的能力。“三化”不是平列的,而是以现代化为中心。军队之所以必须以现代化建设为

中心,是由我军的历史和现实任务所决定的。我军现代化建设已取得了巨大成就,但从总体看,现代化程度还不高,科学文化水平还较低,武器装备也比较落后。邓小平深刻指出:“要承认我们军队打现代化战争的能力不够。要承认我们军队的人数虽然多,但是素质比较差”(《邓小平文选》第二卷61页)。显然,军队存在的这些问题就难以适应高科技战争的特点和提出的要求。只有努力提高我军现代化的程度,才能更好地适应现代战争,更好地履行保卫祖国、维护世界和平的神圣职责。

2. 要有合理的编制体制

军队的编制体制是军队的组织指挥系统和编制序列的总称。主要包括军队的组织结构,军队的领导和指挥关系,各级的职权划分,部队的编组。只有把这四个方面科学地结合成一个有机的整体,才能形成现实的战斗力。为此,邓小平非常重视军队的编制体制问题。

邓小平不仅反复强调编制体制改革的必要性、重要性,而且从提高战斗力的目的出发,提出了军队编制体制改革的基本原则。

一是“精兵”原则,减少军队数量,提高质量。精兵才能打仗,这是被古今中外战争的实践证明了的一条规律。邓小平说:“我们存在的一个大问题,就是军队很臃肿。真正打起仗来,不要说指挥作战,就是疏散也不容易。现在提出‘消肿’,主要是要解决军队机构重叠、臃肿以及由此带来的各级指挥不灵等问题”(《邓小平文选》第二卷284,285页)。从这一原则出发,1986年中央军委决定减少军队员额100万,并努力在建军质量上下功夫。

二是提高效能的原则,合并机构,精简机关。现代战争是高速、高效能的战争,它要求军队指挥系统精干灵便,反应快速。庞大臃肿的指挥机构别说是现代,就是在以往也是兵家一忌。邓小平说:“过去打仗的时候,负领导责任的,一个野战军几个人,一个兵团几个人……现在是一大堆人”(《邓小平文选》第二卷410页),精简机构,使军队指挥系统日益精干、日益小型化,是战争日益现代化的必然要求。

三是合成原则,调整军队编组,组建陆军集团军。现代战争已由过去单一兵种作战或小规模、小范围的协同作战,发展到了诸兵种大规模范围的合成作战,是高技术的、立体的、综合性的对抗,需要更广泛地组织合成作战行动,使各个军兵种、各种保障力量密切配合。合成,是编组现代化军队的重要原则。在邓小平合成思想的指导下,通过1985年的精简整编,组编了兵种基本齐全的陆军合成集团军,并从战略上提高了陆、海、空三军和战略导弹部队之间的协同作战能力,使我军在建设现代化的合成军队的道路上迈出了具有历史意义的一步。

四是平战结合的原则,区别情况,组建不同类型的常备军。军队是为了应付可能发生的战争的,军队的编制体制首要的是要适应战争的需要。但必须看到,一个国家不可能长期处于战争状态。因此,军队的编制体制就不可能只顾战时而不顾平时,否则,会加重国家的经济负担。所以,制定军队的编制体制时必须坚持平战结合的原则。

五是有利于人才成长的原则,建立干部退休制度,提拔新生力量。编制体制改革的目的在于增强军队的活力。为了使这一改革获得成功,邓小平把人才问题与编制体制问题紧密结合起来,强调建立健全军队干部退休制度、大胆提拔新生力量。邓小平说:“现在的庙很多,每个庙的菩萨也很多,老同志盖住了,年轻人上不来。所以,我们要改革现行的干部工作制度,建立有利于提拔年轻干部的制度。”(《邓小平文选》第二卷 226 页)军人职业与其他职业不同,作为军队干部是要带兵打仗的,不仅要求具有良好的军政素质,而且要有强健的体魄。

3. 把教育训练提高到战略地位

把军队的教育训练提高到战略地位,是邓小平新时期关于军队建设的非常重要的思想。邓小平说:“战略要研究的问题,不仅是作战问题,还包括训练。要把训练放在战略问题的一个重要位置上。”(《邓小平文选》第二卷 21 页)军队的战斗力是人和武器的结合力。军队现代化包括人和武器两个方面的现代化。武器现代化要靠人去实现,人在战争中的决定作用不会改变。随着人对科学技术的创造和运用,使得人的作用在更广阔的领域和更高的层次上得到发展。有了现代化的武器,若没有现代化的人去驾驭,那么,再好的武器也是没有用的。战争年代是靠“从战争中学习战争”来提高人的能力的,和平时期则主要通过教育训练来实现。军队教育训练不仅是战斗力生成的途径,而且也是培养各种人才、锻炼战斗作风、增强部队凝聚力的重要措施。教育训练是联系相当广泛的实践活动,是联系军队建设各方面的纽带。军队建设的各项成果,往往需要通过教育训练的实践来检验、改进、完善和提高。军队教育训练的基本内容有军事训练、政治教育、科学文化教育和民用技术教育。邓小平所讲的“四位一体”的军事实践活动,极大地拓宽了军队教育训练的领域,丰富了军队教育训练的内容,其意义是十分深远的。邓小平说:“现在不打仗,你根据什么来考验干部,用什么来提高干部,提高军队的素质,提高军队的战斗力?还不是要从教育训练着手?”(《邓小平文选》第二卷 60 页)

4. 加强和改进新时期政治工作

1987 年,《中央军委关于新时期军队政治工作的决定》指出:“新时期我军的政治工作,必须服务于国家的社会主义现代化建设,服务于军队的现代化建设,从政治上、思想上、组织上,保证党对军队的绝对领导和人民军队的性质,保证军队的精神文明建设,保证军队内部的团结和军政军民团结,保证军队战斗力的提高和各项任务的完成,动员和团结全体官兵把我军建设成为具有中国特色的现代化正规化的革命军队。”这就是我军政治工作的基本指导思想。新时期,邓小平关于加强和改进我军政治工作的理论,主要表现在如下几个方面;

一是为适应军队建设的新形势新情况,必须保证人民军队的性质,忠于党、忠于国家、忠于人民,保证我军政治上永远合格,这是军队政治工作的根本任务。

二是坚持用马列主义毛泽东思想和新时期“一个中心和两个基本点”教育和统一全军的思想,把忠实维护国家建设和改革开放,反对资产阶级自由化和“和平演变”作为政治工作的重点。

三是把培养有理想、有道德、有文化、有纪律的“四有”军人，列为政治工作的目标。

四是坚持党对军队的绝对领导，发挥军队内党组织的战斗堡垒作用和党员的先锋模范作用，作为政治工作的核心内容。

五是树立永远是战斗队的观念，加强精神文明建设，把发扬“五种革命精神”作为政治工作的着眼点。

六是在实践中继承和创新，充分发挥政治工作的优势，作为政治工作的动力。要使我军政治合格，还必须在军队中坚决贯彻全心全意为人民服务的宗旨，紧紧地抓住了这个核心，一切问题也就迎刃而解了。

(三) 中国特色的国防

国防建设指导思想直接关系着国防建设的成效。任何国家的国防建设指导思想的确定，都要受世界形势和国内情况的规定和制约。邓小平通过对国际形势的长期观察和深思熟虑，作出了国防建设包括军队建设的指导思想实行战略性转变的重大决定，从而揭开了我国国防建设和军队建设的新的一页。

1. 国防建设必须服从国家经济建设大局

抵御外来侵略，以武力捍卫国家的主权、尊严和领土完整，使国家有一个和平、安定的外部环境，是国防的首要任务。因此，国际战略格局、战争与和平的发展态势以及对我国的影响程度，是确定国防建设指导思想的最重要的依据。邓小平以他战略家的眼光和胆略，通过对战争与和平的分析后，明确指出，战争的危险仍然存在，但和平力量的发展超过了战争力量的发展，世界大战至少在20世纪末打不起来，我们有可能争取到一个较长时期的和平环境。同时强调，要充分利用大仗一时打不起来的这段和平时期，放心大胆地一心一意搞现代化建设。在这一思想指导下，全党全军和全国人民集中精力搞现代化建设，一心一意地把国民经济搞上去，是全党的大局，全国的大局，是压倒一切的中心任务。军队作为党和国家领导下的武装力量，国防作为国家机器中的重要职能部门，理所当然地应随着党和国家工作重点的转移，转变自身建设的指导思想，以服从和服务于党的总任务和总目标。

2. 军民兼容、平战结合发展国防工业

建国初期，毛泽东曾对国防工业体制改革提出了“平战结合，军民结合”的思想，但由于历史的原因，国防工业基本上是单一的军品生产体制。例如，我国的核工业早已成为具有相当规摸的独立的工业体系，但产品基本上限于各种原子弹、氢弹，而对于国计民生有直接促进作用的核能的民用技术却相当落后，至20世纪70年代末期，当世界上已经有几百座核电站在运转的时候，我国还处在空白状态。邓小平根据国家经济建设和国防建设的双向需要，提出了国防工业改革的要求。邓小平说：“国防工业设备好，技术力量雄厚，要充分利用起来，加入到整个国家建设

中去，大力发展民用生产”(《邓小平文选》第三卷 99 页)。1979 年，中央军委、国务院制定了“军民结合、平战结合、以军为主、以民养军”的发展国防科技和国防工业的方针。1982 年，邓小平将其中的“以军为主”改为“军品优先”，从而使这一方针更加具体化。在这一方针的指引下，国防科技和国防工业改革产品结构，发挥军事工业设备和技术上的优势，积极为民用工业的技术改革做贡献，挖掘军事工业的生产潜力，生产民用工业品，为城乡人民服务，成为促进经济建设和科学技术发展的一支重要力量。

3. 引进技术与自力更生相结合发展国防科技

国防科技是国家科学技术的重要组成部分，对国防经济实力和提高军队战斗力有着重要的影响。邓小平强调，“过去也好，今天也好，将来也好，中国都必须发展自己的高科技，在世界高科技领域里占有一席之地”(《邓小平文选》第三卷 279 页)，主张“在国民经济不断发展的基础上，改善武器装备，加速国防现代化”(《邓小平文选》第二卷 395 页)，并提出了一系列新时期发展国防科学技术的方针原则。

在国防科技发展史上，曾有过两种错误倾向：一种闭关自守，盲目排外；一种是依赖外援，迷信外国。邓小平坚持我党自力更生为主的传统方针，并同时倡导对外开放，吸收外来先进技术。邓小平说：“关起门来搞建设是不能成功的，中国的发展离不开世界。当然，像中国这样大的国家搞建设，不靠自己不行，主要靠自己。但是，在坚持自力更生的基础上，还需要对外开放，吸收外国的资金和技术来帮助我们发展。”(《邓小平文选》第三卷 78 页)

独立自主、自力更生，是从中国的实际出发，依靠群众进行革命和建设的必然结论。邓小平在 1982 年 6 月接见外宾时说：“从 50 年代中期到 70 年代，即在建国 32 年多的时间里大体有二十几年，我们完全或基本上处于没有外援的状况，主要靠自力更生。没有外援也有好处，迫使我们奋发努力。在这种精神的激励下，我们在这个时期搞出了原子弹、氢弹、导弹，发射了人造卫星，等等。”(《邓小平文选》第二卷 406 页)邓小平又说：“独立自主不是闭关自守，自力更生不是盲目排外。”(《邓小平文选》第二卷 91 页)我国的革命和建设，包括国防现代化建设在内，不是也不可能独立于世界之外，我们在任何时候都需要争取外援，特别需要学习外国一切对我们有益的先进事物。但是，同样重要的是，在任何时候，我们都要保持清醒的头脑，不能抱不切实际的幻想。因为，国防科学技术牵涉到战争胜负、国家安危，是国家最高利益之所在，当前国际形势虽然趋于缓和，但并没有改变西方国家企图垄断和把持高技术和敏感技术的实质，这已成为他们推行强权政治乃至对社会主义国家实行“和平演变”战略的重要手段。因此，要立于不败之地，尽快地发展国防科技，就一定要始终如一地坚持引进技术与自力更生紧密结合起来的方针，并且把基点建在艰苦奋斗，自力更生的基础上，只有这样我们才能胜利。

三、邓小平新时期军队建设思想的历史地位和意义

邓小平新时期军队建设思想，在无产阶级军事理论中，占有十分重要的地位，

对指导新时期我军建设和军事斗争,更具有重大的现实意义。

(一)邓小平新时期军队建设思想是毛泽东军事思想的继承和发展,是最富有时代精神的马克思主义军事理论

在新的历史时期,邓小平作为我们党第二代领导集体的核心,以马克思主义实事求是的科学态度、无产阶级革命家的创新精神和战略家的远见卓识,对国内外形势和新的历史条件进行了深谋远虑的思考,在实践中探索和规划了我国新时期国防建设和军队建设发展的总体战略。他把个人创造与集体智慧融为一体,把毛泽东军事思想与新时期的客观实际结合起来,提出了新时期国防与军队建设的一系列新论断,极大地丰富和发展了毛泽东军事思想。

邓小平在新时期的军队工作中,主导了拨乱反正,结合新的形势,继承、恢复和重申了毛泽东关于军队建设思想的许多重要理论和指导原则。邓小平继承毛泽东关于人民军队思想,强调坚持党对军队的绝对领导;继承毛泽东关于建设强大国防的思想,强调加速军队现代化建设;继承毛泽东关于加强国防建设首先要加强经济建设的思想,强调国防建设要服从国家大局;继承毛泽东关于人民战争、积极防御战略思想,强调新时期仍然是积极防御;继承毛泽东关于政治工作是我军生命线思想,强调新时期要加强和改进军队政治工作;继承毛泽东关于严格纪律、从严治军思想,强调要培养军地两用人才;继承毛泽东关于精兵的思想,强调减少数量,提高质量。

邓小平对丰富和发展毛泽东军事思想的理论贡献主要体现在以下几个方面:一是对战争与和平问题提出了新的论断;二是与社会主义现代化建设的要求相适应,确定了国防建设的总目标是实现现代化;三是提出并实行国防与军队建设指导思想的战略性转变,使国防与军队建设真正走上和平时期建设的轨道;四是贯彻党在社会主义初级阶段的基本路线,确定了国防建设、军队建设要服从国家建设大局的基本原则;五是根据新的历史条件,提出了军队建设的一系列新观点、新原则;六是提出军事改革是国防现代化的根本出路,是社会主义国家制度自我完善的重要方面;七是根据现代科学技术的发展和国际战略形势的变化,重新明确了我军在新的历史时期要继续坚持积极防御的战略方针。

邓小平的上述理论贡献是一个有机的整体,它进一步揭示了相对和平时期国防与军队建设的规律,创造性地阐述了新时期我国国防与军队建设的基本理论问题,是毛泽东军事思想在新的历史条件下的重大发展。

(二)邓小平新时期军队建设思想是邓小平理论的重要组成部分

邓小平新时期军队建设思想是作为邓小平建设有中国特色社会主义理论的重要组成部分,其历史地位是与邓小平理论的整个科学体系紧密地联系在一起的。

首先,邓小平新时期军队建设思想的产生、形成和发展与邓小平理论体系的形成和发展具有共同的实践基础。邓小平理论是在和平与发展成为时代主题的条件下,在我国改革开放和四个现代化建设的实践过程中,逐步形成和发展起来的。新时期军队建设思想同样是在这一实践基础上形成和发展起来的。因为我国社会主义现代化建设,其中就包括国防和军队现代化建设。邓小平作为党和国家的领导核心,始终站在国家发展的高度,将四个现代化建设作为一个整体来思考。这表明建设有中国特色社会主义的伟大实践,包含国防和军队建设的实践在内,同时也表明指导这一伟大实践的建设有中国特色社会主义的伟大理论,同样也包含着指导新时期国防建设、军队建设和作战的伟大理论。可见,邓小平新时期军队建设理论在建设有中国特色社会主义理论中具有十分重要的地位和作用。

其次,邓小平新时期军队建设思想是邓小平理论的基本内容在军事领域的延伸和具体化。邓小平理论是当代中国的马克思主义,具有普遍的指导意义。例如:"一个中心,两个基本点"的基本路线是邓小平理论的核心内容,也是新时期军队建设思想的灵魂,按照基本路线来建设军队,全军指战员执行和捍卫党的基本路线,就成了我军历史性的任务;以经济建设为中心,解放和发展社会生产力是邓小平理论所规定的根本任务,正是这一点规定了军队建设要服从服务于国家建设这个大局,而在这个大局下行动,就能为建设现代化正规化的革命军队提供充分的保障。

第三,邓小平新时期军队建设思想是邓小平理论所坚持的科学世界观和方法论在军事领域的贯彻和运用。解放思想、实事求是是邓小平理论的精髓,也是新时期军队建设思想的精髓。邓小平解决军队和国防现代化建设问题,总是始终如一地坚持党的解放思想、实事求是的思想路线,始终把中国的国情、军情、世界战略格局和世界军事发展形势,作为指导军队和国防建设的依据。解放思想、实事求是是新时期军队建设思想生长的历史起点,也是它作为一个严密科学体系的逻辑起点。正是在这一思想的指导下,我们恢复和发展了党的建军传统,冲破了世界大战不可避免性的观点,提出了和平与发展的时代主题,实现了军队建设指导思想的战略性转变,突破了各种旧的传统观念的束缚,认识到高技术对军队建设的影响,在战略方针上提出了立足于打赢现代技术特别是高技术条件下的局部战争问题,开辟了建设有中国特色的精兵之路。

(三)邓小平新时期军队建设思想是新时期军事斗争和军队建设的科学指南

首先,邓小平新时期军队建设思想揭示了相对和平时期国防和军队建设的基本规律。其主要成就有:一是科学地揭示了相对和平时期国防和军队建设同经济建设相互作用的基本规律,确定了国防和军队建设同经济建设协调发展的原则;二是科学揭示了国防和军队建设各要素和各方面工作相互作用与影响的基本规律,确定了要以提高战斗力作为国防和军队建设的出发点和落脚点,作为检验各项工作的根本标准;三是揭示了军队建设中数量与质量相互制约与转化的基本规律,确定了科技强军,提高质量,走精兵之路的原则;四是揭示了和平时期军队战斗力生成的基本规律,提出要把教育训练提高到战略地位,以军事训练作为军队工作的中心的原则;五是科学揭示了综合国力同军队战斗力之间相互转化与促进的基本规律,提出了在增强综合国力基础上全面提高军队战斗力的思想。

其次，邓小平新时期军队建设思想符合我军的实际，具有鲜明的中国特色和强大的生命力。邓小平坚持把当今世界各国国防和军队建设的一般规律和原则，同我国我军特殊情况有机结合，把我军传统的经验和原则同新时期的新情况有机结合，紧紧抓住我军建设的主要矛盾，创造性地回答和解决了新时期我军建设亟待解决的一系列重大理论和实际问题，为我军建设指明了方向。

第三，邓小平新时期军队建设思想符合当代和未来战争的客观要求。邓小平在确定把建设有中国特色的现代化、正规化革命军队作为我军建设的总任务、总目标，并强调要以现代化为中心时，实际上就把按照现代和未来战争的客观要求，全面加强军队建设作为我军建设的基本着眼点和落脚点。同时，他在指导我国国防和军队建设的过程中，自始至终贯穿着要全面提高我军实行现代条件下人民战争能力的重要思想，这也从根本上进一步奠定了邓小平新时期军事理论对我国新时期军事斗争和军队建设的指导地位。

第四节　江泽民国防和军队建设思想

江泽民国防和军队建设思想，是伴随着世界新军事变革的兴起和我军现代化建设的历史进程而形成的科学理论。1989 年 11 月他在当选为中共中央军委主席后，创造性地坚持和运用毛泽东军事思想和邓小平军事理论，研究新情况，解决新问题，科学地揭示了在新的历史条件下战争与和平问题、国防和军队建设问题，形成了具有鲜明时代特色的国防和军队建设思想。

一、江泽民国防和军队建设思想的科学含义

江泽民国防和军队建设思想是以江泽民为核心的党的第三代领导集体在领导国防和军队建设的伟大实践中，科学地回答了新形势下我国军事领域的一系列重大理论和实践问题，从而形成的关于国防和军队建设的科学思想体系。

(一)它是对毛泽东军事思想、邓小平军事理论的创造性运用和发展

在世界多极化曲折发展和新军事变革不断深入的过程中，在我们改革开放和社会主义市场经济体制不断发展的历史条件下，如何积极推进中国特色的军事变革，解决好人民军队打得赢、不变质两个历史性课题，从而为建设社会主义提供安全保障，是以江泽民为核心的第三代领导集体认真思考和必须面对的，只有在毛泽东军事思想和邓小平军事理论的指导下，紧密结合世界新军事变革和我军建设的实践，坚持解放思想、实事求是的思想路线，坚持大胆探索，勇于创新，才能不断总结新经验，不断得出新结论。

(二)它是“三个代表”科学体系的重要组成部分

党的十六大把以江泽民为主要核心的中国共产党人创立的“三个代表”重要思想确立为党的指导思想，对于全面开创中国特色社会主义事业新局面产生了极其

重要的作用，这是我党的立党之本、执政之基、力量之源。作为“三个代表”科学体系的重要组成部分，江泽民国防和军队建设思想紧紧围绕“打得赢、不变质”这两个历史性课题，按照政治合格、军事过硬、作风优良、纪律严明、保障有力的总要求，坚定不移地走有中国特色的精兵之路，从严治军，依法治军，加速推进军事斗争准备，加强军队的革命化、现代化、正规化建设。

（三）它是当代中国军事领域实践经验的科学总结

江泽民主持军队工作期间，正是中国经济体制改革继续深化发展的历史时期，也是世界科学技术特别是信息技术突飞猛进的新时代，它们在军事领域产生了广泛而深远的影响。从军队的体制编制、武器装备、教育训练、后勤保障、战场准备，到国防体制、国防工业、国防教育以及军队政治工作的方方面面都出现了一些新情况、新问题，如何围绕全面建设小康社会进而实现现代化来加强我国的国防和军队建没，是一个新的历史课题，江泽民国防与军队建设思想正是对这一系列问题所给出的明确答案，他反复告诫全军必须认清形势，做好完成机械化和信息化建设双重历史任务从而实现军队建设跨越式发展的充分准备。

（四）它是我们党和军队集体智慧的结晶

江泽民同志继承和发扬了党内的光荣传统，开创了国防和军队现代化建设的新局面。在构建其理论体系的过程中，他一方面非常重视发挥党中央的集体领导作用，如一系列重大决策都是在他的主持下经过集体讨论决定的，另一方面十一届三中全会之后，我军军事理论和国防建设理论研究的空前繁荣，如群众参与的广泛性、研究内容的多样性、进入决策的影响性等都为形成江泽民国防和军队建设思想提供了极为丰富的理论基础。

二、江泽民国防和军队建设思想的主要内容

江泽民依据国际战略格局和安全环境的变化、世界高新技术发展和新军事革命以及我国改革开放和发展社会主义市场经济给我军带来的影响等客观实际，从战略的高度，对军事领域作了全方位、贯穿纵深的一系列论述，涉及到军队建设的指导思想、总目标总要求、军事战略方针、军队建设与发展的道路途径以及军队的编制体制、武器装备、教育训练、部队的管理、思想政治工作、后勤工作、军事高科技发展、干部队伍建设和人才培养等各个方面，形成了一整套指导军队建设和军事斗争准备的科学思想，蕴含丰富，博大精深。其中，江泽民最为关注、指导力度最大、最富有时代性和创造性的思想，概括起来，主要有以下几个方面：

（一）在新的历史时期，军队的地位和作用更为重要，军队建设只能加强，不能削弱

江泽民在庆祝中华人民共和国成立四十周年大会上的讲话中指出：“中国共产党领导下的以人民解放军为主体的人民武装力量，是人民民主专政的坚强柱石，是社会主义事业的强大后盾。四十年来的历史特别是平息反革命动乱的斗争再一次

证明，没有一个人民的军队，便没有人民的一切。”后来，他在1991年1月召开的军委扩大会议上的讲话中又指出，在新的历史时期，军队建设只能加强，不能削弱，因为“军队的强弱，关系到一个国家的安危，一个民族的命运……我们对和平时期军队的地位和作用，应该有一个更深刻的认识”。江泽民在1993年12月召开的军委扩大会议上的讲话中指出：在新的历史时期，军队的地位和作用更为重要。应该坚信，新的历史时期我国面临的环境条件，不是削弱军队建设的理由，而是加强军队建设的根据；新的历史时期以经济建设为中心的过程，是为军队建设提供更多的有利条件的过程，而不是减少有利条件的过程；社会主义初级阶段的主要矛盾不是阶级斗争，不能作为否定军队是人民民主专政柱石的根据，而是为军队的柱石职能赋予了更新更深刻的内涵；军队要服从国家发展战略，不是军队不重要不发展了，而是从根本上加强军队建设的战略要求；加强新的历史时期的军队建设，不但不会成为社会主义建设的包袱，而且还会成为建设社会主义物质文明和精神文明的积极动力。因此，在新的历史时期，江泽民号召全党和各级政府都要增强国防观念，积极关心和支持军队的建设，“在全社会形成关心爱护军队的舆论和风气”。努力把我军建设成为具有中国特色的强大的现代化、正规化的革命军队。深刻认识在新的历史时期军队建设的地位和作用，这是江泽民军队建设思想的根本前提，也是一个首要解决的理论和实践问题。

（二）高举邓小平理论的伟大旗帜，保持我军建设的正确方向

江泽民指出：“旗帜问题至关重要，旗帜就是方向，旗帜就是形象。”在世界格局进一步走向多极化、军事革命迅速发展和推进改革开放、建立社会主义市场经济体制的新的形势面前，我们这支军队举什么旗帜，军队建设以什么理论为指导，这是关系到我军建设的前途和命运的必须首先解决的重大问题。以江泽民为核心的党中央和中央军委，一贯强调军队现代化建设必须以毛泽东军事思想和邓小平军队建设思想为指导。党的十四大确立了邓小平建设有中国特色社会主义理论在全党的指导地位，强调“必须用邓小平同志建设有中国特色社会主义的理论武装全党”，要求全军“必须按照邓小平同志关于新时期军队建设的思想，走有中国特色的精兵之路，把人民解放军建设成为强大的现代化、正规化革命军队”。党的十五大进一步作出了历史性的决策，把邓小平理论作为全党的指导思想，并写进了党章。在党的十六大上，江泽民强调指出：“邓小平新时期军队建设思想，是对毛泽东军事思想的继承和发展，是我军建设和国防建设的科学指南。”高举邓小平理论伟大旗帜，确立邓小平新时期军队建设思想在军队建设中的指导地位，充分反映了以江泽民为核心的党中央和中央军委在理论上的成熟和政治上的清醒。

（三）按照“三个代表”的要求加强国防和军队建设，始终保持人民军队的先进性

江泽民站在时代的高度，以一个无产阶级政治家的智慧和勇气，提出了中国共产党始终代表中国先进社会生产力的发展要求，始终代表中国先进文化的前进方向，始终代表中国最广大人民的根本利益的“三个代表”的重要思想，创造性地把社会历史发展的基本规律和时代特征与党的性质、宗旨、历史使命联系起来，从根本上回答了在新的历史条件下建设一个什么样的党、怎样建设党的重大问题。它不仅是指导党的建设的基本纲领和指导思想，也是包括军队建设在内的其他各项工作的基本纲领和指导思想。我军是党领导下的人民军队，党的先进性决定了我军的先进性。党所具有的“三个代表”的先进性和与时俱进的品质，是党所以拥有对军队绝对领导权的根本依据，也是保持我军先进性和现代化建设不断发展的内在要求和根本动力源泉之所在。因此，江泽民要求我军必须全面把握“三个代表”的深刻内涵，认真贯彻“三个代表”对军队的基本要求，忠实地贯彻落实到军队建设和改革之中。

（四）坚持党对军队的绝对领导是军队建设的根本原则

新的历史时期，坚持党对军队的绝对领导，是江泽民十分关心的重大问题。1989年1月江泽民指出，坚持党对军队的绝对领导，这是我们建军的根本原则，是我们党的优良传统，是我们军队特有的政治优势，必须继续保持和发扬。后来，他又在接见广州军区机关师以上干部时的讲话中进一步指出：一个军队要有军魂。我们军队的军魂就是党的绝对领导。坚持这个根本政治原则，加强军队中各级党组织的全面建设，任何时候都是至关重要的。历史和现实一再证明，人民军队之所以成为人民军队，这是党绝对领导的结果，人民军队之所以能发挥人民所需要的伟大作用，更是党绝对领导的结果。坚持党对军队的绝对领导是人民军队的军魂。所以人民军队必须永远置于党的绝对领导之下，在任何时候、任何情况下都要坚持听从党的指挥。“我们的原则是党指挥枪，而绝不允许枪指挥党”，这是我们的根本原则。特别是在新的历史时期，坚持这一根本原则尤为重要。对此，江泽民指出，新的历史条件下，我军建设必须把保证党对军队的绝对领导作为首要的根本任务来抓，保证我军在任何时候、任何情况下，都要做到听党的话，跟党走。江泽民围绕这一根本问题，还对新的历史时期如何加强党对军队的绝对领导提出了一系列的具体措施和要求。

（五）要把思想政治建设摆在军队各项建设的首位

重视军队思想政治建设，是党的一、二代领导核心的一贯思想。江泽民作为党的第三代领导核心，继承和发展了毛泽东、邓小平关于军队思想政治建设的理论，他在1994年12月召开的一次重要会议上明确提出：在新的历史条件下，“搞好军队的思想政治建设，是搞好军事训练、后勤保障以至整个军队现代化建设的重要基础。思想政治建设是革命化建设的核心，是引导全军干部战士拒腐蚀、永不沾，永葆人民军队革命本色的可靠保证。所以，我们必须高度重视军队的思想政治建设，必须把它摆在全军各项建设的首位”。后来，他又强调指出，要把思想政治建设摆在军队各项建设的首位，“一切工作的进步都应以思想进步为基础，都应紧紧抓住思想教育这个中心环节”，“没有思想上的过硬就没有政治上的过硬”。加强思想政治建设，是“治军的一条基本经验，也是一条重要原则”。江泽民这些重要论述是基于国际国内政治、经济、军事形势的客观分析提出的要求，是我军建设的基本规律在新形势下的重要体现。

（六）服从国家发展战略，实现国防和军队建设与国家经济建设协调发展

这是江泽民指导处理国防和军队建设与国家经济建设之间关系的一个重要思想，是党的解放思想、实事求是的思想路线和“一个中心，两个基本点”的政治路线在军事问题上的正确运用和发展。在国家以经济建设为中心、全面推进社会主义现代化建设的条件下，如何正确看待和处理军队建设与国家建设的关系、国防发展战略与国家发展战略的关系，是一个涉及国家全局的重要战略问题。江泽民指出：“国际社会的竞争，归根到底是经济实力和以经济实力为基础的综合国力的竞争与较量。……目前亚洲‘四小龙’及其周边国家和地区正在加快经济发展，国际经济贸易的竞争日趋激烈，再加上东欧剧变和苏联解体，这些都给我们带来了新的压力和挑战。如果我国经济不发展或发展得太慢，那么同西方发达国家甚至同周边国家的差距就会继续扩大，我们就会处于非常不利的地位，要巩固社会主义制度和维护国家的长治久安，就会遇到极大的困难。所以能不能加快经济发展，进一步改善人民生活和增强综合国力，不仅是重大的经济问题，也是重大的政治问题。”当今世界各国都在竞相调整国家发展战略，以谋求新世纪的战略主动地位。因此，我们必须拓宽眼界，把军队建设和发展置于国家总体发展战略中去筹划，协调发展。江泽民特别要求军队要服从于国家发展战略，努力提高综合国力，实现国防和军队建设与国家经济建设协调发展。军队要积极为国家改革开放和经济建设保驾护航。

（七）以新时期军事战略方针指导和统揽全军各项建设和一切工作

以江泽民为核心的中央军委，纵览国际风云，敏锐地观察到世界战略格局的发展变化和海湾战争给军事领域带来的重大影响，为适应国家安全的需要，适时制定了新时期军事战略方针，要求把军事斗争准备的基点放在打赢现代技术特别是高技术条件下的局部战争上，军队的建设由数量规模型向质量效能型、由人力密集型向科技密集型转变。这一方针适时赋予了积极防御军事战略方针以新的内容，具有鲜明的时代特征，这是对我军战略指导思想的丰富和发展，是我军在战略指导上的一个根本性变化。它顺应了当今世界军事变革的趋势，指明了我军建设和军事斗争准备的“聚焦点”和“着力点”，解决了新时期我国军事斗争准备和军队建设的宏观定向问题。江泽民强调指出，全军的各项建设和一切工作，包括军事训练、政治工作、后勤保障、国防科研等，都要在新时期军事战略方针的指导和统揽下，立足于将来打赢现代技术特别是高技术条件下的局部战争，周密规划，全面部署和深入展开。也就是说，全军的各项建设和一切工作，都要服从和服务于这一战略方针的需要，都要为确保这一战略方针的胜利实现做好各方面的充分准备。这就为我军建设和军事斗争准备提出了新的思路和模式，规定了新的内容、新的标准和新的方式，为我们正确认识和解决军队建设和军事斗争准备领域里的问题提供了理论指导。我们坚信，随着这一战略方针的贯彻落实，将推动我军建设的全面改革和建设，使我军建设的总体水平发生质的飞跃，将把我军建设和军事斗争准备推向一个新的发展阶段，为迎接世界军事发展的挑战赢得战略上的主动。

(八)从中国的国情军情出发，走有中国特色的精兵之路

从中国社会主义初级阶段的国情军情出发，走有中国特色的精兵之路，是江泽民在对新的历史条件下军队建设道路提出的明确要求。1992 年 10 月，江泽民在党的十四大报告中，根据邓小平关于"精简军队，提高战斗力"等重要思想，正式提出注重质量建设，走有中国特色的精兵之路的重要命题。在党的十五大报告中，他又精辟地指出，我们讲一切从实际出发，最大的实际是中国现在处于并将长期处于社会主义初级阶段，这是社会主义不发达的阶段，处在这样一个国情军情下的军队建设，必须从这个总的客观实际出发，紧紧把握军队建设的中国特色。从中国的国情军情出发，走有中国特色的精兵之路，既反映了新的历史时期军队建设的一般规律，也反映了我军军情特点的特殊规律，是我军建设的重要指导思想。其基本内容和实质是：从中国的国情军情出发，把握军队建设的中国特色；通过改革编制体制，把军队搞精干；贯彻科技强军思想，实现"两个根本性转变"；落实教育训练的战略地位，提高军队的军政素质；加速高科技武器装备建设，实现武器装备现代化；坚持从严治军、依法治军的思想，实现军队正规化；坚持精干的常备军与强大的后备力量相结合的方针，建设现代化国防。

(九)切实把教育训练摆到战略地位，提高部队战斗力

军队的质量建设，实质上就是战斗力建设。提高战斗力，是我军一切工作的着眼点和落脚点。和平时期战斗力的提高，有许多因素在起作用，其中，最关键、最直接、最经常、最稳定的因素是教育训练。教育训练是处理当前我军质量建设主要矛盾的需要，是和平时期提高部队战斗力的根本途径。未来战争越是现代化，教育训练的地位显得越重要。江泽民对此格外关注。他在 1993 年 1 月召开的军委扩大会议上强调指出，要切实把教育训练摆到战略地位，"各级领导同志和领导机关必须把主要精力放在教育训练上，坚持不懈，真抓实干，切实提高教育训练质量"。要求全军必须进一步确立在新的历史时期仍然是"战斗队"的观念，要贯彻训战一致的原则，严格训练，严格要求，从难从严，从实战需要出发，不断加大教育训练的力度。在教育训练的指导思想上，要立足于现有装备战胜高科技装备的强敌，努力加强部队的合成训练，提高高科技条件下诸军兵种协同作战的能力。在教育训练的对象上，强调以指挥员的训练为重点，努力培养和造就高素质的军事指挥人才。在教育训练的内容上，强调既要学军事、学文化、学科学，还要学政治、学思想、学作风。在教育训练的途径上，主要靠军队院校正规的训练，同时还要不断强化部队的训练。江泽民为我军教育训练工作提出一系列的方针、原则和政策，为我军加强教育训练指明了方向。

(十)实施科技强军战略，努力实现武器装备的现代化

随着世界科学技术的发展及其在军事领域里的广泛运用，在战斗力诸要素中科技所占的比重越来越大，影响也越来越大，已成为战斗力的特殊要素和重要内核，贯彻于战斗力构成、生成和运用的全过程。20世纪90年代的海湾战争表明，现代战争在很大程度上已表现为高科技的较量，依靠高科技发展起来的先进武器装备在战争中所起的作用越来越大。谁的武器装备更先进，现代化程度更高，谁就拥有更大的赢得胜利的物质基础，就更容易夺取战争的主动权。科学技术水平的高低，已成为衡量国家经济和军事实力的重要标志。江泽民敏锐地觉察到这一点。他深刻地指出："国际间的竞争，说到底是综合国力的竞争，关键是科学技术的竞争。在科学技术上落后，就会被动挨打。"同时他明确指出，军队要实现现代化，必须依靠科学技术的进步。并在此基础上确立了科技强军的方针，要求我们必须把国防科技发展和部队装备建设放在突出的地位。加快国防科技和武器装备的发展，是江泽民为适应时代要求和军队现代化需要而作出的正确抉择。在确定科技强军方针的同时，江泽民还根据我军武器装备科技含量还比较低的情况，提出要紧跟世界军事的潮流，注重高科技成果的运用，实现军队武器装备的跨越式发展，坚持"有所为有所不为"，"有所赶有所不赶"，优先发展若干亟需和顶用的高科技武器装备的总体思路，要求全军用正确的理论武装头脑，用高科技知识武装头脑，努力把我军质量建设提高到一个新水平。

（十一）加强军队的管理工作，提高正规化建设水平

军队离不开管理，没有管理就没有军队。管理是从严治军的基础和保障，不能有任何的松弛。近些年来，江泽民反复强调管理工作在新的历史时期建军、治军中的重要地位和作用。1994年9月，他在接见全军管理工作会议全体同志时强调指出："军队管理工作，是军队建设中带根本性、全局性的基础工作之一。"从一个全新的高度揭示了军队管理工作的内涵和本质，是对其地位作用的科学概括。1994年11月他在北京军区师以上干部战役集训班上的讲话中指出：在新的历史条件下，社会环境和军营环境以至部队的编制体制、武器装备和兵员成分等，都发生了很大变化，给部队管理增添了许多新的内容和难度。这就需要我们以科学理论为指导，认真研究部队管理上出现的新问题、新特点，正确认识新时期带兵的规律，采取有效的对策。后来，他又要求：要以科学理论为指导，研究管理工作的新特点，提高管理工作的科学性和有效性。各级领导干部都应学一点管理学、社会学、心理学等方面的知识，把我们长期积累的管理工作的好经验、好办法，同现代管理科学结合起来，以提高做好管理工作的能力。并要求进一步强化正规化意识，强化法制观念和条令条例观念。摒弃管理工作中的随意性，严格按条令条例和规章制度管理部队，建立正规的战备、训练、工作和生活秩序，不断提高我军的正规化水平。

（十二）加强后勤建设，努力实现保障有力

江泽民对军队后勤建设十分重视，不仅提出了后勤要实现"保障有力"的总要求，而且对后勤的地位、作用和发展道路及保障体制的改革、后勤工作的原则等作了一系列丰富而深刻的论述。1993 年 1 月江泽民在军委扩大会议上的讲话中指出:军队强大的战斗力离不开强有力的后勤保障。现代技术条件下的作战,消耗大,技术保障复杂,实效性要求高,对后勤和技术保障的依赖更大。"没有后勤,仗就不能打"。深刻揭示了后勤保障与作战的密切关系,后勤保障力也是军队战斗力的组成部分,强调了后勤是进行战争的前提条件,使我们对后勤地位、作用的认识上升到新的高度。后勤建设与发展应该走什么道路的问题上,江泽民否定了"自我发展"、"自我完善"的观点,明确提出军队要吃"皇粮""军队不能走自己养自己的道路"。他要求"军队后勤需要立体交叉,搞矩阵式管理,也就是纵横结合,多边协作",要实行联勤。同时要求后勤建设要"调整战备物质的结构和布局,加大战备物质储备比重,搞好战略后勤基地建设,努力形成全方位的支援保障能力,尤其是要提高应急综合保障能力"。

(十三)加强军队干部队伍建设,提高干部的综合素质

政治路线和奋斗目标确定之后,干部就是决定的因素。在我军建设的系统工程中,涉及很多因素,其中最关键的起决定的因素是干部,尤其是领导干部。在这个问题上,江泽民发表了一系列重要论述。1996 年 6 月 21 日,他在纪念中国共产党成立七十五周年座谈会上还专门作了《努力建设高素质的干部队伍》的重要讲话,依次论述了关于建设高素质干部队伍的极端重要性和基本要求,关于干部的学习、干部的实践锻炼、干部的选拔任用以及加强领导班子建设和培养优秀年轻干部等问题。内容十分丰富,意义重大而深刻。对于我军来说,干部队伍建设更为关键,尤其各级领导班子的建设。"军之大事,命在于将"。建设高素质的干部队伍,是建军治军之本,是一项必须认真解决的刻不容缓的重大战略问题。特别是选拔和培养年轻干部更为重要。江泽民针对当前我军仍然存在"各级干部指挥现代化战争的能力不够,部队打现代化战争的能力不够"的问题,提出要以正确的思想理论武装和以现代科技特别是高科技知识武装的要求,迅速掀起并形成一个广泛、深入、持久的学习热潮。要求各级组织和机关正确贯彻落实党的干部路线、方针、政策,建立和健全干部制度,加强干部的选拔、培养、任用、教育和监督管理。同时,他还对军队干部应具备的综合素质作出了全面而深刻的论述,要求各级干部要自觉刻苦学习和锻炼,努力提高自己的综合素质,以适应新的历史时期军队建设和军事斗争的需要。

(十四)发扬我军优良传统,不断改革创新

江泽民在 1994 年 12 月军委扩大会议上的讲话中指出,我们党和军队在长期的革命和建设实践中,形成和发展了一整套优良传统和优良作风。这是我们的传家宝,是我们的政治优势,是我们治党治军的锐利武器,任何时候都丢不得,丢了就要吃大亏。要求我们在新的形势下,必须把加强我军优良传统和作风教育摆到时代的高度和战略位置,坚持不懈地抓下去,并真正做到抓细、抓实,不断抓出成效。他把我军的优良传统,概括为十个方面明确地提了出来,为我军加强优良传统和优良作风的教育规定了内容，这对新形势下继承和发扬我军优良传统具有十分重要的指导意义。同时，江泽民还多次指出，在发展社会主义市场经济和对外开放的条件下如何治军，是我们面临的一个重大的历史问题。提醒我们必须清醒地看到，从过去比较封闭的状态转向全方位对外开放，从传统的计划经济转向社会主义市场经济，使得军队建设所处的社会环境发生了新的极其深刻的变化。他要求我们努力探索新环境、新形势下治军的特点和规律，把发扬我军优良传统和改革创新结合起来，在继承我军优良传统的基础上，有所创新，有所前进，不断总结新的经验，把社会主义市场经济和对外开放条件下治军的这篇大文章做好。江泽民对这一问题的提出，抓住了我军继承和发扬优良传统的关键，反映了我军优良传统的内在要求，为搞好新形势下继承和发扬我军优良传统指明了方向。

第五节　胡锦涛关于国防和军队建设的重要论述

21 世纪，中国的发展进入了一个重要的战略机遇期。胡锦涛同志自 2004 年担任中央军委主席以来，以政治家和战略家的远见卓识，着眼时代特点，立足维护国家安全与发展的大局，依据国际国内战略环境的发展变化和新世纪新阶段国防与军队的客观实际，提出了一系列关于国防和军队建设的重要论述，丰富和发展了党的军事指导理论，推进了马克思主义军事理论中国化的历史进程。

一、胡锦涛国防和军队建设重要论述的科学含义

胡锦涛国防和军队建设的重要论述，是新世纪新阶段用科学发展观统筹国防和军队现代化建设，打赢信息化战争的军事指导理论，是毛泽东、邓小平和江泽民国防与军队建设思想的丰富和发展，是科学发展观在国防和军事领域的展开和延伸，是当代中国马克思主义的创新军事理论。

(一)它是新世纪新阶段国防和军队建设的理论指南

世纪之初，国际战略环境正发生着冷战以来最为深刻的变化：一方面，和平与发展仍然是当今世界的时代主题，要安全、求合作、促发展已成为世界各国人民的共同愿望和不懈追求；另一方面，世界总体和平与局部战争、总体缓和与局部紧张、总体稳定与局部动荡相伴，国际形势错综复杂，各种不确定因素有增无减，传统安全与非传统安全问题相互交织。近年来，随着中国实力的不断发展和对世界影响力的不断提高，我国的安全环境在总体上得到改善，但也存在着各种现实的挑战和潜在的危机，国防和军队现代化建设面临诸多新的课题。如何维护国家的主权、统一和稳定等重大的战略利益？如何适应世界新军事变革的潮流推进国防和军队现代化建设？胡锦涛国防和军队建设重要论述正是对这些问题所做的理论概括。

(二)它以科学发展观为重要的指导方针

以科学发展观为国防和军队建设的重要指导方针，是胡锦涛对我们党关于国

防和军队建设指导理论所作的新概括。“以人为本，全面、协调、可持续”的科学发展观，蕴含着马克思主义的世界观和方法论，是马克思主义发展观的集中体现，也是党的思想认识路线和工作指导路线的继承和发展。新世纪新阶段，国际国内形势发展的新变化、新特点，要求我们必须坚持以科学发展观为指导，自觉从国际国内大局出发统筹国家安全与发展，以科学的思路、模式和方法推动国防和军队建设全面协调可持续地发展，不断提高应对危机、维护和平与遏制战争、打赢战争的能力，从而确保我军在日益激烈的世界军事竞争中立于不败之地。

（三）它是当代中国马克思主义的创新军事理论

从毛泽东到邓小平，从江泽民到胡锦涛，从新民主主义革命阶段到社会主义建设时期，从改革开放的社会主义初级阶段到21世纪初的重要战略机遇期，中国共产党人始终不渝地坚持马克思主义，并将它与不同历史阶段中国社会发展的特点相结合，不断探索出符合中国国情的、经实践证明行之有效的军事理论。新世纪新阶段，胡锦涛对军队建设的指导方针、历史使命、优良传统、奋斗目标、全面建设、军事斗争准备、思想政治建设、后勤建设、装备建设等重大问题做出了一系列重要论述，进一步丰富发展了马克思主义的军事指导理论，是马克思主义军事指导理论的最新成果。

二、胡锦涛国防和军队建设重要论述的主要内容

（一）倡导当代革命军人核心价值观，把军队的思想政治教育摆在首位

重视思想政治教育历来是我党我军的优良传统。胡锦涛把当代革命军人核心价值观概括为：“忠诚于党、热爱人民、报效国家、献身使命、崇尚荣誉”，把军队的思想政治教育工作摆在首位。“忠诚于党”是我军核心价值观的“魂”，明确的是我军官兵与党的关系准则；“热爱人民”是我军核心价值观的“根”，明确的是我军官兵与人民的关系准则；“报效国家”，是我军核心价值观的“本”，明确的是我军官兵与国家的关系准则；“献身使命”，是当代革命军人核心价值观的“主题”，明确的是我军官兵在使命任务面前的行为准则；“崇尚荣誉”，明确的是我军官兵在荣誉面前的道德准则。这五句话是相互联系的整体，是反映我军官兵与党、人民、国家、军队的关系以及我军官兵相互间关系最基本、最核心的价值观念，体现了我军优良传统、时代发展要求、官兵价值追求的统一。与此同时，要把握好培育核心价值观与思想政治建设其他教育活动之间的关系。军队思想政治建设的其他教育活动，如搞好党的创新理论武装、开展深入学习实践科学发展观活动、进行理想信念教育等，都对培育革命军人核心价值观产生着作用和影响。培育当代革命军人核心价值观，既需要通过各种各样的学习教育活动来进行，又使各项教育活动的目标任务更加明确集中。

（二）提出“三个提供、一个发挥”，明确人民军队在新世纪新阶段的历史使命

2004年胡锦涛从维护国家的发展利益和安全利益出发，以战略家的远见卓

识，提出新世纪新阶段全面履行党和人民赋予的“三个提供、一个发挥”的军队历史使命，即“军队要为党巩固执政地位提供重要的力量保证，为维护国家发展的重要战略机遇期提供坚强的安全保障，为维护国家利益的拓展提供有力的战略支撑，为维护世界和平和促进共同发展发挥重要作用”。

“为党巩固执政地位提供重要的力量保证”。这是新世纪新阶段党和人民赋予我军的核心使命。中国共产党是中国特色社会主义事业的领导核心。我们党成为执政党，是历史的选择、人民的选择。人民军队的历史使命，历来同党的历史任务紧密相连，同国家安全和发展利益紧密相关。我军作为党绝对领导下的人民军队，在巩固党的执政地位、坚持社会主义制度和维护人民群众根本利益方面，肩负神圣使命，具有重要作用。坚持党对军队的绝对领导，是履行核心使命的根本保证。我军必须把坚持党对军队绝对领导的根本原则和制度，加强军队的革命化、现代化、正规化建设作为党执政的一项重要战略任务抓紧抓好，确保我军能够经受住各种斗争任务和各种复杂环境的考验，始终成为党巩固执政地位的中坚力量。

“为维护国家发展的重要战略机遇期提供坚强的安全保障”。本世纪头20年，是我们必须紧紧抓住并且可以大有作为的重要战略机遇期。所谓战略机遇期，是指某个时间段出现了有利于国家发展的契机、条件和环境，能够对一个国家或地区的历史命运产生全局性、长远性、决定性的影响。战略机遇期来之不易，抓住和用好战略机遇期，更不容易。历史上，我国既有丧失机遇而落伍的沉痛教训，也有抓住机遇实现快速发展的成功经验。抓住和用好战略机遇期，关键是要有一个稳定可靠的安全环境，我们要运用军事实力所产生的威慑作用，遏制或延缓战争的爆发，必要时以果敢的军事行动控制危机，以战止战。当前影响和危害战略机遇期的因素仍不少，国家安全问题的综合性、复杂性、多变性进一步增强。军队要进一步增强紧迫感、责任感，尽可能把风险估计得高一些，切实担负起我军的历史使命，时刻做好应对战争、突发事件和各种危机的准备。

“为维护国家利益提供有力的战略支撑”。国家利益包括生存利益、安全利益和发展利益。维护国家利益，是军队的神圣职责，是军人的崇高准则。随着时代的进步和社会的发展，我国安全利益的内涵和外延已发生了深刻变化。国家安全逐渐超出传统的领土、领海和领空范围，不断向海洋、太空和电磁空间扩展和延伸，同时，安全利益中出现了多元化的非传统威胁，这就要求军队必须拓展安全战略和军事战略视野，必须具有维护国家利益的各种能力：不仅要维护国家生存利益，还要维护国家发展利益；不仅要维护领土、领海和领空安全，还要维护海洋、太空和电磁空间安全以及其他方面的国家安全。

“为维护世界和平与促进共同发展发挥重要作用”。维护世界和平与促进共同发展，是全人类的共同愿望和责任。随着经济全球化的不断发展，中国经济和世界经济已经融为一体。中国的发展离不开世界，世界的繁荣稳定也离不开中国。作为联合国安理会常任理事国之一，作为世界上人口最多、发展最快的社会主义大国,我国理应在国际事务中承担起与我国国际地位相称的职责和作用。维护世界和平与促进共同发展,除了运用经济、政治、外交等和平方式外,还必须有强大的军事实力做后盾。这就要求我们必须努力建设一支与我国国际地位相称和我国发展利益相适应的军事力量,增强我军应对危机、维护和平、遏制战争、打赢战争的能力,在维护世界和平与促进共同发展中发挥更大作用。

(三)坚持"五个统筹",实现国防建设与军队建设的协调发展

胡锦涛在党的十七大报告中明确提出:"必须站在国家安全和发展战略全局的高度,统筹经济建设和国防建设",具体表现为坚持"五个统筹"。

1. 统筹中国特色军事变革与军事斗争准备

推进中国特色军事变革与做好军事斗争准备是新世纪新阶段我军面临的两大战略任务。中国特色军事变革,是指适应世界新军事变革发展趋势,从我国的国情和军情出发,走以信息化带动机械化、以机械化带动信息化的跨越式发展道路,通过深化改革,实现军队建设的整体转型,建设一支能够打赢未来信息化战争的强大的现代化正规化革命军队。军事斗争准备,是指为了赢得未来战争的胜利而在相对和平时期进行的组织、物质和精神等各方面的准备。两者在本质上都统一于信息化,都是为了建设信息化军队、打赢信息化战争,但落脚点和侧重点不同。做好军事斗争准备,是当前最重要、最现实、最紧迫的战略任务,而中国特色军事变革着眼于长远的、潜在的和未来的国家安全需要。统筹中国特色军事变革和军事斗争准备,要以准备来促进变革,以变革来带动准备。既要紧紧围绕军事斗争准备的现实需要推进军事变革,又要把军事斗争准备纳入军事变革的全局之中,确保既能迅速形成我军高技术乃至信息化条件下作战的精锐力量,又能有效带动中国特色军事变革的全面推进。

2. 统筹机械化建设与信息化建设

党在"十六大"报告中就提出要努力实现机械化和信息化建设的双重历史任务,实现我军现代化的跨越式发展。胡锦涛则立足于军事变革发展的现实要求,提出随着高科技在军事领域的广泛运用,要立足机械化信息化复合发展的实际,更加自觉主动地推进机械化条件下军事训练向信息化条件下军事训练的转型;要按照打赢信息化条件下局部战争的要求,从实战需要从难从严训练,不断提高军事训练的针对性和有效性。美国等发达国家军队走的是一条机械化成熟之后再发展信息化的路子。而我军面临的形势是,国家工业化和军队机械化的路程还没走完,以信息技术为核心的新军事变革以及由此催生的信息化战争,已向我们发出挑战。在这种情况下,跃过机械化直接搞信息化不可能,等机械化搞好后再搞信息化必然进一步拉大"时代差"。因此,只能走复合式发展道路,努力实现跨越式发展。统筹两化建设,就是要以机械化为基础,在提高机械化建设水平的同时,加快信息化建设水平。

3. 统筹诸军兵种作战能力建设

由于历史和现实的种种原因，我军的作战力量存在着结构不够合理、关系不够顺畅、军兵种比数不够合理等问题，与信息化战争需求不相适应，制约我军战斗力的全面提升，影响我军整体的发挥。而精干充足的诸军兵种作战力量，既是国家强大的象征，也是维护国家安全、捍卫国家利益、保持国家稳定与发展的重要保障，同时还是我国维护和促进世界和平与发展的重要物质基础。因此，正如胡锦涛所强调的，在新世纪新阶段必须下功夫解决军队内部存在的各种问题，进一步优化结构，理顺关系，加强体制建设，提高整体效能，使军队建设和发展在系统筹划、协调发展中前进。统筹诸军兵种作战能力建设，首先要贯彻实施正确的军兵种发展战略。如改变以陆军为主的大陆军思想，把军队建设的重点转向大力发展海、空军和第二炮兵，真正确立陆、海、空、天、电多维一体的战场空间观念。其次要围绕信息化条件下联合作战的需要实现重点突破，改变目前各军兵种纵向独立发展的轨迹，逐步向各军兵种相互渗透，朝着横向一体化、信息数字化的建设模式和三军一体化的方向发展。另外，必须建立健全有效的运行机制，确保人力、物力、财力向有利于转型的方向流动，实现国防和军事资源的有效配置。

4. 统筹当前建设与长远发展

实现国防和军队建设的可持续发展，必须把国防和军队建设当作一个承前启后的发展过程，既注重当前建设，做好眼前工作，又要着眼未来，谋求长远发展。当前建设主要是指国防和军队建设应对近期可能面临的军事冲突或战争威胁而进行的以军事斗争准备为主的建设活动；长远发展则是指为实现国防和军队战略目标而进行的建设活动，是通过完成阶段性任务来实现的。无论是当前建设还是长远发展，都是为了维护国家的总体利益，而统筹当前建设与长远发展，又正是国防建设与经济建设协调发展的重要体现。加强国防和军队建设，必须立足当前、解决急需，着眼长远、全面规划，建立健全科学有效、切实可行的远中近目标体系，并使其成为一个有机的整体。在实践指导上，要立足当前，兼顾长远，以当前建设促进长远发展，以长远发展的具体目标牵引当前建设，最终实现两者的和谐统一。

5. 统筹主要战略方向与其他战略方向

主要战略方向是指对国家安全和战争全局具有决定意义的方向，是敌我双方矛盾斗争的焦点，是作战力量集中使用的重点和战略指导的关键点。战略方向判断的正确与否，各战略方向关系如何处理，直接关系到国防和军队建设的大局，关乎国家的整体利益。统筹好主要战略方向和其他战略方向的关系，对于保证我国的国家安全，全面建设小康社会具有十分重要的意义。统筹主要战略方向和其他战略方向，必须做到突出重点，兼顾一般，多手准备，有备无患。要立足全局抓主要战略方向，做到有所为、有所不为。要发挥社会主义国家可以集中力量办大事的优势，把有限的国家资源和国防投入向主要战略方向聚集，使其快速发展，成为强大的突破,不能“撒胡椒面”,搞一线平推。同时,要发挥主要战略方向在建设和发展中的示范和带动作用,促进其他战略方向同步协调发展,以保证主要战略方向的侧翼安全,解除后顾之忧。

“本世纪头20年,既是国家经济社会加快发展的重要时机,也是国防和军队建设加快发展的重要时机。我们应该也有可能把国防和军队现代化建设搞得更好”。胡锦涛国防和军队建设重要论述,正是根据新世纪新阶段国际战略格局的发展变化和世界新军事变革的现实要求,立足于我国的国情和军情,运用马克思主义的世界观和方法论,深刻揭示了国防和军队建设的特点和规律,把科学发展观作为加强国防和军队建设的重要指导方针,指明了国防和军队建设的基本思路,为谋划和指导军队建设提供了新的起点和新的标准。

思考题:

1. 什么是军事思想？如何理解其特点？
2. 中国古代军事思想发展经历了哪几个主要阶段？其各自的标志内容是什么？
3. 如何正确理解毛泽东军事思想的科学含义？它的主要内容是什么？
4. 邓小平在新的历史时期是如何阐述战争基本理论的？
5. 江泽民关于国防与军队建设思想的主要内容有哪些？
6. 胡锦涛关于坚持“五个统筹”实现国防和军队现代化建设协调发展的基本内容是什么？

第三章 战略环境

战略环境是影响国家生存与发展的客观要素。战略环境的好坏直接关系到国家的安全稳定及和平发展战略目标的实现。对当前和今后一段时期所处的战略环境进行客观分析和科学判断,是国家战略指导者制定正确的国际战略和外交方针的必要前提条件。本章重点介绍国际战略格局和在当前国际战略背景下南中国海问题、台湾问题和国际恐怖主义问题,认清我国的安全环境所面临的严峻挑战,增强国家安全意识。

第一节 战略环境概述

一、战略

(一)战略的含义及其分类

1. 战略的含义

战略是指筹划和指导战争全局的方略,即根据对国际形势和对双方政治、军事、经济、科学技术、地理等诸因素的分析和判断,科学地预测战争的发生与发展,制定战略方针、战略原则和战略计划,筹划战争准备,指导战争实施所遵循的原则和方法。

战略在军事斗争的实践中产生,并随着军事斗争实践的不断发展、深化而丰富和完善。古代早期的战争,进行的方式是两军对阵,在战场上角力斗勇,胜负主要取决于兵源的数量、勇敢和体力,作战方法简单,往往一次交战就能决定胜负,无战略战术之分。随着战争的发展和长期实战经验的积累,人们逐渐懂得了在战争中使用谋略,并总结出指导战争的方法,于是使产生了战略。应当说,早在“战略”这个概念出现之前,人们就已具有了一定的战略思维与战略意识,只是没有直接使用“战略”这个概念出现确切的界定。随着社会的演变、环境的变化以及军事的斗争的不断发展,在人们运用和驾驭战略的能力不断提高的同时,对战略的认识也不断深化和完善,战略产生于战争实践,长期根植于军事领域,本义即军事战略。但由于近年来被其他领域广泛使用,为了便于对不同领域的战略作出明确的区分,在军事领域以外使用时,须在“战略”两字之间冠以领域的名称,如政治战略、外交战略等。由此,战略有了更广泛的含义:“战”是指对抗,“略”是指谋划,战略是进行对抗的谋划。对抗是力量与力量的对抗,战略实质上就是运筹力量的艺术。

战略是从全局上对军事领域的活动进行的谋划和运筹。军事战略应当解决的主要问题是:判明国家(集团)安全面临的性质和程度,确定战略上的主要对手和作战对象,提出军事斗争所要达到的总体目的和主要任务,规定战略上的重点方向、地区,确定准备与实施军事斗争的指导方针和基本原则,明确斗争的主要手段、形式和协同、保障的主要方法等,并因此制定总体的行动计划和实施步骤。不同历史时期的战略,有不同的内容和特点,其决定的因素主要有以下三个方面:战略思想、战略环境、军事力量。

2. 战略的分类

战略可按不同的标准划分不同类型。按社会历史时期划分,可分为古代战略、近代战略和现代战略;按作战性质划分,可分为进攻战略和防御战略;按使用武器的类型划分,可分为常规战争战略和核战争战略;按军种划分,可分为陆军战略、海军战略和空军战略;按作战持续时间划分,可分为速决战略和持久战略;按战略运用的不同领域划分,可分为政治战略、经济战略和外交战略等。

(二)战略的基本构成要素

战略的基本构成要素,就是构成战略的基本成分。它是战略本质属性的集中反映,也是战略内容和形式的具体体现。

1. 战略目的

战略目的是战略行动所要达到的预期结果,是国家一定时期内总的路线、方针、政策在军事上的反映,它既是制定战略的出发点,也是实施战略的归宿点。战略目的是根据国家利益和战略形势的需要确定的。首先,战略目的要体现国家利益的时代特点;其次,战略目的要与战略形势相适应。

2. 战略方针

战略方针是指导战争全局的方针,是指导军事行动的纲领和制定战略计划的基本依据。战略方针正确与否,对军事斗争的进程、结局有着决定性的意义。在和平时期,正确的战略方针可以使国家在复杂多变的国际斗争中站稳脚跟,创造、赢得并保持战略上的主动地位。在战争时期,战争方针则往往决定着战争的胜败。

3. 战略力量

战略力量是战略的物质基础和支柱。它以国家综合国力为后盾,军事力量为核心。战略对军事斗争的筹划和指导,集中体现在对军事力量的建设和运用上。军事力量既是确立战略的重要物质基础,又是实行战略的主要工具;战略既决定着军事力量建设与运用的性质和方向,又主要依靠军事力量得到具体地贯彻和落实。因此,必须在发展经济和科学技术的基础上,根据战略目的和战略方针的要求,确实其建设的规模、发展方向和重点,并与国家的总体力量协调发展。

4. 战略措施

战略措施也称战略手段,是为准备和进行战争而实行的具有全局意义的战略保障措施,是战略决策机构根据战争的需要,在政治、军事、外交、经济、科学技术和战略领导与指挥等方面,所采取的各种合局性的方法和步骤。战略目的和战略方针是战略行动的方向、目标、纲领与准则,但还不是行动本身,只有通过战略措施,才能将其付诸实施,使其得以贯彻落实。

二、战略环境

战略环境是制定战略的客观基础。正确认识和分析战略环境,是正确制定战略的先决条件。对于主权国家来说,无论是制定实施哪一层次的战略,都离不开所处的战略环境。

(一)战略环境的基本概念

战略环境,是指国家(或政治集团)在一定时期内,筹划、指导军事斗争(特别是战争)所面临的与全局有直接关联和重大影响的客观情况和条件。它主要包括国际、国内的政治、经济、军事、科技、地理等方面的基本状况以及由此而形成的战略态势、战争与安全形势。构成国家战略环境的因素很多,其中起决定作用的主要是国家地理环境、国际战略形势、周边安全形势、国家整体实力等。从总体上说,战略环境是一个动态现象,它随着自然界和人类历史的发展而发展,随着国内外斗争形势的演变而演变。制定和实施国家战略,需要对国家战略环境作细致、深刻的考察。

(二)战略环境研究的内容

1. 国际战略环境

它是一个时期内世界各主要国家(集团)在矛盾、斗争和合作、共处中的全局状况和总体趋势。它是国际政治、经济、军事形势的综合体现,主要包括有关各方力量消长、利益得失、矛盾升降、斗争起伏,特别是在双边或多边关系中敌与友、战与和、对抗与妥协、分化与组合、多助与寡助,在战争中进与退、攻与守、胜与负、优势与劣势等方面的总状况和总趋势。国际战略环境关系到国家的生存与发展、安危与兴衰,影响一个国家(集团)军事斗争的对象、性质、目标、敌友关系以及军事力量建设与运用的基本方向,因而是各个国家(集团)制定战略必须首先考察和关注的外部环境和条件。

2. 国内战略环境

从军事斗争的角度讲,国内战略环境指对筹划、指导军事斗争等具有重大影响的国内社会环境与自然环境。它反映了国家军事力量建设与运用的可能条件和制约因素,决定着战略的基本性质和方向,是制定战略的依据。国内战略环境主要包括:

一是地理环境。主要包括国家(战区)的地理位置、幅员、人口、资源、地形、气候以及行政区划分、交通、要地等状况。地理环境不仅是制定战略的重要客观依据,而且是影响战争胜负的重要因素。加强对地理环境的研究与认识,是使战略指导符合客观实际的一个重要环节。

二是政治环境。国内政治环境,涉及的范围较广,但对战略影响最大的有两个方面:第一,国家的政治法律制度与基本国策。国家的政治法律制度和基本国策是国内政治环境的本质和核心,对军事斗争全局的筹划指导具有决定性影响。如《中华人民共和国》规定国体、国政和国策等内容,经过国家最高权力机关立法规定,充分反映了中国各族人民的根本利益和共同的政治需要,具有最高法律地位和法律效力,是战略必须服从并为之服务的最高政治准则,是确定军事斗争的目的、性质、任务、基本方针、政策和战略指导原则的政治依据。同时,也是保证战略得以贯彻实施的政治基础。第二,政治安全形势。主要包括一定时期内国内的阶级、民族、宗教(教派)、政治集团之间相互关系的基本状况及对政局和国家安全的影响。其中,敌对势力分裂、颠覆国家和发生武装冲突或国内战争的情况,是直接影响国家统一和稳定的国内因素,是筹划、指导军事斗争必须关注的重要问题。

三是综合国力状况。综合国力是一个国家全部物质力量和精神力量、实力和潜力的总和。它包括国家的人力、物力、军力、科技与生产能力、社会保障与服务能力以及组织动员能力等。综合国力是军事斗争特别是战争的物质基础,也是军事理论和作战方法发展进步的重要条件。一切军事斗争和军事,归根结底都要依靠综合国力,特别是经济、科技和军事实力的支撑,并受其制约。战略指导者必须立足于国家综合国力的实际情况,本着勤俭节约、讲究效益的原则,筹划、指导军事力量的建设与运用,使之与国家建设和社会发展的总体水平相适应。

三、战略环境与战略的关系

(一)战略环境是制定战略的客观基础

战略环境是独立战略指导者意识之外的客观存在,战略则是军事斗争规律在人们头脑中的反映。任何国家(集团)的战略,无不受一定战略环境的制约和影响。如二战期间,德国、意大利和日本结成法西斯军事、政治聪明轴心,并把战火迅速扩大到欧洲、亚洲和非洲广大地区,使众多国家遭受奴役、屈辱或面临严重威胁。这种特殊的战略环境,促使一些战略利益并不完全一致甚至对立的国家结成了国际反法西斯同盟,共同反对德、意、日法西斯的侵略战争,从而使有关各国的战略具有战争时期联合对敌的基本特征。第二次世界大战结束后,战略环境发生了变化,战时的反法西斯同盟发生破裂。美苏两国由盟友关系演变成敌对关系,各自逐步形成和制定了互为主要对手、争夺世界霸权的战略。因此,各个国家(集团)的战略都是随着战略环境的变化而变化,都是基于特定的战略环境而谋求各自的战略利益。中华人民共和国成立后,曾多次进行战略调整。每一次调整,都与战略环境的变化密切相关,都是为了适应战略环境的变化和军事斗争的需要,使主观指导更加符合客观实际。由此可见,任何战略都是一定战略环境的产物,从来没有脱离一定的战略环境而凭空产生的战略。

(二)战略对战略环境的发展变化具有重大的能动作用

战略作为对军事斗争全局的筹划与指导,不论其正确与否,都对维持或改变战略环境有重大影响。实践证明,在一定的物质条件下,正确的战略可以改变险恶、不利的战略环境,化险为夷、转危为安;错误的、不符合实际的战略,则会使环境恶化或使困难加剧,导致斗争严重受挫,甚至招致全局失败。任何国家(集团),不论其政治目的和决策者的素质如何,都力图通过制定和推行自己的战略,促使战略环境朝着有利于己方的方向发展。然而,从属不同政治目的的战略,对战略环境所起的作用是截然不同的,以推行霸权主义和侵略扩张为目的的战略,对国际战略环境起着破坏和恶化的作用,会给国际社会带来灾难。而以反抗侵略和维护和平为目的的战略,则起着改善战略环境的作用,为维护世界和平和促进人类进步事业创造有利条件。因此,一切爱好和平的国家,对于霸权主义国家以侵略扩张为目的的战略及其可能对国际战略环境造成的严重影响,应保持高度警惕,并进行针锋相对的斗争,为争取和维护和平稳定的国际战略环境作出积极贡献。

第二节　国际战略格局

一、国际战略格局概述

(一)国际战略格局的定义

国际战略格局,是指国际社会中国际战略力量之间在一定历史时期内相互联系、相互作用而形成的具有全球性的、相对稳定的力量对比结构及基本态势。

(二)国际战略格局的构成要素

国际战略格局构成要素是国际战略力量。国际战略力量是指在国际关系中能够独立地发挥作用,并对国际形势及国际战略的运用和发展有巨大影响的大国或国家集团。一个国家的力量或一个国家集团的力量由多种力量要素构成:一是政治力量,主要有政治稳定力、政治组织(协调)力、政治影响(号召)力;二是经济力量,主要有生产力、经济开发力、经济资源配置(利用)力及其储备力等;三是军事力量,主要有常备军力、后备军力、战争动员力等;四是科技力量,主要有科技发展力、科技成果应用转化力、历史传统继承和发扬力等。国家力量或国家集团力量要素,虽然各有其不同的作用和影响,但只有各个要素构成整体,充分发挥综合影响力,才能真正构成国际战略力量,并对国际战略格局产生应有的影响。

(三)国际战略格局的类型

国际战略格局的结构,是指它所表现的基本形态。它是包括国际政治、经济、军事关系在内的国际战略关系的表现形式,是国际战略力量对比的结构形态。区分国际战略格局的不同类型,主要应依据格局的内部结构和外在形态。所谓内部结构,是指构成一定格局的战略力量的特征以及各种力量之间相互组合的状况。所谓外在形态,是指战略力量之间相互作用的形式与存在状态。因此,可把国际战略格局区分为4种基本类型。

1. 单极格局

即某一个大国在国际战略格局中占据主导地位，形成一国独霸的局面。资本主义初期的西班牙、荷兰和英国，都曾有过独霸世界的历史。这个时期，由于资本主义刚刚在局部地区出现，近现代意义上的国际社会正在逐步形成，因而资本主义发展最早的国家，往往能够确立独霸地位，但这种霸权在很大程度上局限于欧洲地区，并未建立真正的世界霸权。

2. 两极格局

即两大战略力量之间相互对立和相互斗争，对整个国际事务起着决定性影响的局面。第二次世界大战结束后出现的以美苏为首的资本主义阵营和社会主义阵营的长期对峙，就是历史上的两极格局。

3. 多极格局

即多种战略力量既相互独立又相互联系，即相互合作又相互制约而形成的一种相对平衡的战略关系。在多极格局中，作为格局构成要素的战略力量，可以是单个的国家，也可以是国家集团。这种格局类型在20世纪70年代以后已见端倪，即中、美、苏、日、西欧和第三世界国家几大力量竞相发展。冷战结束后，多极趋势呈现出更加强劲的发展势头，目前已经形成了初步的轮廓。

4. 多元交叉格局

这是一种由两极向多极，或由多极向两极的过渡性格局。在这种格局状态下，一方面存在着两大战略力量和多种战略力量之间的对立，这是格局的主导方面；另一方面也存在着独立于上述力量之外的其他战略力量。这些战略力量既在一定程度上受到现有格局中的支配力量的影响又能够在国际事务中发挥自身的独特作用，从而构成国际战略格局中潜在的一极。冷战结束后，在向多极格局的过渡时期，多元交叉格局表现的更为明显。欧美虽是盟友关系，但欧洲正在成为新的一极；美日同盟也有新的发展，但日本的政治独立性有很大增强，很可能在多极格局中占有一席之地；中、俄既与其他战略力量保持着联系，同时又坚持自身的独立地位。这种多元交叉格局无疑构成了未来多极格局的基础。

国际战略格局形成、发展和变化的政治基础是各国在战略利益上的矛盾和需求。各种战略力量对自己国家、民族、阶级和集团利益的认识，决定了他们对外战略的调整，并导致国际战略格局的破裂与重构。国际战略格局，既是国际政治的核心内容，也是一定时期国际关系特点的集中表现；既是各国生存和发展的基本外部环境，也是制定内外战略和策略方针的主要依据之一；同时还是正确认识和判断国际战略环境的一个关键因素。它有助于从总体上了解世界各主要国家在世界全局中的地位以及战略利益方面的矛盾和需要。

二、当前国际战略格局的主要态势

两极格局结束后，世界出现了一超和多强并立的态势，大国关系在不断变化与调整，世界上各种政治力量在不断进行分化组合；美国构筑单极世界的战略正在推进，但它没有也不可能阻断世界多极化的发展趋势。多极化趋势的发展，有利于世界的和平、稳定和繁荣，有利于推动建立公正合理的国际政治经济新秩序。

（一）美国是唯一的超级大国

冷战结束后，美国成为唯一的超级大国，虽然其实力地位和国际影响力相对有所下降，但从经济实力、科技实力、军事实力等方面看，仍将是各极力量中最强大的一极。目前，美国综合国力仍处于绝对领先地位，这为其独霸世界提供了雄厚的基础。因此，美国极力保持一超的局面，构建美国领导下的单极世界。20 世纪 90 年代初，老布什提出了建立“世界新秩序”的构想，强调美国在“新秩序”中要发挥领导作用，声称“在世界各国中，只有美国同时具有道义上的声望，也具有维持这一声望的物质力量。”维护美国的领导地位是建立新秩序的首要任务。克林顿政府继续加强单极世界的构建。1999 年，美国发表的《美国新世纪国家安全战略》认为，冷战后美国获得了从未有过的和平环境和实力。为此，美国大力鼓吹“国家导弹防御计划”；对中国继续推行接触遏制政策；遏制俄罗斯的复苏；通过北约和美日军事同盟加强对欧洲和日本的控制。小布什政府在国际问题上单边主义色彩更浓。在“国家导弹防御”问题上态度十分强硬，不顾国际舆论的普遍反对，废除《反弹道导弹条约》，部署国家导弹防御系统。为了实现建立单极世界的目标，美国现在已制定并实行了一整套战略措施。在政治上，极力推行以美国为模式的所谓“全球民主化”。在经济上，倚仗其强大的经济实力，以进行经济制裁为手段，迫使别国无限度地开放市场，利用高科技和不等价交换等手段剥削发展中国家。在军事上，保持庞大的“防务”开支，努力发展高、新、尖武器，在世界各地部署军事力量并建立军事联盟，插手干涉别国内部事务。在全球战略方面，既联合又试图控制欧洲；既利用又制约日本；以北约东扩为手段，进一步挤压削弱俄罗斯；将中国视为主要竞争对手，向台湾出售武器升级；不顾欧洲国家的强烈反对，拒绝接受《京都议定书》，谋求建立美国主导下的单极世界的企图不断膨胀。

（二）国际战略格局向多极化发展

美国“一超称霸”的局面既是两极体制被打破后的必然现象，又是一个终将被多极体制所取代的暂时的历史过程。当前，以某些国家（集团）战略力量迅速增长为主要特征的多极化趋势正在发展。

1. 俄罗斯意欲重振大国地位

俄罗斯作为前苏联的主要继承者，继承了前苏联在联合国安理会的常任理事国席位以及前苏联 76% 的领土和 70% 的国民经济总产值，幅员横跨欧亚两大洲，国土总面积 1700 多万平方千米，自然资源极其丰富。20 世纪 90 年代以后，俄罗斯国内形势不稳,金融危机严重、生产停滞、经济滑坡,大国地位受到严重削弱。但它毕竟拥有良好的工业和科技基础,拥有丰富的资源和巨大的发展潜力。在军事上,它仍然是唯一能够和美国相抗衡的核大国。在普京总统执政后,俄罗斯社会趋向稳定,经济开放恢复性增长,而且质量明显提高。突出表现为:经济增长绝大部分是依靠内需的拉动,出口的贡献率不到1/3,而此前的情况正好相反。同时,近几年呈现出各行业全面增长的态势,一系列宏观经济指标有较大的改善。据国际货币基金组织预计,至2010年,俄罗斯经济可维持5%~6%的年均增长率,为世界上经济增长最快的国家之一,将跻身于世界主要经济体之列。俄在财力有限的情况下,利用高科技提升防务能力,保持了世界第二大军事强国地位。随着经济的复苏,俄罗斯加快了军队建设和武器装备更新换代的步伐,重振大国的意图更加明显。

2. 欧盟势力影响日益扩大

2004年以来,欧盟在内统外扩与壮大实力方面都取得了重大突破。其一,截至2007年1月1日,欧盟已完成了第六次东扩,拥有27个成员国,400多万平方千米的土地面积和4.8亿人口。其中,包括2个联合国安理会常任理事国和2个核大国。其二,2007年12月3日,欧盟各国首脑在葡萄牙首都里斯本签署《里斯本条约》,取代已经失效的《欧盟宪法条约》,使欧盟制宪危机有所化解,在国际事务中更具行动能力。其三,欧盟的经济形势比较稳定,经济实力大幅提升,欧元在国际金属体系中的地位大幅攀升。这些表明欧盟在提升实力地位和统合欧洲的道路上实现了历史性跨越,朝着建设"欧洲人的欧洲"和世界独立一极目标迈出了实质性的步伐。随着一体化的深化和实力的壮大,欧盟独立自主意识日益增强。近年来,为了逐步建立多层次的欧洲安全防务体系,欧盟一方面力图"欧化"北约,加强西欧联盟,组建欧洲军团以及独立于北约之外的欧洲快速反应部队;另一方面,积极介入世界热点地区事务,扩大在地区和国际事务中的发言权。在某些方面,欧盟开始与美国分庭抗礼。比如在伊拉克问题上,欧盟大多数国家对美国的"先发制人打击"持否定态度;在推动中东和平进程以及解决伊朗核问题上,欧洲"三驾马车",努力通过谈判来解决问题,这与美国奉行的持续高压甚至动武政策背道而驰;在对华"军售"解禁问题上,欧盟不顾美国的威胁,与美国叫板。因此,毫无疑问,欧盟是军事多极体系中实力和影响力都较强的一极。

3. 日本走向政治军事大国步伐加快

日本是世界上仅次于美国的第二经济大国,人均国民收入已超过美国。随着经济和科技实力的增强,日本已经不满足于经济大国的地位,提出以经济为后盾,以强大的军事力量为保证,以自主外交为手段,逐步发展成为世界性政治大国的战略目标。目前,日本已不甘心在国际事务中扮演"小伙计"的角色,在亚太地区与美国争夺主导权的斗争日趋明显。凭借其强大的经济实力,日本一直在朝着成为联合国安理会常任理事国而努力。在军事上,日本借题发挥,利用美国近年来发动的

4 场战争，屡屡突破战后和平法案对其的限制。为此，日本每年投入高额军费，大量采购高精尖武器装备，重点加强海上和航空自卫队的建设，使其武器装备朝着大型化、远程化的方向发展。通过短短几年的努力，日本将自卫队打造成了世界一流的军队，军事力量实现了"跨越式"的发展。因此，日本也已成为亚太地区乃至世界的一个军事强国，成为军事多极体系战中的一极。

4. 中国综合国力稳步上升

社会主义国家中国，是世界上最大的发展中国家，也是联合国五大常任理事国之一。新中国成立以来，特别是改革开放后，中国经济飞速发展，国民生产总值在世界上的排位不断上升，综合国力显著增强。中国奉行独立自主的和平外交政策，不与任何国家结盟，不干涉别国内政，坚决维护自己的独立与主权，同时也尊重别国的独立与主权，并一贯坚持正义的立场，反对以大欺小、以强凌弱和以富压贫的强权政治，致力于建立公正合理的国际新秩序，是反对霸权主义和强权政治的重要力量，在国际事务尤其是在亚太地区有着广泛的影响力。中国拥有一支任何人都不能轻视的军事力量，国防实力日益增强，是维护世界和平与稳定的积极力量，在推动国际裁军进程，解决国际争端和地区冲突等方面发挥着越来越突出的作用，赢得了崇高的国际威望。因此，中国无疑是世界军事多极化体系中的一极。

5. 地区大国不断壮大，区域组织蓬勃发展

世界上有些国家与区域组织也正在国际舞台上发挥着重要作用，如印度、巴西、南非、东盟等，在全球和地区事务中的地位和作用正日益提高。南亚地区性大国印度，人口居世界第二，经济发展较快，科技力量较强，现有兵力规模世界第四，军事实力与日俱增。1998 年 5 月，印度不顾国际社会舆论谴责，连续进行 5 次地下核试验，成为有核国家。印度积极争当世界军事强国，力图做核大国，保持和发展一支地区性进攻军事力量，在世界军事格局中具有一定影响。东南亚是 20 世纪 80 年代以来世界经济最具有活力的地区之一，随着经济实力的壮大，东盟作为一支新兴的政治力量，正在不断加强内部多边、双边的防务合作，积极调整与大国的关系，同时加紧扩大成员国数量，积极争取在地区事务中的更大发言权。未来的东盟将可能在国际战略格局中发挥重要作用。

尽管世界战略力量有均衡化的趋势，在短时期内还不会引起世界军事力量对比的重大变化。但从长远来看，它对世界军事形势的影响不可忽视。这一趋势的发展正在并将越来越明显地成为制约霸权主义和强权政治、推动世界形势缓和的重要因素。

第三节 中国周边主要国家军事概况

一、美国军事概况

美国是当今世界唯一的超级军事大国,经济实力雄厚,军事潜力巨大。美国宪法规定,总统是武装力量总司令,是美军的最高统帅,平时通过国家安全委员会(美国国防最高决策机构)和国防部(美军最高军事机关)统率全军,紧急时可越级指挥一线部队,战略核武器由总统集中使用。

(一)美国武装力量的组成

美国的武装力量由现役部队、后备役部队和文职人员三部分组成。现役部队由陆军、空军、海军、海军陆战队四个军种组成,后备役部队按组织系统分国民警卫队和联邦后备队,按动员准备程度分一类后备役、二类后备役和三类后备役。

美国现役部队总兵力约140余万人,后备役部队约188万人。陆军约49万人,装备坦克和装甲车辆约42000辆,各型飞机5640余架及大量各型导弹;海军约42万人,装备各型舰船1050余艘,其中航母12艘,海航飞机约4300架及各型导弹;海军陆战队约17万人,装备各类战车约3500辆,飞机1300余架及各型导弹;空军约38万人,装备各型飞机约7380架,其中作战飞机3010余架,保障飞机4100余架,具有远、中、近、常、核各种打击能力。

(二)美军驻亚洲太平洋地区部分兵力及装备

太平洋舰队由第3舰队和第7舰队组成。第3舰队由4个航母战斗群、4个海上补给群,两栖作战群组成,负责西太平洋东部和中部海区;第7舰队由1个航母群、1个海上补给群,两栖作战灵活反应群组成,负责西太平洋及印度洋海区。两大舰队主要装备有潜艇约60艘,航母6艘,巡洋舰29艘,驱逐舰17艘,护卫舰16艘,两栖战舰25艘。

夏威夷驻军中陆军约2.5万人,空军约4400人,海军约2万人,飞机30余架,潜艇17艘,作战舰只16艘,支援舰船10艘;驻日本美军有陆军2000人,空军约1.5万人,海军约7400人,海军陆战队约2万人,各型飞机约280架,航母1艘,潜艇3艘,水面战舰8艘,两栖战舰3艘;驻韩国美军陆军约2.8万人,空军约9000人,各型飞机约200架;驻澳大利亚美军空军230人,海军约100人;驻新加坡美军海空军约150人;驻关岛美军空军2200人,海军4600人。

(三)美国的防务政策

冷战结束后,美国成了世界上唯一的超级军事大国,为了维护它主导全球的地位,对其防务政策进行了相应的调整。1993年克林顿执政后,先提出了“经济安全”、“军事优势”、“全球民主化”的“扩展战略”的战略构想,1994年又将“扩展战略”发展为“参与和扩展战略”,强调通过参与国外事务来扩展美国的战略利益。

后来又调整为“在全球营造有利于美国的战略环境及对海外事端进行快速反应”。所谓“创造环境”就是营造对美国有利的安全保障环境，其要点包括扩大北大西洋公约组织、为“维护和平”而进行合作、采取旨在加强北大西洋公约组织同俄罗斯和乌克兰关系的措施、加强日、美、韩三国的关系、加强同东盟地区论坛的关系、同中国进行关于防卫问题的磋商和同拉美国家进行防卫合作等方面。所谓“反应”，就是要对全球范围内的各种事端作出反应，主要是应付大小规模的局部战争和地区冲突，有武力示威、军火事干预、局部攻击、帮助非战斗人员避难，海上封锁、打击恐怖主义、开展维和活动、提供人道主义援助。所谓着手准备，就是准备好同时打赢几场战争，其核心就是要从军事上完成进行战争的各种准备。

小布什执政后，继续执行克林顿政府的防务政策，但对克林顿政策进行了调整，概括起来为“三个目标”、“五维战场”、“两个威慑”、“两洋战略”。“三个目标”是提高军队整体素质、保护美国公民利益不受任何威胁和建立未来军队，使美国领先于世界几十年，在未来战争中立于不败之地。“五维战场”是大量增加军费(2002 财政年度军费接近 4000 亿美元)以提高军队的科技水平，以应付未来战争中的陆、海、空、天、信息五维战场，保证在各类战争和冲突中，美军居于压倒优势的主导地位，同时打赢几场五维战争。“两个威慑”就是保持“核威慑”与常规威慑，“两洋战略”就是将战略重点放在大西洋和太平洋，应付欧洲地区和亚洲地区。

奥巴马上台后，其军事思想有了新的发展，将现实美军的基于效果作战上升到基于效果用兵上来，把前任国防部长拉姆斯菲尔德战术性的军事转型提升到军事思想的转型上来；从全局上纠正小布什打乱仗的“先发制人”战略。

概括起来，奥巴马的军事战略就是指引美军打正确的仗和正确地打仗，展开来讲有四大新原则。一是出师有名，纠正小布什盗用国家利益之名实为少数石油利益集团打伊拉克的错误，把军权的使用牢牢地绑在美利坚合众国的全民利益上。这也是民主党代表广大中产阶级利益的军事宣言。

二是只打符合美国及其联盟利益的仗。这一点很明显，因为美国金融危机没钱去管世界上那么多的事，只有集中兵力和财力做最符合美国及其联盟利益的事，才能不赔本。

三是先胜而后求战，引导将领们筹划好从出兵到收兵的全过程。说到底，就是要打能出彩的仗，吸取伊拉克战争无底洞的教训，不打无准备之仗，不打拖泥带水之伏，不打头脑发昏的仗。

四是协调大国关系行使军事干涉。这是非常关键的新动向。小布什“先发制人”战略不得人心，最大的阻力不在伊拉克，而来自世界上其他大国的干扰，弄的捡了芝麻丢了西瓜。如今的世界各国相互依存度越来越高，即便打一个小国也会牵扯出其他大国的利益问题。所以，奥巴马立足多边化制而不是小布什的单边主义，他的军事战略很鲜明地发了在具体在具体摊事上与做出他大国合作的信号。

随着美国独霸全球野心的膨胀，太空力量将是美国军事力量中新增加的重要部分。目前美国已经开始把太空力量纳入新世纪美军架构中并加快太空技术的研发,其"太空武装"战略正在逐步成型。早在2001年12月,美国总统小布什就宣布退出《反弹道导弹条约》。2005年10月,联合国各成员国就禁止在太空部署武器的提案进行表决,只有美国投了反对票。2006年8月,美国政府公布了10年来的首个《国家太空政策》,标志着美国的太空政策已经发生重大转变,具有明显的单边化和军事化特点,并在政策上赋予了军方向太空部署军事装备的权力。美军加紧武装太空,谋求"太空霸权"的企图很可能引发新一轮的太空军备竞赛,从而威胁人类的共同安全。

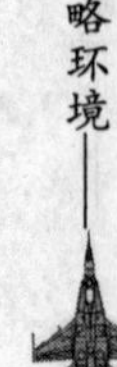

二、日本军事概况

日本的国防体制是,内阁总理大臣是日本武装力量的最高统帅,内阁会议是国防问题的最高决策机构,防卫省是处理国防事务的行政机构。防卫省长官通过各军自卫队参谋长对陆上自卫队、海上自卫队、航空自卫队实施领导和指挥,参谋长联席会议主席协助防卫省长官指挥三军。

(一)日本武装力量的组成

日本武装力量由现役部队、预备役部队、军事部门工作的文职人员组成。现役部队分陆上自卫队、海上自卫队、航空自卫队,实行志愿兵役制度。现役部队总兵力约25万人,陆军约15万人,装备坦克和装甲战车约2000余辆,火炮5000多门,飞机500余架,岸对舰导弹,防空导弹,反坦克导弹若干。海军约5万人,装备各型飞机900余架,各型导弹若干。准军事部队1.2万人,装备舰船500余艘、飞机60多架。预备役部队约5万余人。

日本经济实力雄厚,战争潜力巨大。近几年来,日本年军费开支都接近500亿美元,是中国军费的3倍多,仅次于美国和俄罗斯。冷战结束后,日本加快了军事大国的步伐,大力发展军备,军事综合实力有了极大提高,特别是为了适应在距离本土1000海里外实施"洋上防御"的新战略,日本的"十九舰队"计划开始全面启动。所谓"十九舰队"即在原各护卫队群舰船的基础上,每队再增编一艘金刚级导弹驱逐舰和一艘最新型的村雨级(排水量4400吨,可载一架SH－60J反潜直升机)驱逐舰,使之达到10艘驱逐舰和9架反潜直升机的规模。这一目标实现后,日本海上自卫队的护卫队群虽然无法跟美国的大型航母战斗群相提并论,但它却具有在远离日本本土1000海里的海洋上独立实施反潜、反舰和防空作战的能力,能够有效地控制方圆150海里内的海域和150海里内的空域,这无疑使其成为当今世界上综合作战能力最强的水面作战舰艇群之一,如果其渴望已久的航空母舰能建成,那么,日本海军的作战能力将更加强大。

(二)日本的防务政策

冷战结束后,世界战略形势发生了重大的变化,日本战略环境也相继产生了重大变化。日本认为,目前日本的战略压力不再来自北方,认为其主要的潜在威胁是中国和朝鲜，基于这种观点，日本的军事战略和防务政策都进行了调整，以适应日本战略环境变化后的战略需要。其表现在以下几个方面。

1. 防务重点从对付北方威胁转向对付西方威胁

近年来，日本一方面承认冷战结束后日本周边地区已不存在针对日本的“特定威胁”，声称日本“不做威胁他国的军事大国”，另一方面又强调“朝鲜半岛局势持续紧张”，中国日益强大，特别强调邻近国家均在大力进行军事力量扩充和加强军队的现代化建设，实质上就是宣传朝鲜威胁论和中国威胁论。2008 年，日军将其作战指导由“国家本土”向“领域防御”转变，并加速推进自卫队职能转型。

因此，日本正在对自卫队的部署态势进行调整，部分陆上自卫部队从北海道调往九州，海上自卫队也正在加强位于西部的吴港基地的建设，其实质就是将战略重点从北面移向西面，以防范中国和朝鲜。

2. 加强美日安全合作

日本认为，日美安全合作对新形势下的日本至关重要，是日本防卫政策的支柱和基石。在日本看来，冷战后美国仍然是世界上最强大的军事大国，日本可以依赖美国的核威慑力量维护日本的安全，同时在这一保护伞掩护下，不断加强自身的防卫力量，建立起完善的防卫体系，扩大自卫队活动空间及提高其对各种危机冲突的反应能力。2008 年，日美军事合作又有新的进展，主要包括：推进驻日美军部署调整，推进预警情报合作和反恐支援合作，加强联合演练。

3. 积极推行外向型防卫政策

日本在调整战略重点后，全面推行积极的外向型防卫政策，使得日本的“专守防务”原则名存实亡，由被动型防卫变成了主动型防卫，由自卫型走向外向攻击型。

4. 大力发展军备，提高武装力量的质量

对自卫队体制进行调整，使自卫队的“快反”能力和“应变”能力得到很大提高，不惜巨资大量加强海上自卫队，航空自卫队建设，花重金购买世界发达国家尖端武器装备，以提高现有武装力量质量。在军事投入上，2008 年度，共投入经费 1338 亿 2700 万日元，主要用于发展先进武器装备。

目前，日本主战装备水平仅次于美国，有的甚至还超过美国。比如，陆上自卫队的 90 式坦克，它的总体性能超过美国的 M1A1 坦克和德国的“豹－2”坦克；它的 AH－1S 型反坦克对地攻击直升机，是世界上最先进的直升机之一。海上自卫队和航空自卫队的武器大型化、远程化也取得了很大的进展。海上自卫队装备了世界上最先进的“金刚”级“宙斯盾”型导弹驱逐舰；航空自卫队也配备了 F－2 型战斗机，此机性能甚至超过了美国的 F－16 型战斗机。另外，还配备了 E－767、E－2 型预警机和部队加油机，使其具备了较强的远程打击能力。为加强对自卫队的指挥，日本建立了世界最先进的中央指挥系统，可以对实施海外干预的自卫队部队进行有效的指挥。世界一流的、日趋大型化、远程化的武器装备，为打赢信息化战争而建构的指挥系统的组合,使日本的军事实力大幅度提升,它已具备赴海外进行军事干预的能力。

5. 军事体制出现重大突破,军事部门获得更大权限

2007年1月9日,日本军事部门最高指挥机构——防卫厅正式升格为防卫省,日本在军事体制上出现了重大突破。防卫厅升格为防卫省之后其职能和权限得到了大幅提升。防卫大臣可以就安全防卫问题直接召开内阁会议、制定法律法规,而且在要求增加军费和扩充军事力量方面所受制约进一步减小。此次升格必将加快日本政府突破和平宪法制约的步伐,改变日本和平国家的组织机构,进而影响东北亚地区的和平与稳定。

三、印度军事概况

印度的国防体制是,总统为武装力量最高统帅,总统通过总理对全国武装力量实施领导和指挥。印军最高决策机构为内阁政治事务委员会,最高军事行政长官是国防部长,印度陆、海、空三军平时作战权直属内阁总理,战时通过授权主要军种参谋长实施统一指挥。

(一)印度武装力量的组成

印度武装力量由现役部队、后备役部队、准军事部队组成,现役部队由陆、海、空三个军组成,现实行募兵制度。

印度军力构成:

兵力现役部队130.3万人。陆军110万人。编有5个军区,4个集团军12个军部35个师(3个装甲师、4个平原整编师、18个步兵师、9个山地师和1个炮兵师)以及15个独立旅(7个装甲旅、5个步兵旅、2个山地旅和1个空降/突击旅)、1个"普里特维"地地导弹团、4个防空旅和3个工兵旅。上述部队包括59个坦克团(营)、355个步兵营(其中包括25个机械化步兵营、8个空降营、3个突击营)、190个炮兵团(其中包括1个重炮团、2个火箭炮团)、50个中型炮团(内含11个自行炮团)、69个野战炮团(内含3个自行炮团、39个山地炮团、29个自行炮团)、2个地空导弹大队(每个大队含3~5个导弹连)、15个地空导弹团。陆军航空兵编有22个直升机中队(其中5个反坦克中队)。

主战坦克:3414辆(估计有1100辆库存),其中T-55型约700辆、T-72型约1500辆、"常用者"1200辆、PT-76型90辆、"阿琼"式约14辆。步兵战车:BMP-1型350辆、BMP-2型1100辆。装甲输送车:OT-62/64型157辆。牵引式火炮:4175门(估计有600门库存),其中75毫米1115门、105毫米约1350门、122毫米约550门、130毫米750门、155毫米410门。自行火炮:105毫米80门(估计有30门库存)、130毫米100门(估计有70门库存)。多管火箭炮:122毫米100门。迫击炮:81毫米5000门、120毫米1500门、160毫米700门(其中有150门库存)。地地导弹:"普里特维"短程地地导弹发射架15部。无坐力炮:57毫米500门、106毫

米300门。高炮:23毫米400门、30毫米20门、40毫米3200门。地空导弹:SA－6型180部、SA－7部620部、SA－8B型50部、SA－9型400部、SA－13型45部、SA－16型500部。

海军5.3万人(含海军航空兵、海军陆战队)。编有东部、西部、南部和远东3个地区司令部,东、西2支舰队(分别驻维沙卡帕特南和孟买)。另编有潜艇司令部(驻维沙卡帕特南)和海军航空兵司令部(驻果阿)。装备各种舰艇135艘,其中,航空母舰1艘、潜艇16艘、驱逐舰8艘、护卫舰12艘、巡逻与海岸舰艇38舰、扫雷舰17艘、导弹快艇6艘、两栖登陆舰艇9艘、各种支援舰船26艘。

海军航空兵5000余人(含舰载海军航空兵2000人),装备37架作战飞机、72架武装直升机、空空导弹和空地导弹若干枚。编有2个攻击机中队、6个反潜直升机中队、3个海上侦察机中队、1个通信机中队、1个搜索与求援直升机中队和2个训练机中队。

海军陆战队编有1个团(包括3个大队),约1000人。

空军15万人,武装各型飞机约1400架(其中作战飞机774架)、直升机170余架(其中武装直升机34架)。

(二)印度的国防政策

1950年印度建国后,将军备置于优先发展地位,对外推行地区大国主义政策,对周边国家保持进攻态势和强大的军事压力,以控制南亚地区和印度洋为战略目标,以实现世界大国的设想。冷战结束后,随着国际战略环境的变化,印度的防务政策也做出了相应的调整,调整后的防务政策要点表现在以下几个方面。

1. 推行务实、全方位的外交防务政策

两极格局解体后,印度在失去"印苏"联盟对抗"美巴"同盟的防务支撑点后,印度适时调整对外政策,确立了一些新的防务平衡点。一是同邻国签署了一些旨在减少冲突、降低军事对抗程度的协议,以图稳定周边环境。二是恢复印俄防务合作,发展与中亚国家的关系。1993年,印俄重新签订了"友好合作条约"和"防务合作协定",主张在保持印俄传统友谊的基础上,建立互利互惠的"新型"合作关系。印度还派团出访中亚国家,寻求全面发展关系。三是主动而又谨慎地加强同美国的军中联系。四是在安全与防务问题上与东盟加强联系。如同新加坡、马来西亚、印尼和泰国举行联合军事演习,与马来西亚签署防务合作协定等。印度这种"联西拉东,稳北定南"的全方位防务外交,确实改善了印度在安全上的战略态势,有利于其左右逢源,捞取实惠。

2. 继续推行"地区性有限威慑"的军事战略

印度在军事上始终把防务重点放在西部和北部边境,把控制印度洋作为未来的重点。印度把战略重点置于西部边境,采取进攻态势,把一半以上的三军兵力置于西部边境和阿拉伯海,从兵力与装备上对西部邻国形成了绝对军事优势,准备打一场全面局部战争,印度对北部的主要邻国保持进攻性防御态势,立足于打半个局部战争。

近年来，印军虽将北部边境部分前沿部队后撤至纵深地区，但这只是将前沿部署变为前沿存在，同时，印度还加强了控制印度洋的力度，这表明战略重心开始由陆地转向海洋。从近期看来，印度为了“执牛耳于印度洋”，完成海上战略扩张的目标，印度海军不断向大型化、远洋化方向发展。2000 年以后，印度开始执行 1 艘航空母舰、3 艘德时级驱逐舰、3 艘布拉马普特拉河级和 4 艘考拉级护卫舰的庞大造舰计划，并计划从俄罗斯购进 3 艘克里瓦克级导弹护卫舰。与此同时，计划再引进 90 余架高性能的海上作战飞机，包括 60 架米格 –29K 舰载机、6 架图 –22M3“逆火”战略轰炸机、4 架卡 –31 预警直升机、6 架卡 –28 反潜直升机及配套的空舰导弹，以强化海空一体的作战能力。

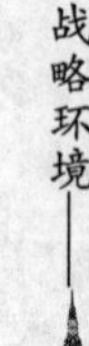

2007 年，英国政府已决定向印度出售 60 架“鹞”式战机，合同金额达 10 亿英镑，按照远景规划，印度将为东部舰队、西部舰队及远东海军司令部各配备一个航母战斗群，一旦印度这一目标实现，印度海军将成为仅次于美国的全球第二航母大国。

3. 大力发展武器装备及核武器

印度约有 70% 的武器装备来自苏联，随着苏联的解体，一方面开始自行生产常规武器、“阿君”式主战坦克、“火”式中程导弹，改造部分“米格”飞机，海军还准备自行建造航空母舰；另一方面，加紧研制生产核武器，20 世纪末，印度接连进行多次核试验，尔后又进行过多次运载工具的试验，使印军目前具备了核打击能力。

4. 争取 21 世纪初成为世界军事强国

20 世纪 70 年代以前，印度的武装力量在世界、甚至南亚地区并未引起人们的多大重视，20 世纪 80 年代以来，印度把“立足南亚，面向印度洋，争取在 21 世纪初成为世界军事强国”作为国防发展的新战略，其武装力量悄然崛起，使得印军实力大为提高，成为世界上军事实力较强的国家之一。

印度在加强陆、海、空三军常规军事建设的同时，目前又在向一个新的战略目标发展，根据“空间发展长远规划”，印度今后十几年将加快空间技术的发展，加紧研制中远程运载工具。目前，世界军备可能出现大幅裁减的趋势，而印度则可能抓住这个时机，迅速向军事强国迈进。由于印度在综合国力上远远领先于其他南亚国家，核能力的战略效应使印度军事大国地位进一步突出，印度作为地区大国的主导地位进一步得到加强。

印度根据国际战略形势和国内安全环境的新变化，及时推出了“惩戒威慑”战略，强调以有限战争为主要作战样式，以积极进攻，主动出击为作战指导思想，对敌方实施先发制人的有限战争，争取以较小的代价取得最佳的效果，达到教训和惩戒的目的。

为适应新的战略思想，2004 年 4 月 28 日，在印度陆军司令官年度会议上，陆军参谋长维吉上将正式宣布了印军的“冷启动”新作战理论，主要包括先发制人，“闪电式”进攻作战和快速机动、多点进攻等内涵。

四、俄罗斯军事概况

俄罗斯是当今世界上除美国之外军事实力最强大的国家，俄罗斯联邦总统是俄罗斯武装力量的最高统帅，总统通过国防部长和总参谋长对武装力量实施领导与指挥。俄罗斯联邦安全会议是俄罗斯联邦国家安全的最高决策机构和立法机关，俄罗斯国防会议是最高国防决策咨询机构，国防部长通过国防部对武装力量实施直接领导，总参谋部通过各军兵种司令部对武装力量实施指挥。

（一）俄罗斯武装力量的组成

俄罗斯武装力量由正规军、预备役部队和准军事部队组成，正规军现役部队由战略火箭军、陆军、空军、海军、防空军五个军种组成。

俄罗斯武装力量现役部队约140万人，预备役部队约240万人，准军事部队约35万人，另有战略核力量约15万余人（统计在各军种之内）。拥有战略火箭军约10万余人，装备有洲际导弹700余枚，核弹头3500余个，装甲战车1800余辆，其中坦克17000辆、火炮21400门，飞机2450架，地对地导弹、反坦克导弹、防空导弹若干。

海军约19万人，编成五个舰队，装备水面舰艇2010艘，潜艇133艘，海军飞机约1000架；空军约14万人，空军各型飞机6300架。防空军约17万人，各型飞机约1500余架及大量各型防空导弹；准军事部队装甲战车3200辆，飞机270架，舰艇330余艘。

（二）俄罗斯的防务政策

苏联解体、两极格局瓦解后，俄罗斯面临的国际战略形势发生了重大变化，面对新的安全构想和军事学说进行一系列调整，逐步确立了俄罗斯新的防务政策。

1. 将捍卫国家利益视为俄罗斯首要战略目标

目前的俄罗斯，首要的战略目标是捍卫俄罗斯的国家利益，这种利益体现为国家的安全，经济的强大，民族的复兴，为此，在全球范围内，积极创造对俄罗斯有利的安全环境，粉碎任何孤立和削弱俄罗斯、或建立针对俄罗斯的军事政治联盟的企图。在地区范围内，要建立在独联体国家中的主导地位，维护俄罗斯传统势力范围，发展与周边国家的正常国家关系，制止并粉碎对俄罗斯主权和领土完整的挑衅和侵略，遏制境外武装冲突向俄罗斯境内的蔓延。在国内，粉碎任何企图分裂国家的极端民族主义、分裂主义和有组织犯罪活动，为俄罗斯经济振兴和社会发展创造良好的内部条件。

2. 重点对付俄罗斯周边环境恶化的威胁

俄罗斯当前其地缘环境发生了严重恶化，在西部方向，俄罗斯战略边界向东后退了约1500千米，莫斯科州已从后方成为前沿阵地，尤为重要的是，美国和北约正利用俄罗斯面临的困难，积极推进北约东扩，不但企图将军事力量推进到俄罗斯边界,而且想剥夺俄罗斯以欧洲为主要地区实现复兴与发展的条件。在黑海和高加索地区,穆斯林势力活动增强,严重威胁俄罗斯出海口安全和在这一地区的传统战略利益,在俄罗斯周边地区,特别是一些独联体国家,还在不断发生局部战争和武装冲突,俄罗斯认为上述因素都是对俄罗斯构成的现实的主要威胁。

3. 建立独联体集体安全机制,推行积极防御的军事学说

随着冷战后国际战略形势的发展,俄罗斯越来越重视同独联体国家的战略关系,这一关系对于俄罗斯获得更大的战略空间,最大限度地保持前苏联战略体系的完整性,确保俄罗斯周边的稳定具有重要意义。

4. 在发展经济的同时,保持军备建设的优先地位

目前俄罗斯财政比较困难,俄罗斯为了最大限度地保持其军事实力,仍然高度重视军备建设,并强调优先发展空军装备、精确制导武器和机动部队的运输工具等高技术兵器。根据军备建设方针,俄罗斯已制定了为期 10 年的《俄罗斯军武器装备发展规划》和《21 世纪军人装备计划》,确定了各军种军事技术和武器装备发展的重点项目和具体计划,上述规划一旦实现,俄罗斯军队武器装备的现代化程度在未来一个时期仍将保持世界领先水平,使俄罗斯军队成为未来世界上最强大的军队之一。

(三)俄军 21 世纪的新发展

俄军按照“新的军事学说基本原则”全面建设部队,其发展有如下特点:

(1)调整军事战略思想。重振并维护大国地位成为俄国家战略、国家安全战略的核心任务。军事思想是为维护大国地位服务的。俄军发展的主导思想是:精简兵员数量,建设一支舰模小、专业性强、有高度机动能力,在各战略方向能进行积极的全方位防御作战的职业化军队。1999 年 10 月,俄罗斯提出了新的《俄联邦安全构想和新的军事学说草案》,明确提出要重振军备,加强军队信息化建设;强调核力量和核威慑在维护国家安全中的作用,依然将核武器视为维护其大国地位,确保俄罗斯及其盟国安全的最有效手段,宣布俄罗斯在面临大规模入侵或核入侵条件下将首先使用核武器。俄为强化军力,将 2001 年国防预算由上年占国内生产总值的 2.8% 提高到 3.5%,2002 年在此基础上又有较大幅度的增加,2008 年军费达到 1 万亿卢布(约会 400 亿美元),比 2007 年(8200 亿卢布)增长 20%,2009 年,军费开支近 13000 亿卢布。

(2)改革编制体制、完善军种结构。俄罗斯总统普京于 2002 年 3 月 24 日签署命令,决定开始对武装力量编制结构进行新一轮调整。一是改革军队领导体制。将国防部改为文职,把军事改革扩大到所有强力部门,并优化军区结构,完善战略方向指挥体制。二是优化军队兵种结构,完成俄武装力量的“三三编制”,即三大军种(陆军、海军、空军)和三大独立兵种(战略火箭兵、航天兵、空降兵)。三是优化联勤体制,提高后勤保障能力。2008 年,俄罗斯又进行了新一轮军事改革主要涉及体制编制的变动,其中包括大幅度减少军官数量,计划减少 230 名将军;在军区

建立战役指挥部，取消集团军、师、团编制，改为更加灵活高效的军旅制；取消准尉军衔，加快建立一支符合军队职业化发展的士官队伍。

(3)逐步更新武器装备、实现高技术化。目前，俄军的主要做法是大量淘汰20世纪70年代以前服役的老式装备。减少维修保养费，保留20世纪80年代服役的先进装备，少量装备20世纪90年代研制的新式装备。2008年7月，俄军总参谋部制定了《2030年前俄罗斯武装力量建设构想》草案，明确发展主要面向基于人工智能和纳米技术的高精度常规武器。

第四节　中国周边安全环境

国家安全是指主权国家保障其在国际社会中以生存的发展为主体的根本利益不受侵犯的需要的总和。国家安全环境是指在一定时期内的国际环境中对国家安全产生影响的外部及内部条件的总和。中国周边安全环境主要研究中国周边地区对我国安全的影响问题。经济改革开放30多年的发展，中国综合国力显著增强，国际地位也显著上升，周边环境得到明显改善。

一、中国地理环境

地理环境是指地球表面各种地理环境要素长期相互作用的产物，是对人类活动产生影响的外部条件的总和，是由各种地理要素组成的综合体。它包括自然地理环境和人文地理环境。自然地理要素构成包括位置、地形、地貌、地理水文、气候、资源等，这些要素在地球表面有机地结合，形成了一个复杂的系统。自然地理环境是人类生存和发展的物质基础；人文地理环境要素构成包括人口、民族、文化、政治、军事、经济、科技、城镇和交通等，这些要素互相作用、组合构成人文地理环境，它是在人们的文化习惯、价值观念、政治信念、宗教信仰等多因素作用下形成的一种复杂的社会人文系统，它由此可划分为文化地理环境、政治地理环境、军事地理环境和经济地理环境等。地理环境是国家安全的基础，它决定着国家安全利益和国家安全环境的基本方面。

(一)中国自然地理空间的构成

中国自然地理空间由陆地和海洋两部分构成，其范围北起北纬53°34′附近漠河东北侧黑龙江主航道的中心线，南达北纬4°附近南沙群岛南端的曾母暗沙，西起东经72°20′附近的帕米尔高原，东至东经135°06′黑龙江与乌苏里江主航道中心线的汇合处。南北跨纬度近50°，长约5500千米；东西跨经度约62°，宽达5200余千米。东西时差4个多小时。陆地领土总面积为9597000(略称960万)平方千米，占世界陆地总面积的1/5、亚洲面积的1/4，仅次于俄罗斯和加拿大，居世界第三位。海洋领土总面积，按1982年4月《联合国海洋公约》的规定，我国周围海区中应该归属我国主权的海域，包括内水、领海大陆架和专属经济区的面积共有300多万平方千米。南北长达4700余千米，东西宽约600～2000千米，比太平洋沿岸的俄罗斯、美国各自管辖的海区还大。渤海、黄海、东海、南海相连，呈东北—正南向的弧形，环绕着中国东部和东南部海岸，中国东、南海区被岛链环抱，东面为朝鲜半岛，经朝鲜海峡通日本海，经九州岛、琉球群岛、中国台湾岛及菲律宾岛与爪哇海连接；西南经马六甲海峡与印度洋相通。我国海区被岛链环抱而呈半封闭状态，进出海区的海峡有30余处，主要有渤海海峡、台湾海峡、琼州海峡、朝鲜海峡、马六甲海峡、大隅海峡、土噶喇海峡、宫古北海峡、巴士海峡、巴林塘海峡、巴布延海峡等，这些海峡具有重要的经济、军事意义，是我国海上航线的通道。在辽阔的海区中，共有岛屿6536个，面积80000多平方千米，主要有台湾岛、海南岛、崇明岛、长山列岛、庙岛列岛、舟山群岛、万山群岛、南海诸岛等。目前，中国陆地边界总长21900多千米，周边邻国有15个。东北面有朝鲜，北面有蒙古和俄罗斯、哈萨克斯坦、吉尔吉斯斯坦、塔吉克斯坦，南面有越南，西面和西南面有阿富汗、巴基斯坦、印度、尼泊尔、不丹、缅甸和老挝；陆地海岸线长达18000余千米，次于俄罗斯，超过美国，居第二位，如果包括沿海海岛屿海岸线在内，则超过32000千米，为世界海岸线最长的国家之一，海上相邻国家有8个：朝鲜、韩国、日本、菲律宾、文莱、马来西亚、印度尼西亚和越南。

（二）中国地理环境对国家安全的影响

1. 辽阔的地理空间为中国国家安全战略选择提供了巨大的回旋余地

国家安全空间的大小通常表现为国土面积的大小。一般而言，国家生存能力和发展潜力与国土面积的大小具有密切的联系。在农业社会，国土面积较大的国家可能拥有更多适宜农耕的土地，这样可以养活较多的人口，从而可以有一支供养充足的军队。进入工业社会后，土地成为一个国家更为宝贵的资源。有了足够广大的领土，才可能有足够的矿产资源来支持工业化的发展，推动国家经济的高速运转。在安全防御方面，国土面积影响国家战略力量的机动能力。国土面积越大，国家战略力量就有更广阔的机动空间。对于那些国力较弱的国家，当它受到强敌入侵时，它就可能退到战略后方，而不至于一下子被强敌消灭，并有可能依靠自己辽阔的国土坚持反侵略战争，最终将敌人赶出国门，维护领土安全。此外，国家战略力量的合理配置也与国土面积大小关系密切。国土面积较大的国家对工业、人口、城市、武装力量、战略基地等可以进行合理的流散配置，在一定程度上能提高国家的生存和战斗能力。相反，幅员狭小的国家，其工业和人口分布相对集中，遭受外来侵袭时，这些要害地区一旦受到毁灭性打击，很容易使国家瘫痪。

广阔的陆地空间使我们拥有丰富的、品种齐全的资源，为发展经济创造了有利条件。陆地周围被高山、海洋和沙漠所阻隔，独立完整自成体系。在东北、华北、西北、西南长达20000多千米的边境地带有一系列的山地和沙漠，与东南浩瀚的大海构成山险水障，成为巩固国防的有力屏障。纵深地区山脉交错、江河纵横，平原和盆地相间分布，把辽阔的国土分成若干既相互连接又相互独立的地理区域。我国广阔的陆地使军队的机动有充分的回旋余地。任何来犯之敌都不可能在960万平方千米的广大国土上处处攻击,处处奏效,更不可能占领所有的国土。历史上无论帝国主义列强如何想灭亡中国,都不可能得逞,抗日战争的胜利就是明显的例证。

辽阔的海洋空间对我们又有更特别的战略意义。渤海、黄海、东海是东部地区重要的海上屏障,是保卫东部沿海的第一道海上防线。它们还是南北之间经济交往的重要通道,同时也是与周边国家朝鲜、韩国、日本交往的主要渠道。南海在我国海区中是向南伸展最远、面积最大的海区,它是联系两洋三洲的要冲,东北有台湾海峡与东海相连,东面有巴士海峡与太平洋相连,东南经民都洛海峡可达苏禄海,西侧则以马六甲海峡沟通印度洋。对周边国家和地区来讲,南海不仅与菲律宾、印度尼西亚等国交通便利,而且是相互联系和交往的捷径,也是对外贸易的重要航路。近年来,由于东亚和东南亚国家经济发展迅猛,南海已成为世界海上交通的重要枢纽和航运繁忙的区域之一。每年通过南海的舰船在80000艘以上。美国从中东和东南亚运往西太平洋美军基地的石油以及从东南亚输入的天然橡胶、锡、铅、锌等重要战略物资,大部分经过南海海域。日本进口镍矿、植物油一半以上,天然橡胶的全部需要经过南海运往国内。我国的海洋国土不仅广阔,而且资源极为丰富。宽广的大陆架海底,蕴藏着丰富的石油天然气资源。有人认为,我国海底石油储量可与中东媲美。近海经济鱼类蕴藏丰富,可能的年捕捞量为360万~600万吨。

从未来的发展来看,海洋对我国的战略意义必将越来越大。我国经济最发达的地域——东部地区的大中城市,大部分在沿海地区;越来越多的人口聚集于沿海地区;沿海地区还集中了我国众多的高技术企业和著名学府。沿海地区的发展对内地的经济开放和增长起着越来越大的作用。人文地理环境的变化势必引起我国的国家安全空间的重心由陆地转向海洋。美国海洋战略理论家马汉在一百多年前就指出,海洋不仅是伟大的通道,而且关系到国家的安全和发展;强国地位的更替,实际上是海权的易手;国家的繁荣来源于贸易,贸易依靠海洋交通。因此,只有把我国国防前沿移向海洋,并逐步推进,才能使我国沿海发达地区有足够的战略纵深,中国国家安全才有更广阔的战略回旋时空。

2. 向心凝聚的版图结构为中国国家安全提供了"一体"与"一统"的政治中心

自然地理空间的构成形状也是影响国家安全的重要因素,其形状可以分为致密型、零碎型、狭长型、嵌入型和穿孔型等。致密型领土近似圆形、长方形等形状,曲折较少,在一定长度的边界线中包容了更多的领土,同时从其几何中心到任意一边的距离都不长。显然,这类国家一般都有利于国家行使主权。零碎型正好与致密型相反,国土形状支离破碎,这种领土形状显然因为交通不便,主权难以行使而易产生一些问题。狭长型的领土容易产生交往困难和内聚力方面的问题,而且战时极易遭战略切断的分割。嵌入型和穿孔型是指两个国家的密切相关的领土形状,一个国家领土完全被另一个国家所围称"嵌入型",另一国领土即为"穿孔型",

这种形状对国家安全的影响往往是外部的，小国易受到大国的制约。中国自然地理空间的构成形状近似于致密型，其南北之间相距 5500 千米，东西之间 5200 千米左右，两者之比近似于中国定于汉唐时期的疆域，面积与欧洲相当。由于背陆靠海，茫茫戈壁横亘于西北，辽阔草原和原始森林覆盖在东部和东北部，世界屋脊耸立于西南中，浩渺的大洋环抱于东面，东南西北构成的天然屏障使中国形成一个自成一体的相对独立的地理单元。这种从四周向中心凝聚的地理形势，使源于黄河并不断拓展的中原农业文明高度发达，并对连续游牧、渔猎经济产生强大的吸引力，使高度发达的中原农业文明不断向四周辐射，同时在辐射过程中，中原农业文明与四周各种文明相互补充，又形成四周各种文明向中原农业文明反向的局面。文明的向外辐射和文明向心反射的循环，使中原汉民族与边疆少数民族长期处于相互依存的状态，逐渐形成了"中华一体"的"大一统"战略文化。这种战略文化的长期储蓄不断强化了炎黄子孙"一体"与"一统"的政治中心意识，历代的中央政府也因此建立起地理位置相对固定的京都。即使在中国历史上有陷入分裂的局面，但中华一体的大一统观念仍为各个分立政权所认同。如魏晋南北朝时期，各分立政权都把秦汉时期的疆域视作自己的疆域，都强调自己的政权是中华正统，都强调国家统一并希望由自己的政权来实现国家的统一。到了近代，经济交往和文化交流的加深，更是将中国的各民族融合在一起。尽管台湾岛孤悬于海上，但中华文明早已越过海峡在岛上生根。

3. 地处海、陆战略要冲使中国的国家安全处于挑战与机遇并存的局面

中国位于亚欧大陆的东部，面向太平洋。亚欧大陆是世界上最大的一块大陆，面积占世界陆地总面积的 1/3。中国是亚欧大陆上面积仅次于俄罗斯的国家，从地理位置和领土面积来说，中国无疑是亚欧大陆上举足轻重的国家。从理论上分析，中国也是一个世界级的陆权大国。英国著名政治地理学家麦金德在研究全球地理区域因素之后，曾提出这样的论点：世界上最重要的亚、欧、非大陆组成"世界岛"，而东欧和亚欧大陆的中部的大片草原和沙漠地区是"世界岛"的心脏地区。心脏地带人口与资源丰富，周围有山系环绕，还有内陆和北冰洋水系，是一座庞大的天然要塞。根据这样的地理现实，麦金德提出了"谁控制了心脏地区，谁就能控制世界岛，谁就能控制全世界"的论断。根据这一理论，我国紧靠世界岛的心脏地带，特别是西北部地区是通向心脏地带的重要战略通道，有些部分甚至还是心脏地带的组成部分，因而战略地位十分重要。早在 700 多年前，蒙古军队就曾以新疆为前进基地，向欧洲等广大地区进行大规模的西征。继麦金德之后，美国现实主义理论家斯皮克曼提出地缘地带理论，认为影响世界战略格局的重心不在心脏地区，而在边缘地带。从地理条件看，心脏地带地处内陆，气候条件差，交通不便，且人口稀少，经济发展相对落后。而在心脏地带与海洋之间的亚欧大陆边缘地带，人口稠密，经济发达，且是心脏地区与海洋之间的通道地区。因此，边缘地带是控制世界的关键，是世界权力争夺的要害所在。在边缘地带理论的影响下，世界地缘战略格

局发生演变，世界分为两大地缘战略区，即海洋地缘战略区和亚欧大陆地缘战略区。美国属于海洋地缘战略区，而且是世界超级海洋强国，具有全球性影响。而世界上其他强国大都集中在亚欧大陆地缘战略区，俄罗斯则位于该战略区的心脏地带。

中国虽属于亚欧大陆地缘战略区，却处于两大战略区的交接处，是陆上势力和海上势力消长的转换点，由此成为两大战略区争夺的焦点。这种特殊的地理位置使中国成为能够对两大战略区关系产生重要影响和作用的国家。世界著名的战略家无不重视中国的战略地位，麦金德就曾告诫西方各国领导人："假如中国被日本组织起来，推断俄罗斯帝国并征服其领土，那时由于他们在广大的大陆资源之外又占据了控制海洋的地位这一双重优势是俄国人还没有得到过的，那么他们必将成为威胁世界自由的黄祸。"苏联在20世纪50年代与中国结成同盟关系时西方十分害怕，担心苏联势力通过中国进入太平洋地区。为此，美国通过其所控制的中国周边的岛屿国家和地区，包括台湾，结成"岛屿锁链"来防止苏联势力的渗透。中国这一地缘政治优势也为中国在改善周边环境中发挥出大国的作用。中国与东北亚、东南亚、南亚、中亚毗连，其影响可直接波及四周地区。但当中国力量衰弱时，外敌将从四周入侵。在20世纪60年代末、70年代初这一时期，中国面临的周边形势十分恶劣，中国与苏联和美国都处于敌对状态。中国领导人清楚中国的战略价值，利用中、苏、美三角关系，巧打外交牌，终于打破僵局，改善了中美关系，在国际外交事务中取得了主动。挑战与机遇并存的安全形势，决定了中国在新世纪和平与发展的世界主潮中，国际和周边战略环境有利于中国的安全与发展，我们正在(并将长期处在)一个总体和平与稳定的环境中。世界及中国周边地区的和平与稳定，保障了世界及中国周边地区经济的发展与合作；反过来，经济发展与合作又大大促进了和平与稳定，从而形成了一种良性的互动循环。但是，中国的战略地位决定了中国的强大与美国的全球战略必然相悖，我们就永远不能忽略和平背后潜伏着的危机。

二、中国周边安全存在的主要问题

新中国成立以来，特别是进入20世纪90年代，中国坚持奉行独立自主的和平外交政策，对外关系特别是与周边国家的睦邻友好关系得到全面发展，中国与所有亚洲国家都建立了外交关系，目前，我国周边安全环境是建国以来较好的时期。但是，我们也应该看到，随着世界战略格局和亚太地区战略格局的不断发展变化，中国周边安全环境也增加了许多新的不确定和不稳定因素。因此，中国与周边国家还存在着一些尚未解决的领土、边界、海域、岛屿划分及归属方面的争议，国际上一些敌对势力更是借机推波助澜。因此，对中国周边安全环境中存在的一些不利因素不能掉以轻心。

(一)海洋权益纠纷

在中国周边安全环境中，维护海洋权益的斗争具有较大的复杂性和敏感性。

中国是个陆地大国,也是个海洋大国。毗连海域自然延伸自然约有 470 万平方千米。但是,由于历史的和现实的原因,我国与海上 8 个邻国均有海域划界和岛屿归属问题之争。

1. 关于东海大陆架和钓鱼岛的争议

东海位于中国、日本、韩国三国之间,东西宽 150~420 海里,南北长 660 海里,总面积约 770000 平方千米。日本与中国是相向不共架国,中国大陆架一直延伸到冲绳海槽。冲绳海槽大部分深度超过 1000m,坡度很陡,形成西部大陆架与东部岛架的天然分界。根据东海大陆架的实际情况,参照《联合国海洋公约》的有关条款和各国海域划界的实践,冲绳海槽构成了中国东海大陆架与琉球大陆架的自然分界线,因此,应按大陆架自然延伸的原则,以冲绳海槽中心线为界,划分中国与日本在东海大陆架边界。但是日本方面却主张按东海的中心线平分划界。这样,中日间便产生了 20 多万平方千米的争议区。如果按日本的主张划界,中国在东海的大陆架范围便被拦腰截断,应归我国管辖的海域面积将减少一半。

中日在东海还存在着钓鱼岛归属问题之争。历来就是中国领土的钓鱼岛群岛位于台湾东北约 120 海里处,由钓鱼岛、黄尾屿、赤尾屿、南小岛、北小岛及一些礁石组成。其中最大的岛屿海拔 360 多米,面积约 3.64 平方千米。第二次世界大战期间,在 1943 年中、美、英三国发表的《开罗宣言》中,明确指出日本用武力从中国夺去的东北、台湾、澎湖列岛等中国领土,战后必须归还中国。事实上,在 1945 年日本彻底战败后,我国政府随着收复台湾、澎湖列岛的同时,客观上也就收复了台湾省的附属岛屿——钓鱼岛的主权。但是在 1945 年日本投降后,冲绳受美国托管,美国将我钓鱼岛作为靶场。1971 年 6 月,美国竟公然违背《开罗宣言》原则,把中国领土钓鱼岛群岛划入"归还区域"交给日本。日本政府马上声明对钓鱼群岛拥有主权。从当年 12 月 30 日迄今,中国政府不断发表声明,严正驳斥日本的无理主张,指出钓鱼岛群岛是中国台湾省的附属岛屿,历来属于中国。这些岛屿周围的海域及其海底资源,也属于中国所有,决不允许任何外国染指。美日两国政府拿中国的领土钓鱼群岛私相授受,是侵犯中国领土主权的严重行为,是完全非法的、无效的,中国政府和中国人民绝不承认。对钓鱼岛问题,在中日邦交正常化谈判时,双方都同意"以后再说"。但是,事后日方却采取放任态度,批准日本一些右翼团体在岛上建立航标灯,甚至出动舰艇进入钓鱼岛海域驱赶中国台湾省渔民。中国政府已于 1990 年 10 月 27 日再次发表声明,强烈要求日本政府维护双方过去达成的共识,立即停止在钓鱼岛及其海域采取任何单方面行动。中国政府再次建议双方尽快就搁置主权争议,共同开发钓鱼岛海域资源、开放钓鱼岛海域渔业资源等问题进行磋商。1996 年 7 月 18 日,中国外交部发言人对日本右翼团体"日本青年社"在钓鱼岛的北小岛上设置灯塔的严重事态,再次表示"严重关切",重申钓鱼岛自古以来就是中国固有领土的原则立场,并要求日本政府立即采取有效措施,消除由此产生的不良影响。

2. 关于南海海域及南海诸岛的争议

南海总面积约360万平方千米，南海诸岛包括东沙、西沙、中沙和南沙四大群岛，分布于南海的中心部位，扼太平洋和印度洋的咽喉，不仅地理位置非常重要，而且蕴藏着丰富的矿产和水产资源。在南海诸岛中，南沙群岛是分布面积最广、岛礁数量最多、位置最南的一组群岛。南沙群岛由230个岛屿、礁滩和沙洲组成，分布在244000平方千米的海域中。其中露出水中的岛屿25个，明暗礁128个，明暗沙洲77个，太平岛面积最大，约0.5平方千米。

南沙群岛历来是中国的领土。在20世纪70年代以前，南海毗邻国家对此从未提出异议。但是自发现南海蕴藏丰富的油气资源后，周边国家开始窥视这一海域。菲律宾率先于1971年抢占了南沙东部的部分岛屿和沙洲，原南越政府也于1973年7月派兵占领了南海西部6个岛礁。1975年4月，越南一反承认南沙是中国领土的立场，接管了南越军队占领的岛礁，并不断扩大侵占行动。从1983年起，马来西亚先后占领了南沙南部的3个岛礁。随后，上述国家又单方面宣布了大陆架和200海里专属经济区范围，把南沙群岛的全部或部分岛礁列入自己的“版图”，并加紧在南沙海域进行资源开发。2004年4月19日，越南组织了首次乘船赴南沙群岛旅游。同年5月14日，越南旅游官员透露，越南军方当年4月起开始修复南沙群岛上一个旧的小型军用机场，以作旅游之用。越南开发南沙旅游路线的用意非常明显，就是要使之成为国际航线，形成有利于它的国际舆论，认可越南对这些岛屿的所有权。这些做法侵犯了中国主权，致使南沙争端日益尖锐突出。目前，除了太平岛和永暑等6个岛礁在中国手中掌握外，其余均为外国人占领。其中，越南占23个岛礁，并在其中10个岛礁上驻军，建有永久性的防御工事；菲律宾侵占8个岛礁，占据乐滩和巴拉望西北两大储油盆地；马来西亚侵占3个岛礁。另外，文莱也宣布对南沙的一个岛礁拥有“主权”，并将该礁周围3000平方千米海域划归其经济区。印度尼西亚也宣布建立200海里专属经济区，把南沙部分海域划入其中。这样在南沙问题上又形成了5国6方乃至6国7方进行争议的复杂局面。

不仅如此，南海周边国家对南沙的军事控制也在进一步增强，对南沙资源的掠夺性开发明显加快。越南已同17个国家的近30家公司和国际财团签订了合作开发南海油气资源的合同。菲律宾、马来西亚、印度尼西亚以及文莱等国已在我南海疆域内开采石油和天然气。另外，越南等国家还有意把一些区域外的大国引进南海地区，如美国、日本和印度等，最为典型的是美国。尽管越南让西方大的石油公司参与南海石油开发有技术和经济原因，但利用南海丰富的油气资源为诱饵，让南海争端国际化，不能不说是个很重要的动机。越南试图通过求助于美国和中国抗衡。

值得注意的是，南沙问题国际化趋势有新的发展，东盟国家曾就南沙问题进行过多次内部磋商，力图联合与中国谈判解决南沙争端问题，并准备在谈判不能取得成功时提交联合国制裁。美国等西方大国正在积极插手南沙事务，试图利用南沙问题挑拨我与东盟国家的关系，并制造这种症状“中国威胁论”，对我施加“更有针对性的压力”。应当引起警惕的是，西方大国插手南沙事务主要是通过与其他有关各方合作进行的，这越来越清楚地显示出它们共同对付中国的意图。

除此之外，中国在东海、黄海与周边一些国家在海域划分上的矛盾一时也还难以解决。

（二）边界争端

中国与周边国家的边界问题总体上得到了解决。中俄之间长达4300多千米的边界问题已基本上获得解决，1997年11月，江泽民主席和叶利钦总统签署了《中俄联合声明》，标志着中俄边界已在法律上得以划定；中国和哈萨克斯坦也已签订了边界协定，解决了两国1700多千米的边界问题。中国分别同吉尔吉斯斯坦、塔吉克斯坦存在1000多千米和450多千米的边界。1999年12月30日，中越两国外交部长签署了《中国和越南陆地边界条约》。至此，中越两国陆地边界存在的问题已全部解决。

对中国周边安全环境产生不利影响的边界争端，是中印边界争端。中印边界全长约2000千米，分为东、中、西三段。中印两国存在大片领土争端，争议面积共达12.5万平方千米，形成大小8块，均在中印边界传统习惯线我方一侧。在东段，争议面积约9万平方千米，现被印度控制，称为“阿鲁纳恰尔邦”。在中段，争议面积约2000平方千米，除个别地区外，均为印方控制。在西段，争议面积约为3.35万平方千米，除巴里加斯地区约450平方千米被印度侵占外，其余在多方控制之下。

由于印方坚持非法的“麦克马洪线”，致使中印边界谈判难以取得实质性进展。印度在中印边界领土争端上坚持不让步的立场，将中印边界地区视为战略前沿，不断加强边界地区战场建设，把边界地区建成攻防兼备的战场体系，尤其注重在中印边境对中国保持局部军事优势，从目前情况看，中印边界争端短期内难以全部解决。

（三）影响边疆地区安全的其他不稳定因素

中国是一个多民族的社会主义国家，有56个民族。解放后由于党和政府实行正确的民族、宗教政策，各族团结一致、齐心协力，共建中华美好家园。但是，境内外一小撮民族分裂主义分子，在国际上某些反华势力的操纵、唆使下，置民族大义、国家利益于不顾，为迎合某些西方大国对中国进行的“西化”、“分化”的和平演变战略，采取政治斗争与暴力对抗相结合的方式，进行民族分裂活动，严重影响了我国边疆地区的安全与稳定。例如，逃往国外的达赖集团，利用西藏地区交通困难、环境闭塞、经济落后、藏区民众文化水平低、对宗教宣传极易接受的特点，打着宗教旗号，大肆进行“藏独”分裂活动，具有极大的欺骗性和蛊惑性。加上以美国为代表的西方大国在对我实施“西化”、“分化”战略中，妄图以西藏问题为突破口，支持“藏独”分裂势力搞所谓的“西藏独立”。民族分裂、宗教极端势力对我国安全环境构成三大挑战：第一，干扰国家的统一进程；第二，破坏边疆的社会稳定；第三，危害国家的经济安全。

综上所述，今后一个时期，我国周边热点地区小的局部冲突和动乱难以避免，重大的局部冲突和动乱在某些特别敏感的爆发点上也有可能发生。疆独、藏独问题不是中国周边问题，而是中国的内部事务，它对我国安全造成重大威胁。但是，西部边疆是我国安全的次重点方向，核心是反对民族分裂势力。而东部沿海则为我安全的重点方向，其核心是台湾问题。

（四）新世纪我国安全环境的发展

从目前情况看，中国周边安全环境向好的因素仍在增长，这主要体现在三个方面：一是"台海"形势趋于稳定，两岸和平合作势头加速发展，来自东南沿海方向的战略压力得到缓解，中国为维护"核心利益"所进行的国防投入和军力部署，有可能转向其他方向和考虑更长远的发展；二是中俄关系和中国与中亚国家关系继续保持稳定，双边和多边合作不断深化，尤其在能源和军事领域的交流合作，对中国加强综合国力建设和实现可持续发展，提供了可靠保障，也促进了中国北部和西部边陲的稳定；三是中国与东盟关系进一步加强，随着"中国—东盟自由贸易区"的建成，双方的经济关系将更为密切，政治合作也具有更坚实的基础。中国与东盟关系的稳定发展，不仅有利于中国"西部大开发"战略的顺利推进，而且也有利于维护东南亚地区和平发展大局。

但是，也要清醒看到，中国周边安全环境总体稳定的局面，目前正在经受强烈冲击，同时也面临日益严峻的挑战。特别是近几年以来，周边突发事件明显增多，来得突然也相对集中。这些事件多数是历史遗留问题的凸现，但有些也与国际形势的变化相关。中国周边安全环境的这种变化，符合事物发展规律，即不变是相对的，变是绝对的，关键在于我们如何认识和处理。从变化最为显著同时影响也更为深远的角度看，以下方面值得特别关注。

首先，朝鲜半岛风云突变，对东北亚安全形势影响甚大，也是中国周边安全环境中最大的变数。由朝鲜发射火箭和进行新的核试验所诱发的紧张局势，尽管不是这一地区首次出现的问题，但此次危机对抗性强，造成的连锁反应超过以往。危机双方在失去耐心的情况下，彼此互不示弱，尤其是在拥有核武器和导弹武器方面，都提出了相应诉求，"弃核"和实现半岛无核化面临前所未有的困难。朝鲜半岛无论是否会爆发新的战争，双方的对抗都上了一个新的台阶，今后即便重启"六方会谈"，要解决的难题将会更多。中国面对这种极为棘手的局面，既不能介入太深，也不能抽身而退，处于左右为难境地。如果爆发战争，中国将面临是否参战问题，此举势必牵动全局。如果回到谈判桌前，中国的外交斡旋难度极大，前景也难以预料。所以说，东北亚方向将可能成为中国今后最大的安全隐患，也必将成为稳定周边的当务之急。

其次，海上安全问题愈益凸现，东海和南海争端同时爆发，中国的海上领土和海洋权益面临重大挑战。今年以来,围绕钓鱼岛和南沙群岛争端以及海上划界问题,中日之间以及中国与部分东盟国家之间,产生了严重纷争。这些问题的出现,有联合国审议海上划界方案的原因,同时也是某些国家违背承诺,蓄意惹事造成的结果。东海问题主要涉及日本,但属于大国之间的争端,一旦引发冲突,对全局影响较大。南海问题是大国与小国之间的纷争,虽具有一定的可控性,但影响也不容低估。尤其越南占据岛礁最多,获取利益最大,同时也在大量购置先进的海空作战装备,加之战场环境于我相对不利,如无充分准备,也难以应对海上突发事变。海上安全问题相对于朝鲜半岛问题,尽管不致牵动全局,但涉及中国海上领土和海洋权益安全,也关系到中国的长远发展,因而也势必成为中国对周边安全环境深谋远虑不可或缺的重要内容。

第三,中印关系虽已正常化,但并未建立相互信任,悬而未决的领土争端始终是不确定因素,加之印巴纷争尚未根本消除,中国西南边陲不可掉以轻心。近年来,中印关系明显改善,作为同属于新兴经济体的两个发展中大国,中印双方的合作也有所加强。然而,印度始终没有放弃对于中国的领土要求,今年以来在边境地区不断采取动作,宣示主权,增兵固防,加快战场建设,发展高新技术装备,并大肆散布"中印必有一战"的言论,这些现象都不是好兆头。印度现在不仅拥有核武器和远程导弹,而且在海空军力量上也丝毫不逊于中国,其实施高技术战争的能力决不能小觑。西南边陲过去曾一度是中国维护周边安全的重点,现在的情势也不容乐观,加强中印边境地区战场建设和应对突发事件的准备,无疑需要再次提上议事日程。

第四,随着美国战略东移的实际展开,东亚和中亚地区都将成为美国军事部署和战略争夺的重点,这在客观上也势必加大对中国的军事压力。目前,美国全球战略重心正在由大西洋向太平洋转移,其军事部署的重点也在随之调整,大量先进的海空力量逐步部署到东亚地区。同时,为了控制中亚地区的能源资源,美国也加快了谋势中亚的步伐,既和俄罗斯争夺势力范围,也对中国形成钳制。中美之间尽管在经济合作领域日益密切,政治对话也不断加强,但作为当今世界唯一超级大国,美国决不会改变对中国的防范立场。美国的战略非常注重前瞻性,不是考虑三五年的事情,而是预谋一二十年甚至二三十年的事情,它们不可能对快速发展的中国完全放心,军事上的未雨绸缪是应有之义。在此情况下,中美之间在东北亚、东海和南海以及中亚地区的"战略相撞"难以避免,这些问题如果处理失当,不仅会造成中美双方的摩擦甚至冲突,也会影响中国周边地区的稳定。

综上所述,就现实和未来情况而言,中国周边安全环境既存在总体向好的趋势,也存在局部恶化甚至多方向有事的可能。如果从波浪式的发展形态上看,中国周边安全环境已经度过了相对较好的高峰期,不稳定因素增多和负面影响的加大,有可能使周边安全环境进入一个多事、多变的不稳定期。在这个时期,情况的突发性和多种情况交织的复杂性,将成为显著特点,也是我们在形势判断和战略谋划上必须高度关注的问题。凡事预则立,不预则废。针对未来周边安全环境的新特点,我们无疑应当改变"最好时期"的固有观念,树立强烈的忧患意识,既不盲目乐观,也不夸大困难,实事求是地从容应对,以利于争取战略主动。

第五节　国际恐怖主义

2001 年 9 月 11 日,恐怖分子驾驶被劫持的两架客机撞向美国纽约世界贸易中心的双子楼,同时,另一架被劫持的客机撞向五角大楼,还有一架被劫持的飞机坠毁在宾夕法尼亚洲。恐怖分子制造的这次恐怖袭击震惊了整个国际社会,它被称为美国历史上的"第二个珍珠港事件"。恐怖袭击发生后的 10 月 11 日,美国官方正式宣布,经统计共有 5393 人在这次事件中死亡和失踪,失踪者已几乎没有生还的可能。这次袭击造成了难以估量的经济损失,由此而带来的心理恐慌成了美国"心头永远的痛"。"9·11"事件震惊了世界,国际恐怖主义已成为当今国际关系的一个凸显的主题。

一、恐怖主义的定义

"恐怖主义"一词源于拉丁文 terror(意为畏惧、恐怖)。"恐怖主义"作为一个专用名词,最早出现在 18 世纪末法国大革命中的雅各宾派专政时期。此后不久,恐怖主义一词开始作为一个贬义词,在英语中流行起来。

给恐怖主义下一个世界各国都认同的定义,是一件颇费周折的事情。联合国就恐怖主义的定义组织讨论经多次,至今仍无一致的意见。但通过联合国的多次讨论,基本形成了一种倾向性的意见,即承认恐怖主义要具备以下基本要素:

一是恐怖主义涉及非法暴力。暴力性是恐怖主义最本质的特征。这种暴力性与国家所拥有的合法暴力是有区别的,它是一种违法犯罪行为。但恐怖组织与一般的刑事犯罪不同,它们不仅注重策划暴力事件,更注重这种暴力事件所形成的社会影响。同时,威胁使用恐怖暴力的行为目前在世界各地也越来越多,尽管一些恐怖组织没有将恐怖主义行为付诸实施,其暴力威胁行为已严重威胁有关国家的社会、经济安全,所造成的危害有时远远大于实际的暴力行动。

二是恐怖主义具有政治动机。恐怖主义的另一本质特征就是其政治性。这是它与一般刑事犯罪的主要区别。一般刑事犯罪没有政治目的,是为暴力而暴力;以获取经济利益为目的的有组织犯罪一般也不属于恐怖主义,但目前出现了恐怖主义与组织犯罪合流的趋势。一些恐怖组织为筹措资金,获得军火,往往借助有组织犯罪集团的犯罪手段,而有组织犯罪集团也会出于各种利益考虑,与恐怖主义组织相勾结,这就使人们有时很难将两者区分开来。

三是恐怖主义的破坏性具有不可预测性。恐怖主义的破坏性具有不可预测性。恐怖主义的破坏性之所以具有不可预测性,就是因为它是一种有组织的暗藏行为,这种恐怖活动具有一定的隐蔽性和突发性,因此常出人意外,让人们事先难以预料。至于何时何地会发生恐怖活动、袭击目标是谁、恐怖活动如何进行,所有这些问题通常在恐怖事件发生之前都是未知数,这种不可预测性扩大了恐怖主义暴力的恐惧效果,且让对手或国际社会难以防范或苦于难寻应对良策。

四是恐怖主义的受害者具有象征性价值。恐怖主义的袭击对象不完全是随意挑选的。这些目标之所以被选中,是因为他们的身份、他们所在的地点或者他们的活动象征着恐怖分子想要打击的东西。1984 年,英国首相撒切尔夫人在其下榻的饭店遭到爱尔兰共和军的袭击,其原因是撒切尔夫人代表了英国对爱尔兰共和军的强硬路线;1995 年 11 月 4 日,以色列总理拉宾当晚出席在特拉维夫市中心的以色列国王广场举行的"支持中东和平进程大会"的会议并发表演讲完后,正当他在停车场登车准备乘车离去之际,一名犹太极端分子突然向他连开数枪,将他杀害。恐怖分子选中拉宾作为刺杀对象,是因为他象征着阿拉伯与以色列的和解;2001 年 9 月 11 日,恐怖分子选择美国的纽约世贸大厦和美国五角大楼作为袭击目标,是因为他们要向美国这个不可一世的超级大国宣泄不满。

五是恐怖分子希望引起公众注意。恐怖分子的暴力恐怖活动不仅是为了恐吓或危害直接受害者,其更重要的意图在于影响更大范围的人群。通过电视、电台、报纸等新闻媒介的报道,恐怖主义行为会引起全世界的注意。

二、国际恐怖主义的基本类型

当代世界恐怖主义泛滥主要起于 20 世纪 60 年代末期。自此以后,恐怖主义在全球范围内迅速蔓延泛滥。除西欧、中东、拉美等热点地区外,恐怖主义在世界其他地区也不同程度地存在着。恐怖主义的类型繁多,下面介绍最基本的四种类型。

(一)民族主义型恐怖主义

它是根源于对本民族领土、语言、宗教、文化、心理、生活习俗与生活方式等的认同,旨在追求本民族的独立(或完全自治)而引起的恐怖主义活动。这一类恐怖主义的特点是奉行排外政策,或鼓吹民族分离主义。从恐怖主义的历史与现实看,民族主义乃是恐怖主义的最持久的根源之一,也是恐怖主义最强有力与最致命的根源之一。据不完全统计,目前世界上的恐怖组织约有 1/3 是民族主义恐怖组织。民族主义型恐怖活动在全球各地已呈普遍蔓延与泛滥之势,严重危及人们的生命财产安全,对国家安全甚至世界和平构成不同程度的威胁。比如,英国的"爱尔兰共和军"。历史上的北爱尔兰与现在的爱尔兰同属一国,在 12 世纪时沦为英国的殖民地。1961 年,迫于爱尔兰民族独立运动,英国允许爱尔兰南部独立,而爱尔兰北部 6 个郡仍处于英国的统治之下。多年来,掌握北爱尔兰地方政府大权的一直是英国的新教徒,北爱尔兰的天主教徒在各方面受歧视,失业率很高。20 世纪 60 年代末,北爱尔兰的天主教徒与新教徒发生严重冲突,天主教徒的恐怖组织"爱尔兰共和军"趁机活跃起来,制造了多起暗杀、爆炸事件。爱尔兰共和军的恐怖活动一直是英国政府的一块心病。20 世纪 90 年代初,随着冷战结束,两极格局的瓦解,原先被掩盖着的民族矛盾重新爆发出来。在一些民族问题较严重的国家,民族分离主义分子打出了"争取民族自决权"的口号,不顾历史现状及其他民族的利益,大搞恐怖活动。例如,俄罗斯车臣分裂分子频频制造爆炸和绑架人质事件;斯里兰卡的泰米尔猛虎组织不断向政府发起进攻;阿尔及利亚连续发生"汽车炸弹"案……。这些民族主义恐怖活动不仅严重危害了地区安全与稳定,也严重危害国家安全,造成恶劣的影响。

(二)宗教极端型恐怖主义

它是指带有明显宗教狂热色彩的或打着宗教旗号的新兴教派或膜拜团体的狂热而引发的恐怖主义活动。宗教原教旨主义强调教义的纯洁性,竭力把自己的传统与其他的传统分开,这种方式不顾历史发展的必然,形而上学地维护自己的原教义,是逆历史潮流而动。目前,全世界有 25% 的恐怖主义起源于宗教原教旨主义。例如,在阿尔及利亚,1992—1997 年因宗教极端分子发动的恐怖活动造成的人员伤亡数高达 7 万名;1982—1993 年期间,锡克教极端分子的恐怖活动造成人员死亡数约为 1.5 万人;在日本,仅 1995 年 3 月 20 日"奥姆真理教"在东京地铁站施放沙林毒气这一起恐怖活动,造成的人员伤亡就高达 5000 多人。在当代世界,伊斯兰原教旨主义极端分子发动的恐怖主义是发生频率最高、危害最为严重的恐怖主义活动类型之一。不仅如此,在很多国家与地区,它还与极端民族主义结合在一起,成为危害国家安全与地区稳定的主要因素。除在传统的中东地区外,它在美国、中亚等地区的活动也非常突出,并阴谋向我国新疆等边境地区扩散,危害越发严重。最为典型的代表是本·拉登的"基地组织"。仅在 2003 年 5 月 10 日 ~16 日发生在世界各地的 8 次恐怖袭击爆炸事件就是全由"基地组织"所为,足可见其恐怖活动的疯狂性。宗教恐怖主义由于有宗教的虔诚和狂热为支撑,因而更富于攻击性和残忍性。这一类恐怖主义分子不惜舍生取义,杀身成仁,视死如归,在时间、地点、对象上毫无规则性地制造恐怖事件,给人类生存与安全带来极大的危害。

(三)意识形态型恐怖主义

它主要是指对主流社会的政治制度、道德观念、文化艺术和经济秩序持反叛态度,并非采取恐怖手段表达这种不满情绪的恐怖主义。它的具体表现形式有三种:极左翼型、极右翼型和政策歧见型。

1. 极左翼型恐怖主义

它是 20 世纪 60 年代末西方国家各种社会危机引发的产物。当时资本主义社会片面追求高额利润,由此引发大规模的失业危机,恶化了劳资关系,并激化了各种社会矛盾。一大批战后出生的年轻失业者在失望和愤懑的情绪支配下,走上街头,发泄对现实社会的不满。而极左思潮当时正流行于西欧各国,极左派学者著书立说,发表演讲,推崇无政府主义,反对局部改良,要求迅速改变现状,主张对资本主义制度采取极端暴力手段，彻底推毁现存社会。在此背景下，西欧出现了一些由青年人组成的极左派恐怖组织，其中最著名的是成立于1968年的联邦德国“红军派”和成立于1969年的意大利“红色旅”。这两个恐怖组织在它们的组织章程中明确规定，要彻底“从制度上和肉体上”消灭资本主义，出于这种极端的指导思想，“红色旅”于1978年绑架并杀害了意大利前总理莫罗。类似的国际恐怖主义组织还有日本的“赤军”、德国的“红军旅”、法国的“直接行动”等。近年来，在西欧各国警方的严厉打击下，西欧的极左派组织力量大为减弱，目前活动处于低潮。现在，国家社会一般把各地貌似“革命”，脱离群众和社会现实，打着“争取民众利益”旗号，而对主流社会的政治制度、道德观念、文化艺术和经济秩序采取激进叛逆和恐怖手段的，称为极左翼恐怖主义。

2. 极右翼型恐怖主义

极右翼型恐怖主义的产生要早于极左翼恐怖主义，它最早是第二次世界大战以后被打垮了的希特勒法西斯残余势力的重新拼凑和凝聚，后来渐渐泛滥于欧美地区。由于西欧曾经是希特勒法西斯势力的发源地，尽管第二次世界大战结束后各国对法西斯势力打击力度不小，但法西斯势力并未因此而绝迹。战后不久，新法西斯组织又改头换面地出现了，这些极右翼分子频频制造恐怖事件，或是进行骇人听闻的暗杀，或是在人群密集的公共场所搞炸弹爆炸，严重骚扰社会。近年来，极右翼思潮再次在西欧和美国泛滥。1989年德国统一后，警方估计至少有15000多个新纳粹分子，1992年德国发生了4500起袭击事件，1000起爆炸案和纵火案。当今的新一代极右翼分子拥有各种现代化通信工具协调行动，通过电脑网络安排恐怖事件。欧洲的纳粹网联结着法国、瑞士、葡萄牙、匈牙利、俄罗斯等国，并穿过大洋发展到美洲，对美国社会也构成了严重威胁。据统计，目前美国有右翼极端组织300多个，遍布近40个州，相当一批右翼组织实行军事化。这些右翼组织自20世纪80年代中期以来频频制造恐怖爆炸事件，其中影响较大的是1995年4月19日，右翼恐怖分子制造了美国历史上最严重的俄克拉荷马城爆炸事件。右翼恐怖组织的泛滥已成为欧洲和美国的社会难题。

3. 政策歧见型恐怖主义

政策歧见型恐怖主义组织出现较极左翼和极右翼恐怖主义要晚一个时期，主要流行于20世纪80年代的中后期。当时，由于高科技的大量投入和运用，西方社会经济高速发展，但在一些地方当人类与环境的发展以及人类对社会或自然资源的开发与利用产生“过度透支”或缺少平衡，并由此引发较大的社会危机之时，一些组织和极端分子利用人们对生存环境的忧患意识，采取一种不顾现实和后果的偏激和恐怖手段，来宣泄不满情绪，以图引起社会或政府重视。例如，国际社会出现的一些极端环保、极端反堕胎或极端动物保护等一类恐怖组织。这类恐怖主义组织虽然全球各地不少，但一般活动的领域或规模都很小，影响力不大，而且由于它多表现为一种对政策和法令的“持不同政见”形式，因而较易获得民主社会政体和民众的宽容,并不太容易引起国家社会的注意。国际社会现在一般把对政府或国际社会的现行相关法规或政策不满而采取偏激和恐怖手段的组织,归类为“政策歧见型恐怖主义”。

(四)反对国家政权型恐怖主义

它主要是指力图采用极端恐怖暴力行动来推翻国家现有政体、法律和人事制度,图谋垄断国家的行政和司法权力的对现政府的反叛行为。由于这因以反政府特色著称的恐怖主义带有较强的阶级和政治色彩,因而对它的划分和归类往往争议颇多,一些人会坚持称它属于恐怖主义,而另一些人则可能将其称为“武装斗争”。但不管怎样区分,国际政治学要界定的“反对国家政权型恐怖主义”重在强调两个特点,一是使用“非常规”的恐怖手段,二是以牺牲大多数无辜民众的生命或利益为代价。比如,在斯里兰卡活跃多年的“泰米尔伊拉姆解放猛虎组织”就是一个典型的反政府武装组织。1983 年 7 月,猛虎组织成员在贾夫纳半岛打死 13 名政府军士兵,从而引发了长达 19 年的内战,使 6 万多人丧生,180 多万人游离失所。猛虎组织最厉害的杀手锏是“自杀性爆炸袭击”。不少高官政要在袭击中遇难,其中包括印度前总理拉吉夫·甘地、斯里兰卡前总统普雷马达萨、巴基斯坦政府前总理贝·布托等。因而,国际社会现在一般把那些使用或威胁使用“非常规”的暴力或技术恐怖手段,且不惜以牺牲大多数无辜民众的生命或利益为代价,对抗国家现有政体、法律和人事制度,图谋垄断国家的行政和司法权力,来为自己小集团内部利益服务的行为,称为反对国家政权型恐怖主义。

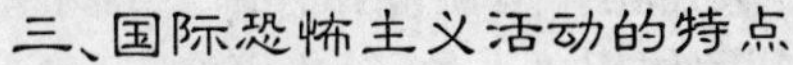

三、国际恐怖主义活动的特点

(一)袭击活动具有很强的隐蔽性和突发性

一方面是恐怖分子为追求恐怖袭击的最大效果和达成活动实施的突然性;另一方面是恐怖势力相对于反恐怖力量就显得十分弱小,为防范打击和隐蔽活动企图,其恐怖活动的筹划必然会在十分隐蔽的状态下进行。有关资料表明,从 1990 年以来,全世界共发生 100 多起有较大影响的恐怖事件。而所有的恐怖活动都是在人们无法准确预测的时间和地点发生的。

(二)袭击对象具有很大的任意性

恐怖分子认为,滥杀无辜可以形成和散布恐怖,从而造成政治的、社会的和经济的动乱。恐怖袭击的目标呈现泛化趋势,手无寸铁的妇女、儿童也成了恐怖袭击的对象,如俄罗斯车臣恐怖分子就将毒手伸向学校的儿童,制造了骇人听闻的“别斯兰”事件。事实证明,恐怖活动对社会的影响力就在于其袭击对象的任意性。因为,如果没有特定的人作为特别的攻击目标,那么所有人都是不安全的。这种任意性将使社会成员都处于恐怖氛围之中。

(三)手段极具残忍性

近年来国际上发生的恐怖事件表明,恐怖分子使用的炸弹当量越来越大,意欲将袭击对象和破坏目标一举毁灭。美国"9·11"事件中,恐怖分子使用装有数十吨航空燃油的飞机撞击世贸大厦,目的就是想将世贸大厦内的所有人员一举毁灭,手段极具残忍性。

(四)恐怖活动的国际化趋势增强

近年来的恐怖活动表明,恐怖活动的国际化是其发展趋势。主要体现在情报搜集、人员培训和组织筹划等方面。一些恐怖组织也在利用现代化的信息技术,不断加强跨国合作,将恐怖活动推向全球。这无疑增加了各国打击恐怖主义的难度。因此,对于反恐国际协作的呼声越来越高。

(五)恐怖分子的专业化程度提高

从最早的暗杀,小规模的爆炸,或是绑架勒索,至劫持或破坏汽车、飞机等交通工具,现在动辄的连环爆炸案就是恐怖分子运用手机这一现代通讯工具遥控引爆的。这说明恐怖分子的人员素质正在不断地提高,正在快速向专业化方向发展。从美国1995年发生在俄克拉荷马域的爆炸事件到2001年"9·11"事件,规模屡屡升级,使用的器材、工具更为先进、尖端。

(六)恐怖活动的前景更加复杂化

恐怖主义的存在除必要的内部、外部条件外,还必须有强大的财力支持。而组织实施国际卖淫、贩毒、军火走私等正是"便捷而有效的手段"。因此,现代恐怖主义正越来越与上述集团合作,成为一种"比较特别的生存"形式。如阿富汗1999年共生产4600吨鸦片,一跃成为全球最大的毒品生产国。阿的大部分毒品通过本·拉登及周边地区的恐怖组织独联体运往世界各国。另外,一些恐怖组织还借用伊斯兰慈善、教授机构和民间团体招募人员,筹集资金,运送武器。

四、东突恐怖势力威胁中国国家安全

近年来,伴随着国际民族分离主义浪潮的兴起,境外"东突"势力也乘机兴风作浪,逐渐加强了对中国新疆地区的民族分裂活动,一方面他们借助国际泛伊斯兰主义和泛突厥主义势力的支持,利用西方大国和国际社会的反华势力,竭力推动"东突问题"国际化;另一方面他们以加紧与中国境内"东突"分子相勾结,煽动宗教狂热,进行"民分"舆论宣传和武装暴力渗透。他们日趋猖厥的分裂破坏行径,已经对新疆的社会稳定、经济发展、民族团结和人民生活造成了现实危害,并对我国领土完善和国家主权构成了严重挑战。

"东突",全称"东突厥斯坦"。突厥本是中国历史上的一个游牧民族部落,公元552年曾在中亚一带建立了突厥汗国,582年后分裂为东西两个突厥汗国。东突厥被回纥人(维吾尔族)所灭,西突厥被唐朝所灭。西突厥的两个部落西迁到小亚细亚半岛定居,他们的后代建立了辉煌一时的奥斯曼伊斯兰帝国。19世纪,欧洲地理学家开始使用"突厥斯坦"这个名词,意为突厥人居住的地方或突厥人的发祥地,并把所属的范围扩大,如此一来,中亚的俄国部分成了西突厥斯坦,而中国新疆

(主要是南疆)被称为东突厥斯坦,中国历届政府从未承认过这个强加于我国新疆的名称。

20世纪初,新疆分离主义分子麦斯武德将土耳其人艾买提·卡马尔鼓吹的泛伊斯兰主义和泛突厥主义这两种思潮带入新疆,发动所谓的"东突厥斯坦独立运动"。19世纪30年代初,"东突厥斯坦独立运动"在英帝国主义的支持下,趁机在喀什建立了"东突厥斯坦回教共和国"。这个政权仅存在了3个月,但成为"东突厥斯坦独立运动"的开始,随后新疆民族分裂主义分子一直承袭至今,并陆续在境外建立了新疆分裂运动的大本营。这是境内外新疆分裂势力的历史组织根源。据不完全统计,自1990—2001年,境内外"东突"恐怖势力在中国新疆境内制造了至少200余恐怖暴力事件。在境内外从事恐怖暴力活动的组织主要有:"东突厥斯坦伊斯兰运动"、"东突信息中心"、"东突伊斯兰真主党"、"东突伊斯兰党"、"东突反对党"、"东突解放组织"、"东突厥斯坦星火党"、"东突厥斯坦青年党"、"东突厥斯坦燎原党"、"东突厥斯坦独立组织"、"东突厥斯坦人民革命党"、"东突厥斯坦民族解放组织"、"东突厥斯坦中央执行委员会"、"天山民主联盟"、"天山民族拯救党"、"星火党"、"星火联盟"、"新疆伊斯兰天山党"、"探索"及"独立党"等。

2001年10月,中国政府向世界郑重宣布,"东突"恐怖势力是国际恐怖主义的一部分,应予以坚决打击,以维护世界的和平与安宁。应当看到,世界大多数国家是支持中国政府的主张的。尤其是"东突"恐怖组织盘踞的西亚和中亚一带地区,长期以来深受民族分裂主义势力、极端宗教势力和恐怖主义势力这三股恶势力的危害,这一地区的国家政府和民众总体上是支持消灭这三股势力的。但是由于这一地区大多数国家正处于经济困难时期,各国亟需西方提供资金和技术。在西方国家"贷款政治化"的压力下,他们难以对美国等西方国家暗中扶植的其境内"东突"组织采取强硬措施。他们虽然也担心"东突"分裂势力会带来本地区的动荡,但是鉴于国际形势的变幻莫测,他们又希望这些组织能够成为牵制中国的因素之一。这些情况给中国政府打击"东突"恐怖势力带来一定程度的困难。但也应当看到,"东突"与"藏独"比较,有其弱势,比如政治组织,而且由于"东突"与泛突厥主义和泛伊斯兰主义势力联系密切,因而比"藏独"更带有国际恐怖主义和极端宗教势力的色彩。这些特点将是我们联合国际社会,开展打击"东突"势力的有利条件。

应当看到,"9·11"事件后,美国开展的反恐战争和对我国反民族分裂斗争的外部环境有所改观。长期以来,"东突"和"藏独"等民族分裂势力在西方敌对势力的纵容和支持下,以阿富汗、印度和尼泊尔等我周边国家为基地,以分裂祖国为目的,大肆从事恐怖活动,已成为中国西部周边安全和稳定的最大威胁。美国发动的反恐战争,特别是阿富汗战争,成功推翻了塔利班政权,并打垮了本·拉登的"基地"组织,震慑了国际上形形色色的恐怖主义势力。而且,以美国为首的西方国家为争取中国支持其国际反恐行动,开始调整对华策略,并把"东突"列为恐怖组织,加上中国成功通过"上海合作组织"同周边国家加强反恐合作,这更强化了中国进一步打击东突民族分裂势力的优势。

五、国际反恐形势

"9·11"事件后,国际恐怖主义活动和反恐斗争呈现了一些新情况、新特点。世界各国积极采取各种措施,加大力度打击恐怖主义活动,取得一定成果。俄罗斯、中亚、东南亚等国家和地区的恐怖主义活动高发态势得到了一定遏制。但"基地"组织、塔利班等国际恐怖势力调整策略,加紧反扑,不断制造恐怖袭击事件,恐怖活动总体呈继续上升趋势。阿富汗、伊拉克及南亚、北非等国家和地区反恐形势仍然严峻。总体上说,防范和打击恐怖势力仍是世界各国面临的长期艰苦任务。

(一)当前国际恐怖形势

"基地"组织、塔利班等国际恐怖组织继续在各地区猖獗活动,它们在实施多起恐怖活动的同时,也散布了大量恐怖威胁信息。这些真真假假、虚虚实实的恐怖活动,既给国际社会制造了相当的"恐怖气氛",也给各国造成重大的损失。2001 年 10 月,美国为首的国际反恐联盟发动了阿富汗战争,通过这场战争,塔利班势力被摧毁,"基地"组织遭到重创。截至 2003 年 4 月,美国宣布已有 3000 余名恐怖分子在 100 多个国家被逮捕,另有 500 多个账户约 1.135 亿美元的恐怖主义资金遭到冻结,但国际恐怖活动仍然持续频发。2002—2006 年五年内全球发生恐怖事件分别为 179 起、268 起、382 起、665 起,年平均增幅达 54%。仅 2007 年一年,全球共发生恐怖事件 830 余起,造成 6200 余人死亡,127 万人受伤,较上年同比分别增加约 30%、30% 和 25%。在这些恐怖活动中,有较大影响的主要有:2002 年印尼巴厘岛恐怖爆炸袭击案;2004 年俄罗斯车臣制造震惊世界的别斯兰人质事件;2004 年 3 月 11 日,西班牙首都马德里市中心 3 列火车几乎同时发生爆炸,造成 196 人死亡、1000 多人受伤;2005 年 7 月 7 日,英国伦敦 3 个地铁站和一辆公共汽车发生连环爆炸,导致 56 人死亡,700 多人受伤;2007 年 10 月 19 日,巴基斯坦前总理贝·布托车队在巴南部城市卡拉奇遭炸弹袭击,造成至少 135 人死亡、500 多人受伤,12 月 27 日贝·布托在巴基斯坦东北部城市拉瓦尔品的自杀式恐怖袭击中身亡……因此,当前国际恐怖主义形势依然很严峻。

(二)国际社会的反恐斗争与合作

1. 国际社会的反恐战略

一些主要国家把反恐斗争纳入国家安全战略局面,其中,还有不少国家把反恐作为国家安全战略的重点,并据此调整相关领域的战略。美国、俄罗斯、以色列、澳大利亚等甚至相继提出"先发制人"的反恐战略。在各国国家安全战略调整中,美国调整最全面、最深刻,影响也最大。

作为恐怖主义的主要受害者,美国一直非常重视反恐。但在"9·11"之前,美国一直将反恐重点放在技术和战术层面上,并未把反恐真正提升到国家安全的战略高度。《"9·11"委员会报告》指出,美国政府在"9·11"之前一起没有从战略上认识“基地”组织的威胁，但是，“9·11”事件深刻地改变了美国的战略取向，恐怖主义迅速成为美国国家安全最重要的议题。从2002年1月美国总统小布什发表的国情咨文和同年6月小布什在西点军校的讲话，到2002年9月的《美国国家安全战略》，再到2003年2月的《抗击恐怖主义的国家战略》，美国的反恐战略基本形成。综合以上文件，美国的反恐战略主要包括以下内容：

一是实施“先发制人”战略。面对恐怖主义的威胁，美国在冷战时期长期实行的传统的威慑战略暴露出其局限性。对于这一新型的敌人，美国必须超越威慑，采取包括“先发制人”在内的各种手段。“先发制人”战略的核心思想是：在全球化的条件下和开放的社会中，单纯的防御性反恐战略无法有效防止恐怖袭击。对于没有国家和公民需要保护的、跨国存在的、若隐若现的恐怖组织，通过威胁实施报复来遏制恐怖分子的攻击已经毫无作用，也同样难以遏制潜在的拥有核武器的“无赖国家”。因此，反恐战争不能靠防守夺取胜利，必须发起主动进攻，在潜在的威胁尚未准备好攻击之前就予以主动打击。

二是制止大规模毁灭性武器的扩散。在过去的十年中，恐怖组织使用化学、生物、放射性武器和核武器以及杀伤力大的爆炸物的可能性显著增加。一些恐怖组织为攻击美国及其盟国，已经在寻求发展使用大规模毁灭性武器的能力，本·拉登曾声称获取大规模毁灭性武器是一项“宗教职责”。恐怖分子获取并使用大规模毁灭性武器所构成的威胁是一种清楚而现实的危险。美国的一个核心目标必须是制止恐怖分子获得或制造能帮助他们实现其最恶毒野心的大规模毁灭性武器。

三是实施国家战略的“4-D”战略目标。“抗击恐怖主义国家战略”的目标是：“4-D”战略——击败(defeat)、杜绝(deny)、减少(diminish)、保卫(defend)。具体如下：击败恐怖主义分子及其组织，即通过直接或间接运用外交、经济、信息、执法、军事、金融、情报和其他形式的力量，击败伸向全球的恐怖组织；杜绝恐怖分子赖以生存、训练、策划及实施其攻击行动的赞助、支持和庇护；减少或消除恐怖分子企图利用的产生恐怖主义的基本条件；通过全国的共同努力，捍卫美国主权、领土，保卫国内外的美国公民和利益。

2. 国际社会的反恐斗争与合作

“9·11”事件后，世界上遭受恐怖主义威胁和侵扰的国家都大大加强了反恐力度。各国的对策措施虽然不尽相同，但基本上都致力于建立或加强几个机制。

一是预警防范机制，要尽一切可能监控恐怖主义集团的活动，以事先阻止恐怖袭击的发生，包括切断恐怖分子的财源，在恐怖攻击即将发生时则要尽快发出警报，使人们早做防范。情报工作是打击恐怖活动的关键。可以说恐怖活动能否成功，很大程度上取决于准确可靠的情报。美国国会2001年10月通过反恐怖授权法案，规定执法机构可以窃听恐怖嫌疑分子的电话，赋予财政部更大的权力以打击洗钱活动；2002年初又通过《爱国者法案》，允许执法机构事先不通知就可搜查公民住所，甚至安装窃听监视器；2003年，美国建立“恐怖威胁综合中心”，为政府提供包括情报与分析等在内的恐怖威胁评估。中心初步定员 50 ~ 60 人，由中央情报局、联邦调查局、国务院、国际部和国土安全部共同派员组成，综合分析来自国内外的情报。其他许多国家也都采取了类似措施：英国规定知情不报者即触犯法律；印度通过了防止恐怖活动法，授予警方更大的权力以打击恐怖主义；日本警视厅新设“紧急恐怖对策本部”，要求全国警察系统加强对美驻日机构与设施的警戒，进一步收集有关恐怖情报。据此，日本将指定的警戒单位和设施由原来的 330 处增至 560 处，包括美驻日军事基地等 174 处、英等国驻日使馆等 62 处、有关核设施等 34 处。各国还纷纷采取有力措施保护重点目标，如机场、车站、政府机构、水、电、煤气、油料供应设施等，特别是国家元首或政府首脑的安全。为防止恐怖分子利用民用实验室存放的致命物质发动恐怖袭击，英国还将病毒和细菌等管制物质种类从原来的 47 种增加到 103 种。美国建立并不断完善恐怖分子和极端分子嫌疑人数据库，到 2007 年，美恐怖分子身份的文档数量已猛增至 43.5 万件。各国还根据获得的恐怖袭击情报，加大对居民区、公交系统、学校和大型餐饮娱乐场所等公众场所的安保措施。

二是快速反应机制，美、俄、英、法、德、印度、以色列、日本、中国等许多国家都大大加强了反恐快速反应部队，以随时迅速出击，打击恐怖主义分子。中国和吉尔吉斯斯坦于 2002 年 10 月举行联合反恐军事演习，大大提高了打击恐怖主义的快速反应能力。欧盟 15 个成员国已决定在 2003 年 5 月前解决欧盟快速反应部队装备不足的问题，以提高其反恐的作战能力。以俄罗斯为主导的独联体集体安全条约快速反应部队也于 2002 年 4 月举行了大规模军事演习。目前，美国也增拨大量经费，以加强反恐快速反应能力。军队建制上，美军以“小、快、多”为目标，以 C^4ISR 建设为核心，寻求建立小型、快速、高效作战单位。美不仅新建特种部队，而且也使其他部队具备特种作战特点。印度仿效美国组建 8 个营的特种部队，加大反恐力度。新加坡在美帮助下，建立“生化武器、辐射性物质、爆炸物防御团”。军事部署上，美调整在西欧、东亚和中东的兵力部署，将海外军队从固定基础地转向由前沿基地、临时军事设施和海上基地组成的系统。2004 年 4 月，美提出“10 - 30 - 30”模式军事构想，要求美军能在 10 天内进入战斗准备并向预定地点出发，此后 30 天击败敌人并使其无力恢复有组织的反击，再后 30 天调整部署，并为到下一个地区执行新的战斗任务做好准备。

三是危机处理机制，如俄罗斯的紧急情况部和美国新成立的国土安全部，都将重点放在这方面。中国公安部也成立了反恐怖局，专门负责研究、规划、指导、协调、推动全国的反恐工作。纽约市则吸取“9 · 11”那天的惨痛教训，着力加强突发事件出现时警察、消防、正规部队、民防人员和医疗救护人员之间的协调。法国成立了一个新的部标安全小组，协调全国的反恐工作。2003 年 5 月美国展开为期 5 天的大规模恐怖攻击模拟演习。演习分别在西雅图、芝加哥和华盛顿特区等地举行，约 8500 人参加，目的是检验对恐怖攻击的反应能力。演习内容包括模拟遭到放射线或“脏弹”的攻击；恐怖分子进行生化武器攻击；类似肺炎等传染病爆发，数千名出现感冒症状的病人蜂拥到各地医院；美安全部门展开突击行动，逮捕恐怖攻击嫌疑人等。

四是全民动员机制，重点是在民众中加强反恐知识普及、反恐技能培训等，以提高全民的反恐意识，这一机制是前面三个机制的基础。如美国司法部近期开始实施“TIPS 计划”（恐怖情报与预防系统计划），在 10 大城市中训练 100 万居民作为监视恐怖分子的“耳目”，动员全民共同反恐。许多国家近期都在平民中组织了各个层次的反恐演习。当反恐联盟对塔利班和基地组织发动大规模围剿之时，许多国家都对国内的恐怖主义团伙重拳出击。在塔利班垮台的同时，“东突”恐怖主义团伙，乌兹别克伊斯兰运动，车臣恐怖主义集团，菲律宾的阿布·沙耶夫恐怖集团以及在东南亚十分活跃的伊斯兰祈祷团等都遭受了沉重打击。同时，国际反恐合作也在逐步形成的反恐联盟的基础上顺利发展。联合国继续发挥着主导和协调作用，在推动建立国际反恐法律体系，逐步巩固塔吉克斯坦民族和解的成果，努力促进阿富汗和平重建工作，积极寻求解决伊拉克问题的政治途径等方面取得了巨大成绩。欧盟、东盟、阿拉伯联盟、伊斯兰会议组织、亚欧会议等多边机制都在其框架内展开了反恐合作，各国之间的双方反恐合作机制也纷纷建立。各国在情报交换、切断恐怖分子财源、互相提供人道主义求援、共同研究、共同培训、联合演习等方面的双边和多边合作均取得了重要成果。

总之，恐怖主义给无辜的人民带来灾难，反恐怖主义是为了缓慢灾难。目前，越来越多的国家和人民已经认识到反恐斗争与反恐国际合作的必要性。我们相信，随着一个公正合理的国际新秩序的到来，并在此基础上，各国平等交往，和平共处，共享全球化带来的好处，促进全球文明进步，世界范围内的恐怖主义最终会彻底消失。

思考题：

1. 什么是战略环境？研究的主要内容是什么？
2. 当前国际战略环境的主要特征有哪些？
3. 当前国际战略格局的现状、特点和发展趋势是怎样的？
4. 我国安全环境的发展趋势及面临的主要挑战是什么？

第四章　军事高技术

20世纪60年代以来,高技术发展的浪潮,以锐不可当之势冲击着人类社会的各个方面。这场技术革命来势之凶猛、作用之巨大、影响之深远都是以往历次技术革命所不能比拟的高技术在军事领域的运用,引发了一场前所未有的新军事革命,使军事领域出现了许多革命性的变化。近几场局部战争表明:现代战争已进入信息时代,战场对话已经成为高技术武器装备的较量;谁拥有军事高技术,谁就能掌握更大的战争主动权,为获取战争胜利奠定了物质技术基础。

第一节　军事高技术概述

一、军事高技术的概念与分类

军事高技术是指建立在现代科学技术成就基础上,处于当代科学技术前沿,以信息技术为核心,在军事领域发展和应用的,对国防科技和武器装备发展起巨大推动作用的高技术的总称。它是当今高技术在军事领域的延伸。

当代军事高技术发展日新月异,范围十分广泛,分类也各种各样。根据中国高技术研究发展计划,即"863"计划,按照从高科技向军事领域自然延伸的角度,军事高技术可分为六大领域:信息技术、航天技术、海洋开发技术、生物技术、新材料技术、新能源技术。其中,信息技术是当今高技术群体的核心,新材料技术、航天技术和新能源技术是军事高技术发展的主要推动力,而生物技术和海洋技术在未来军事高技术的发展中将占据十分重要的地位。

如果从军事高技术与武器装备的关系出发,军事高技术也可分为两大类型:一是支撑武器装备发展的共性基础技术,主要包括微电子技术、光电子技术、计算机技术、新材料技术、高性能推进与动力技术、仿真技术、先进制造技术等;二是直接用于武器装备并使之具有某种特定功能的应用技术,主要包括侦察监视技术、伪装与隐身技术、精确制导技术、信息战技术、指挥控制系统技术、军事航天技术、核化生武器技术、新概念武器技术等。

二、军事高技术的主要特点

军事高技术是高技术的重要组成部分。它既具有高技术的共同特征,又有其自身的特点。除体现高技术"高效益、高智力、高投入、高竞争、高风险、高潜能、高速度"的基本特征外,军事高技术还体现出以下特征:

1. 发展的超前性

军事上的需求是军事高技术发展的主要动力。因此，军事高技术的研究、开发和应用通常总是超前于民用高技术。军事上的需求或国家安全的特殊重要性决定了各国都试图将军事高技术置于优先发展的战略地位，这就导致了军事高技术的发展往往超前于民用高技术的发展，即大多数高技术成果或者直接产生于军事领域，或者首先应用于军事领域，这已成为一种普遍规律。

2. 效果的突然性

翻开人类战争史可以清晰地发现，当军事高技术的发展，特别是理论上和技术上取得重大创新性突破时，往往会在军事上给对手造成突袭性或突然性的沉重打击。历史上，坦克、化学武器、原子弹、雷达、精确制导武器等新型装备的研制成功并在战争中得以使用，都曾带来过这种突然的作战效果。目前，美国、俄罗斯等军事大国和强国都高度重视从基础研究入手来发展军事高技术，如特别重视发展高能激光武器等新概念武器，主要目的就是力图获得能对别国造成军事上的突然性或突袭性的技术手段，以此来获得和保持军事上的明显优势。

3. 应用的双重性

作为高技术主要组成部分的军事高技术，也可大量地运用于民用领域，两者没有严格的界限区分。正是由于军事高技术的军民两用性，才为军事科研和军事工业转为民用提供了可能。冷战结束后，许多国家都把经济建设置于优先发展的战略地位，并将大量军事高技术成果转为民用，“军转民”成为一种时代潮流。军民结合已经并将进一步成为各国军事高技术发展的主要途径和基本模式。

4. 高度的保密性

由于军事高技术在国家安全和军事上的特殊重要性，致使各国都不遗余力地为获得最先进的军事高技术而努力，同时千方百计地刺探别国军事高技术的发展情况，以掌握对别国的技术优势或防止在技术上落后于人。为此，世界各国都从国家战略利益出发，保持对军事高技术的严格控制，而不会像民用高技术那样为了获取利润而轻易转让。例如，美国将军事高技术划分为渐进性技术、突破性技术和王牌技术三类，三类技术都严格保密，而且保密期限依据其作用不同而不同，更不会轻易向别国转让。可见，军事高技术的保密性远远超过民用高技术。

三、高技术对现代作战的影响

（一）军事高技术对武器装备的影响

高技术对武器装备的影响最迅速、最明显，它将直接促进武器装备的改进和发展，主要表现在以下几个方面：

一是提高了武器的杀伤效能。高技术的应用，将使各类武器向重量轻、体积小、射程远、速度快、威力大、精度高、机动能力强的方向发展，从而极大地提高了武器的杀伤破坏效能。

二是提高了武器系统的综合作战能力和自动化水平。以计算机技术为核心的自动化系统,把各种武器系统联为一体,把各军兵种联为一体,已被广泛地运用于战略、战役和战术各个领域,促使战场指挥控制一体化,从而提高了武器系统的综合作战能力,并实现了信息的获取、传输、处理和显示的自动化,武器管理、控制的自动化,作战指挥、决策的自动化。

三是提高了武器装备的生存能力。主要是运用高技术对武器装备进行抗毁加固,并提高其灵活机动和防探测的性能,从而使其生存能力得以提高。

四是提高了武器装备全天时、全天候的作战能力。夜视技术、红外热成像和雷达成像等各种高技术的广泛应用,大大提高了武器装备在夜间和不良气象条件下的作战能力。

五是提高了武器装备的可靠性和可维修性。可靠性和可维修性是武器系统持续作战能力的两个关键条件。高技术的发展,为提高可靠性和可维修性提供了有效的手段,如采用模块设计技术、故障诊断技术、计算机辅助设计技术及内部自测技术等,可减少武器装备的故障和返修率,并便于检查和维修。

六是促使新型武器系统的诞生。高技术的应用,将直接促使新型武器系统的诞生,如人工智能武器系统、隐身武器、计算机病毒武器、基因武器等,已经部分应用或即将装备部队。

(二)军事高技术对作战理论的影响

由于高技术在军事领域的广泛运用,有力地推动了军事理论的变革和发展。其主要表现在:

一是改变了空间观。高技术条件下,更加强调夺取作战胜利必须夺取对作战空间的控制权,其中主要是信息控制;同时,由于信息技术和远战兵器的广泛运用,使远近观也发生了明显的变化,作战对手不但有来自对面的,还有来自空间各个领域的,未来作战指挥必须建立"多维"的战场空间观。

二是改变了集中观。高技术条件下,不再是简单的兵力、兵器和作战物资的集中,而是以信息优势为主的战斗效能的集中,如美军把"在决定的时间与地点集中战斗力"这一点改为"在决定的时间与地点集中优势战斗力的效能"。

三是改变了对时空观的传统认识。传统的以空间换取时间或以时间换取空间的认识都会被改变,只有综合考察信息技术所强调的高节奏、高速度,同时把握时间和空间上的优势,才能取得作战的胜利。正如海、空军和核武器的出现推动了"制海论"、"制空论"和"核威慑论"出现一样,高技术兵器的出现和发展,必然产生与其相适应的军事理论。一方面高技术的开发为军事理论的发展提供了物质基础,另一方面军事理论的发展又对高技术的开发起到了导向作用。

(三)高技术对作战方式的影响

高技术在军事上的应用将有力地改变战争的面貌,引起作战方式的变革。可能出现诸如外层空间的军事冲突和更多的小型局部战争,但也不能完全排除全面战争、特种战争、星球大战和规模较大的高技术战争等新的战争样式。至于核武器,人们正从高技术中寻找积极的防御手段。高技术的发展有可能成为核武器的克星,从而打破核垄断、核均势,避免核大战。

现代局部战争的实践表明,电子战、火力战、空战、坦克战已成为高技术战争的主要作战样式。此外,还可能出现化学战、生物战、激光战、机器人战等形式,在空中、陆地、海洋甚至太空中展开,所以说未来的作战方式将更加复杂多样。

(四)高技术对作战指挥的影响

由于战争手段的高技术化,军队的侦察能力、预警能力、机动能力、快速反应能力、突击能力大为提高,战争也更具有突然性、立体性、协同性;战争规模更大、强度更高、节奏更快;作战方向和战场态势瞬息万变,捕捉战机极为困难,战斗空前紧张激烈;作战指挥范围大、内容广、头绪杂、信息多、决策难。这对指挥的时效性、隐蔽性、稳定性、协同性提出了更高的要求,因而使战争的组织指挥空前复杂。为了赢得战争的胜利,建立现代化的指挥系统,提高指挥效率,保证指挥灵活、可靠、高效、稳定、隐蔽、保密地进行是一个关键问题。高效能的指挥取决于及时而准确的情报,安全而通畅的联络,正确的分析、判断和决策。传统指挥手段很难满足以上需要,因而必须求助于指挥控制的现代化。

军事高技术的发展给现代战争带来的新变化,还远远不止这些。随着新军事革命的兴起及其在全球范围内的迅速拓展,未来战争还将出现更多新的变化。

第二节 精确制导技术

精确制导武器是在现代局部战争需求牵引和新技术革命推动下出现的高技术武器,它在现代战争中尤其是近期的几场局部战争(如海湾战争、科索沃战争和伊拉克战争)中显示出了超常的作战效能,对战争的进程和胜败起到了重要的作用。可以预见,精确制导武器在未来战争中将更受重用,世界各国也将进一步研究新的制导技术,推动精确制导武器的发展。

一、精确制导武器概述

(一)精确制导武器的含义

精确制导武器是指采用高精度探测、控制及制导技术、能够有效地从复杂背景中探测、识别及跟踪目标,并能从多个目标中选择攻击对象且高精度命中其要害部位,最终摧毁目标的武器装备。通常泛指命中精度很高的制导武器。它是以微电子技术、计算机技术和光电转换技术为核心,以自动控制技术为基础发展起来的军事高新技术。

"精确"就是十分准确。武器装备的精确主要指武器的战斗部直接命中概率大于50%的制导武器。直接命中的含义是指制导武器的圆概率误差(也叫圆公算偏差,表示符号 CEP,即英文 Circular Error Probable 的缩写)小于该武器的杀伤半径。圆公算偏差是指以目标中心为圆心,画一个包含50%弹着点的圆,该圆的半径称圆公算偏差。例如:"战斧"式巡航导弹的 CEP 值为9米,意指若发射100枚此类导弹,则至少将有50枚以上落入半径为9米的目标圆域以内。制导武器的圆概率误差值越小,命中精确越高。对于为什么要把精确制导武器的直接命中概率定为50%,这主要是因为这个指标不仅反映了当前精确制导武器的水平,而且基本上能够满足现代战争对武器命中精度的要求。

"制导"就是控制和引导。操纵人员通过某些设备使武器沿着一定的飞行路线击中目标、摧毁目标,这个过程就是制导。导引和控制导弹按预定的轨道调整其飞行路线,并导向目标的全部装置叫制导系统。通常分为:自主制导系统、寻的制导系统、遥控制导系统、复合制导系统等。

(二)精确制导武器的特点

随着精确制导武器在高技术战争中的广泛应用,世界各国十分重视对精确制导武器的研制。精确制导武器之所以在现代战争中的地位越来越重要,是因为相对于其他常规武器,其特点十分鲜明。

(1)命中精度高。精确制导武器的基本特征是命中精度高,要使直接命中目标的概率达到50%以上,就要求对点目标的圆概率误差(CEP)在0.9米以内;对普通地域目标的圆概率误差在3米以内。

(2)技术含量高。精确制导武器的关键技术是探测技术、高速信号处理技术和精确控制技术,这些技术是以光电器件、集成电路和计算机等先进技术为基础的。

(3)作战效能高,精确制导武器的技术复杂,单发武器成本比较高,但它的作战效益更高。例如,一枚数万美元的反坦克导弹可以击毁几百万美元一辆的坦克;一枚百万美元的防空导弹可以击落几千万美元一架的飞机;20万美元一枚的"飞鱼"反舰导弹曾击沉了一艘价值2亿美元的"谢非尔德号"驱逐舰。

精确制导武器充分采用现代先进技术后,还可以成为大威力的武器。例如美国和北约研制的"多管火箭发射系统"可一次齐射12发火箭弹,每发火箭弹内装6枚毫米波末制导的子弹头,共72枚子弹头,它可以摧毁30千米射程内的一个坦克连的13辆坦克。其作战效能相当于一枚战术核武器,但却没有核武器的大爆炸当量和核效应所造成的其他影响。

二、常用的精确制导技术

精确制导技术按所用技术类型可分为无线电制导、红外制导、激光制导、电视制导、雷达制导和声制导等制导技术;按控制导引的方式可分为自主式制导、寻的式制导、指令式制导、波束式制导、图像匹配式制导和复合式制导等制导技术。

其中常用的制导技术有寻的制导、遥控制导、惯性制导、匹配制导、卫星定位制导和复合制导等技术。

(一)寻的制导

寻的制导,又称自寻的制导。主要特点是通过弹上的导引系统(导引头或导的器)感受目标辐射或反射的能量,自动跟踪目标,导引制导武器飞向目标。寻的制导的精度很高,但作用距离比较短,因而多用作末段制导。

自动寻的制导系统的技术途径是多样的,按感受的能量(波长)可分为微波寻的制导、红外寻的制导、电视自动寻的制导和毫米波寻的制导等;根据目标信息的来源,又可分为主动、半主动和被动式寻的几种制导方式。

1. 微波寻的制导

微波寻的制导是利用目标反射或本身辐射的微波作为精确制导武器捕获探测目标的信息,可分为主动、半主动和被动式三种制导方式。

2. 红外自动寻的制导

红外自动寻的制导是利用红外探测器捕获和跟踪目标自身辐射的红外能量来实现寻的制导,并且分为红外非成像制导和红外成像制导两大类。

红外非成像制导是早期使用的一种红外寻的制导体制。缺点是受云、雾和烟尘的影响大,并且会被曳光弹、红外诱饵、阳光和其他热源干扰。

与红外非成像制导系统相比,红外成像制导系统有更好的目标识别能力和更高的精度,它甚至可以攻击目标的最薄弱部位,全天候作战能力和抗干扰能力也有较大提高。

3. 电视寻的制导

电视寻的制导是利用装在精确制导武器头部的电视摄像机获取目标信息。由于电视的分辨率高,可提供清晰的目标景色,不仅制导精度很高,而且善于鉴别真假目标,同时不受电磁干扰。它的主要缺点是受气象影响大,在能见度低的情况下作战效能差,夜间不能使用,因此不如红外制导系统应用广泛。

4. 毫米波寻的制导

毫米波寻的制导正处于研究开发和推广使用阶段。毫米波是指波长为1~10毫米,对应频率为30~300千兆赫的电磁波。它介于微波与红外波段之间,兼有两个波段的特性,是高性能制导系统比较思想的折中选择频段。毫米波制导既避免了电视、红外制导系统全天候能力差的弱点,又比微波制导精度高、抗干扰性强,并且由于毫米波制导系统的天线和其他元器件尺寸小,重量轻,所以特别适合于在弹体尺寸小的精确制导武器上使用,甚至可以装在制导炮弹的子弹头上。

(二)遥控制导

遥控制导是以设在精确制导武器外部的制导站来测定目标和精确制导武器的相对位置,然后引导精确制导器飞向目标。遥控制导又可分指令制导和波束制导两大类。

1. 指令制导系统

指令制导系统由制导站和装在精确制导武器上的控制设备组成。制导站根据制导器在飞行中的误差计算出控制指令，将指令通过有线或无线的形式传输到制导武器上，控制它的飞行轨道，直至命中目标。

有线指令制导系统主要用于射程为几千米的反坦克导弹，它依靠射手目视观测发现目标并进行定位和制导，在能见度良好、地形平坦开阔、射手操作熟练的情况下，有很高的命中精度。

有线指令制导系统可分为靠射手目视弹尾火焰进行视线跟踪的"人工有线指令制导系统"和靠红外测角仪与计算机交联后进行角跟踪控制的"半自动有线指令制导"两类。

人工有线指令制导系统通常由制导控制装置、光学瞄准镜、操纵手柄、控制手柄和控制导线等组成。其制导原理是操作手通过光学瞄准镜瞄准目标和跟踪导弹，判断出导弹的飞行偏差，操纵控制手柄，给出控制指令，指令经控制导线传送给导弹，制导导弹飞向目标。像苏联的第一代反坦克导弹"萨格尔"(AT－3)就属于人工有线指令制导。

2. 波束制导

波束制导系统由指挥站和精确制导武器上的控制装置组成，指挥站发现目标后，对目标自动跟踪并通过雷达波速或激光波束照射目标，当精确制导武器进入波束后，控制装置自动测出其偏离波束中心的角度和方向，控制精确制导武器沿波束中心飞行，直至命中目标。

波束制导系统的控制装置比较简单，成本较低，为使制导的精度高，波束应当很窄，但波束窄又很难将精确制导武器引导到波束中去。为解决这个矛盾，指挥站通常要发出宽窄不同的两个波束，两个波束的中心线重合，宽波束用来引导精确制导武器进入波束，当精确制导武器进入宽波束后，就要用窄波束来制导，以提高制导精度。

波束制导的优点是可以同时制导数枚精确制导武器，并且由于控制装置直接接收波束能量，不易受到干扰。其缺点是在整个攻击过程中，指挥站必须不间断地以波束照射目标，这样指挥站连同载体很容易受到对方攻击，而且这种制导方式缺乏同时对付多个目标的能力。

(三)惯性制导技术

惯性制导技术是利用惯性测量设备测量导弹运动参数，并修正导弹运动偏差的制导技术。惯性制导系统全部安装在弹上，主要有陀螺仪、加速度表、制导计算机和控制系统。

采用此类制导技术的多是中远程导弹，一般用于攻击固定目标，因此制导程序和初始条件是预先输入弹载计算机的，导弹飞行过程中，计算机根据惯性测量装置测得的数据和初始条件给出制导指令，弹上控制系统根据指令导引导弹飞向目标。

惯性制导是一种自主制导技术，具有抗干扰性强、隐蔽性好、不受气象条件的影响等优点。

它的主要缺点是制导精度随飞行时间（距离）的增加而降低。因此，工作时间较长的惯性制导系统，常采用其他制导方式来修正其积累的误差，这就构成了复合制导。

（四）匹配制导

匹配制导分为地形匹配制导和景象匹配制导两类。前者又称地图匹配制导，后者又称数字景象匹配区域相关制导或区域相关制导。

地图匹配制导系统通常用来作为修正远程惯性制导的导弹在中段和末段制导中的误差。其方法是：把选定的飞行路线中段和末段下方的若干地区的地面特征图，预先存贮在弹上，当飞行到这些地区时，将导弹探测器现场实测到的地面图像同预先贮存的地面图像作相关对照，检查两者的差别，根据地图对应的误差计算出导弹的飞行误差，再由弹上的计算机算出控制指令，修正导弹的航向使之沿预定的航线飞向目标。

地图匹配制导的制导精度与射程无关，即使射程达几千千米，也可达到较高的精度。目前，地图匹配制导精度已达到圆概率误差几十米的水平，今后将进一步减小。

景象匹配制导的工作原理与地形匹配制导相似，是利用弹载"景象匹配区域相关器"获取目标区域景物图像数字地图（灰度数字模型/地图），将其与预存的参考图像（灰度数字地图）进行相关处理，从而确定导弹相对于目标的位置。

（五）卫星定位制导

卫星定位制导又称全球定位系统（GPS）制导。它的工作原理是利用弹上安装的 GPS 接收机接收 4 颗以上导航卫星发出的信号来修正导弹的飞行路线，提高制导精度。

它可代替地形匹配制导，与地形匹配制导的作用相似，但攻击前的准备工作要简便得多，所以可缩短制定攻击计划所需时间，也可用来攻击非预定目标。

（六）复合制导

每一种制导方式都有优缺点，如能取长补短则能趋利而避害，所以精确制导武器一般都要用两种以上的制导方式构成复合制导系统，这样不仅提高了制导精度而且增强了抗干扰的能力。

第三节　侦察与监视技术

现代侦察与监视技术是指侦察、发现、识别、监视、跟踪目标并对目标进行定位所采用的技术。

一、空间侦察与监视技术

空间侦察与监视是利用航天器上的光电遥感器和无线电接收机等侦察设备获取侦察情报的技术。空间侦察与监视的主要特点:一是轨道高,发现目标快,侦察范围广,可在短时间内侦察辽阔的地域;二是可长期、反复地监视全球,也可定期或连续地监视某一地区;三是可在短期内或实时地提供侦察情报,能满足军事情报的时效性要求;四是不受国界和地理条件的限制。

目前世界上应用较多的空间侦察与监视设备包括:成像侦察卫星、电子侦察卫星、预警卫星、海洋监视卫星。

(一)成像侦察卫星

雷达成像卫星是20世纪80年代末、90年代初发展起来的一种新型侦察卫星,由于其功力不凡,一出现便备受青睐。到目前为止,能够掌握成像侦察技术的国家有美国、俄罗斯、中国、法国和以色列等国,其中以美国历史最久,水平最高。

照相侦察卫星的侦察设备包括可见光像机、红外像机、多光谱像机、合成孔径雷达以及电视摄像机等,它们各有自己的特点和用途。其中可见光像机能获得最佳的地面分辨率,图像资料直观,易于辨读;多光谱和红外像机能够识别伪装,监视夜间的军事行动;合成孔径雷达可实现全天候全天时侦察;电视摄像机可进行近实时侦察,缩短获取情报的时间。

(二)电子侦察卫星

电子侦察卫星上装有侦察接收机和磁带记录器,当卫星飞经敌方上空时,将各种频率的无线电波信号记录在磁带上,在卫星飞经本国地球站上空时,再回放磁带,以快速通信方式将信息传回。其任务有两个:一是侦察敌方雷达的位置,使用频率等性能参数,为战略轰炸机、弹道导弹的突防和实施电子干扰提供数据;二是探测敌方军用电台和发信设施的位置,以便于窃听和破坏。电子侦察卫星是夺取现代战争制电磁权的重要力量之一。

(三)预警卫星

导弹预警卫星主要任务是监视地面弹道导弹的发射情况,卫星通常位于地球同步静止轨道或周期约12小时的大椭圆轨道。随着技术的发展,低轨道的预警卫星群也将出现。卫星利用星上的红外探测器,探测导弹主动段飞行期间发动机尾焰的红外辐射,配合使用电视摄像机及时准确地判明导弹发射。在地球同步静止轨道上的一颗预警卫星就可昼夜监视地球上大约1/3的地面,只要导弹一发射,卫星在90秒就可发现,经传输过程,约三四分钟就可将预警信息传到指挥中心。对洲际弹道导弹可取得25分钟预警时间,对潜射导弹可取得15分钟预警时间。

(四)海洋监视卫星

海洋监视卫星主要用来对海上舰船和潜艇进行探测、跟踪、定位、识别,监视其行动,获取军事情报,包括电子侦察型和雷达型两种。前一种实际上就是上面介绍过的电子侦察卫星，只不过监视对象不是陆上的雷达和电台，而是水中舰船发出的无线电信号；后一种卫星上装有大孔径雷达，可以不依赖对方发射信号而主动探索目标，其精度比电子侦察型更高。由于所要覆盖的海域广阔，探测的目标又多是活动的，因此海洋监视卫星的轨道比较高，并多采用几颗卫星组网的侦察体制，以达到连续监视，提高探测概率和定位精度的目的。

二、空中侦察与监视技术

空中侦察与监视是指用航空器在环绕地球的大气空间，对敌方军队及其活动、阵地、地形等情况进行的侦察与监视。在两次世界大战当中，空中侦察发挥了重要的作用。

现代空中侦察与监视设备主要包括预警机、有人驾驶侦察机、无人驾驶侦察机和侦察直升机。

（一）预警机

预警机是空中预警和控制系统飞机的简称，是空中侦察与监视系统的一个重要组成部分。预警机通常由载机以及监视雷达、数据处理、数据显示与控制、敌我识别、通信、导航和无源探测等 7 个电子系统组成。具有低空性能好、监视范围大、生存能力强、指挥控制能力强和灵活机动等特点，能够集预警和指挥、控制、通信功能于一体，起到活动雷达站和空中指挥中心的作用。

（二）有人驾驶侦察机

有人驾驶侦察机通常分为两类：一类是专门设计的侦察机，另一类是由各型飞机改装的侦察机。专门设计的侦察机一般要具备两项基本性能，一是生存能力强，二是侦察容量大。

专门设计的侦察机虽然有许多优点，但由于技术复杂，研制周期长，生产数量有限，成本较高，不经济。因此，由各型飞机改装的侦察机比较多。

（三）无人驾驶侦察机

无人驾驶侦察机是 20 世纪 60 年代初发展起来的，近期世界几场局部战争的实践证明，无人驾驶侦察机比有人驾驶侦察机具有更多的优点：一是可用性高，能用于完成危险性比较大、不宜使用有人驾驶侦察机的侦察任务；二是体积小、发动机功率低、红外辐射少，不易被发现和击落；三是机动灵活，可用卡车运到没有机场的地方起飞，也可装进运输机空运至前线发射。

无人驾驶侦察机能携带可见光照相机、电视摄像机、前视红外遥感器及侧视雷达等。可见光照相机可进行高空及低空摄影；电视摄像机能及时把侦察图像传送回地面站；侧视雷达能在距敌一定距离进行侦察，可全天候使用。但无人驾驶侦察机需要很多人维护，操作复杂，地面与飞机的通信、控制线路以及飞机向地面传送侦察数据的线路易受到电波的干扰和地形的影响。所以，它只能与有人驾驶侦察机互为补充而不能取代。

(四)侦察直升机

用直升机进行侦察的主要方法有目视规察、航空摄影和借助无线电电子器材进行侦察。

用直升机进行战场侦察有其独特的优势,因为直升机能在狭小的场地(如林中空地、市内广场、舰艇甲板等)上起降,能紧靠指挥员及司令部驻扎,便于根据他们的需要进行侦察;能在很低的高度(距地面10~15米、距海面1米)上实施侦察,且飞行速度不大,有利于对地面进行更细致、更准确的观察,从而提高所获情报的可靠性;能够悬停于空中,便于从己方区域对敌整个战术纵深内的活动目标进行监视。

三、水下(面)侦察与监视技术

在未来战争中,海战场将是一个十分重要的战场。同时,未来的海战场环境将更加复杂,各种军用舰艇要在这样复杂的环境中进行作战,首要的就是具备先进的、立体化的侦察与监视系统,以便能够在早期发现来自空中、水面、水下的敌人,从而先机开火,赢得战争的主动权。通常用于水下侦察与监视活动的是声纳和水下电视,用于水面侦察与监视活动的是水面舰艇舰载雷达。

(一)声纳

声纳是一种水下侦察武器,它的工作过程是:先由声纳发射机产生电信号,然后通过换能器基阵,把电信号变换成声信号,向海水中发射出去。声信号在传播过程中遇到目标时则反射回来,再经换能器基阵转换成电信号,输送给接收机。接收机经过排除干扰和选择有用信号、放大等处理后,形成了真实目标的电信号,在显示器的荧光屏上显示出目标图像,并输送给扬声器和耳机,即可进行听觉判断,确定出目标的距离、方位、下潜深度等数据,作为武器指挥系统对目标实施攻击的依据。

由于上述声纳是靠本身发射声波并通过接收回波探测目标的,故称为主动式声纳。如果本身不发射声波,只靠接收目标发出声波的,则称为被动式声纳。主动式声纳的探测距离以数十海里为限,为了获得更远的探测能力,各国都在努力研制被动式声纳。

(二)水下电视

先进的声纳成像设备虽然能提供水下目标的轮廓图形,但分辨率不算太高;胶片摄影机可以拍出清晰的景物,但图像却是静止的。为了得到连续实时的运动目标图像,被称为“海洋内窥镜”的水下电视进入了军事领域。

水下电视摄像机的载体是水下蛙人或潜水器。蛙人携带摄像机通常只能在浅海区作业,潜水器(或潜艇)携带的摄像机,则可在不同深度的海区作业。

当前,有些国家研制的高级潜水器以带拖的遥控型无人潜水器为主,由人在水面舰船或潜艇的控制台上对潜水器进行遥控,潜水器载有水下电视摄像机和声纳等传感设备,潜航深度可达数百米至数千米。这些高级潜水器将主要用于潜艇战和反潜战、水雷战和反水雷战。

(三)水面舰艇舰载雷达

为了对付来自导弹、飞机和潜艇的多方面的威胁,在水面舰艇上装有各种各样的雷达,其中用于侦察与监视的主要有警戒雷达、侦察雷达和识别雷达几种。

警戒雷达又分为对空警戒雷达和对海警戒雷达两大类,它们的主要任务是监视敌方的飞机、导弹和舰船等目标,为舰船提供准确的海空与海面情报。军舰能否做到早期发现目标,在很大程度上取决于其警戒雷达的探测能力。

四、地面侦察与监视技术

地面侦察与监视是一种传统的侦察与监视方式,它是在陆地上进行的侦察与监视。地面侦察与监视手段很多,除了常见的光学侦察(如望远镜、侦察经纬仪、测距机、地面远程摄影机等)外,主要包括无线电通信侦察、雷达侦察、地面传感器侦察及炮射电视等。

(一)无线电通信侦察

无线电通信侦察是使用无线电收信器材,截收和破译敌方无线电通信信号,查明敌方无线电通信设备的配置、使用情况及其战术技术性能,以判明敌人编成、部署、指挥关系和行动企图,为制定电子对抗作战计划,实施通信干扰和引导火力摧毁提供依据。

由于无线电通信侦察具有侦察距离远,速度快,工作隐蔽,受环境、地形、气候等自然条件影响小的特点,因此世界各国都十分重视运用这一手段。

无线电通信侦察包括侦听和测向定位两个方面。无线电通信侦听主要是运用电波传播、信号及联系三个规律来实施侦察,它能够在不知道敌方通信地点、通信制度、工作频率、调制方式、记录方法等情况下,实施并完成无线电通信侦听任务。

(二)雷达侦察

雷达侦察是利用物体对无线电波的反射特性来发现目标和确定目标状态(距离、高度、方位角和运动速度)的一种侦察手段。雷达侦察具有探测距离远、测定目标速度快、精度高、能全天候使用等特点,在战场上应用十分广泛,成为现代战争的一种重要侦察手段。

在侦察与监视活动中,常用的有用于警戒和引导的雷达及战场侦察雷达。

用于警戒和引导的雷达主要有对空情报雷达、对海警戒雷达、超视距雷达和弹道导弹预警雷达。

战场侦察雷达大致分为三类:第一类是短距离(3~5千米)单兵使用雷达,可以人背或支在三角架上,携带方便。由于它的功率低,天线矮,只能探测近距离范围的车辆,一般作为报警装置,测距误差小于50米;第二类可由几人携带或安装在车辆上,重几十千克,能探测5~8千米处的车辆;第三类是远距离(20千米左右)

炮位侦察雷达。它能跟踪打来的两发炮弹,用计算机算出它们的弹道,并根据两条弹道的交会点,算出炮阵地的位置。新的炮位侦察雷达,只要测出一发炮弹的两个点,就能算出弹道和炮位,这种雷达多用车载,作用距离为 20～30 千米。

(三)自动地面传感器侦察

自动地面传感器是 20 世纪 60 年代出现的一种辅助性战术侦察器材,可用飞机空投、火炮发射,也可用人工埋设到交通线上和敌人可能入侵的地段,用来执行预警、目标搜索、目标监视等项任务。目前大量使用的地面传感器有:震动传感器、音响传感器、磁性传感器、红外传感器、压力传感器等。

1. 震动传感器

震动传感器类似于记录地震和原子弹爆炸震波的地震仪,主要用来接收由于人员或车辆活动而造成的地面震动信号,分空投式和地面安放式两种,可探测到 30 米远处行走的人员或 300 米处行进的车辆。

2. 声响传感器

声响传感器的工作原理与麦克风和调频发射机的工作原理相同。

3. 磁传感器

磁传感器又称"遥控电磁传感器",其工作原理与金属检测器相同。当由黑色金属制成的物体,如步枪、车辆等进入磁传感器的探测范围时,传感器便发现、报警,其探测范围一般为 15 米。

4. 红外传感器

红外传感器分为有源式和无源式两种。有源式红外传感器的工作原理与自动开门器的工作原理相同,即当传感器发出的红外光线被切断时,传感器便启动,同时监控站的警报器报警,一般来说,红外传感系统是一种直视探测装置,直视探测距离约为 100 米。无源式红外传感器的工作原理与热动开关的工作原理相似,当温度发生突然变化时,传感器便启动。这种装置很灵敏,在 15 米范围内,人的正常体温足以启动该装置。

5. 压力传感器

压力传感器只有在被侦察目标对地面产生一定压力的情况下才产生作用。基本的压力传感系统包括两个注满水的软管,将其埋设在约 46 厘米深的地下,当附近地面产生压力时,监控站的警报器便报警。

(四)炮射电视

在战场上,当指挥员迫切需要了解数千米之外一时无法进入地区的情况时,可以借助于炮射电视。炮射电视是 20 世纪 70 年代出现的一种小型电视,电视摄像机装在炮弹中,炮弹中除电视摄像机外,还装有发射机、天线、电池和降落伞。火炮将炮弹发射到预定地区的上空时,弹上的引信起爆,将弹内装的电视摄像机等抛出,随后降落伞张开,从 1000 多米高的空中缓缓下降,与此同时,电视摄像机开始工作。摄像机视场为35°,拍摄面积可达300米×200米,能分辨出地面上2米大小的目标。电视信号通过发射机实时传回接收站,并在荧光屏上显示出目标图像,使指挥员看到亟于了解的情况,以便及时作出决策。

第四节 隐身技术

在现代战争中,为了更有效地"保存自己,消灭敌人",隐身技术得到长足的发展。它已被应用于研制隐身飞机、隐身导弹、隐身坦克、隐身舰船等各种隐身武器。随着隐身技术的发展和应用,在未来战场上将出现越来越多的各种隐身武器。这将大大提高武器装备的生存能力、突防能力和作战效能。

隐身技术又称作隐形技术,或"低可探测技术",它是通过降低武器装备等目标的信号特征,使敌方探测系统难以发现、识别、跟踪和攻击,或使敌方探测系统发现、识别、跟踪和攻击的距离缩短的综合技术。

一、雷达隐身技术

雷达是进行侦察探测活动的主要装备之一,雷达隐身技术也就自然成为世界各国重点研究发展的隐身技术。

雷达发射出的电磁波遇到金属目标时会发生反射。由于军事目标(如飞机、导弹等)的形状很复杂,雷达波照到目标上会在各种不同的方向上发生反射(散射)。对单站雷达而言,只有与入射波方向一致的那部分反射波才会被雷达接收。目标的隐身能力要强,就必须减弱雷达所能接收到的反射波,即减小目标的雷达散射截面积。

雷达散射截面积与许多因素有关,其中包括目标本身的几何尺寸与形状、材料、目标视角、雷达频率及电波的极化等。要提高飞行器的雷达隐身能力,主要应从影响雷达散射截面积的这些结构外形出发,采用隐身外形设计来减小雷达散射截面积。此外,还可以通过采用隐身材料和雷达波消除技术等来减弱回波的信号强度。

目前,已经采用的或正在研究的基本的雷达隐身技术主要有隐身外形技术和隐身材料技术。

1. 隐身外形技术

通过对雷达工作波长与目标的几何形状、外形尺寸进行对应分析表明:目标的几何形状不同,其雷达散射截面不一样;雷达波长与目标外形尺寸的比例不同,对雷达散射截面有着不同的影响。就目标整体而言,投影面积相同的方形体和球形体,前者的雷达散射截面积的最大值比后者大4个数量级。而同一目标的不同部位,具体外形设计原则又有明显差异。例如,要消除产生角反射效应的组合,采用平板外形代替曲面外形,变后向散射为非后向散射;合理设计发动机进气和排气系统;减小辐射源数量,尽量消除外露凸起部分;采用遮挡结构;为缩小兵器尺寸,采用高密度燃油及适应这种燃油的发动机等。

2. 隐身材料技术

雷达吸波材料按工作原理分为三大类:谐振型吸波材料、宽频带型吸波材料和综合型吸波材料。谐振型吸波材料是一种夹层结构,通过在不同表面的反射波能发生相位相反的相消干涉而吸收雷达波的能量。宽频带型吸波材料包括介电型、铁磁型和新机理型吸波材料三类。实际作用中往往是将谐振型吸波材料和宽频带型吸波材料组合在一起形成综合型吸波材料。

另外,国外发展的其他雷达隐身技术还有有源与无源电磁干扰和微波传播指示技术等。

二、红外隐身技术

随着红外侦察、红外制导技术的发展,与之相对抗的红外隐身技术也迅速发展起来。它是指抑制目标在敌方红外探测系统方向上的红外辐射,以降低敌方红外探测系统对目标的探测概率的技术。

红外隐身技术大致可以概括为改变红外辐射波段、降低红外辐射强度和调节红外辐射的传输过程。

1. 改变红外辐射波段

通过改变红外辐射波段,使飞机等目标的红外辐射波段处于探测器的响应波段之外,或者使目标的红外辐射避开大气窗口而在大气层中被吸收和散射掉,从而达到隐身的目的。具体技术措施是:采用可变红外辐射波长的异型喷管,在燃料中加入特殊的添加剂改变红外辐射波长。

2. 降低红外辐射强度

这是红外隐身的主要技术手段,已采用或正在研究的措施有:飞机采用散热量小的高涵道比涡轮风扇发动机,坦克采用陶瓷绝热发动机等,以降低目标的红外辐射强度。

用金属—石棉—金属夹层材料制作飞机发动机舱的衬里,以对发动机进行隔热,防止发动机热量传给机身,降低飞机的红外特征。

飞行器表面涂敷红外隐身涂料,在涂料中加入隔热和抗红外成分,以抑制目标表面温度和降低发射率。改进发动机喷管的设计,如采用S形二元喷管或矢量推力二元喷管等,降低排气温度或提高排气冷却的速度,从而减小排气红外辐射强度。

利用气溶胶屏蔽发动机尾焰的红外辐射。如将含有直径为1~10微米的金属化合物微粒的环氧树脂、聚乙烯树脂等可发泡的高分子物质,随气流一起喷出,在空气中遇冷便雾化成悬浮状泡沫塑料微粒,可有效地遮挡或屏蔽红外辐射,同时还可干扰雷达、激光和可见光探测。

使用新的燃料降低排气的红外辐射。采用闭合回路冷却系统，把载荷设备(如座舱和机载电子设备等)产生的热集中传给燃油，以减少目标的热辐射。这是SR—71“黑鸟”侦察机上使用的一项开拓性技术。

3.调节红外辐射的传输过程

直升机动力排气系统的红外抑制器就有这种功能，因而能有效地抑制红外探测器威胁方向的红外辐射特征。

此外，还可采用红外干扰措施，如用红外干扰信号，投放红外诱饵等。

由于各种军用目标的红外辐射特征不同，所采用的红外隐身技术措施的侧重点也就不同。例如，飞机的红外辐射源较多而又较强，因而红外隐身技术要综合采用上述多种措施；直升机主要通过改变发动机排气方向来控制红外特征；巡航导弹的主要红外辐射源是发动机的喷口和尾焰，因而应把改进发动机结构形式、降低尾焰温度及改变尾焰的空间分布等作为红外隐形技术的重点；对于弹道导弹弹头，载入段的气动加热是其红外隐身的重点，可采用纳米波红外隐身涂层、长波红外烟雾遮蔽技术、双向异性多层薄膜涂层等降低弹头的红外特征。

三、电子隐身技术

电子隐身技术主要是抑制武器装备等目标自身的电磁辐射。为了使目标不被性能越来越高的电子侦察系统(如地对空雷达干扰系统和通信干扰系统等的侦察接收机)发现，作为抑制目标本身所发生的电磁信号特征的电了隐身技术已发展成为一种重要的隐身技术。目前采用的主要技术措施有：

(1)减少无线电设备。如用红外设备代替雷达；用激光高度表代替雷达高度表；用全球定位系统或天文惯性导航系统代替无线电导航系统等。

(2)采用低截获概率技术改进电子设备。如采用发射功率自动管理技术；在时间、空间和频谱方面控制无线电设备的电磁波发射；采用被动雷达等电子探测系统等。

(3)减小电缆的电磁辐射。如尽量缩短各种电子设备的距离；用光缆代替电缆等。

(4)避免电子设备天线的被动反射，如将天线做成嵌入目标体内的结构，不使用时收回体内等。

(5)对电子设备进行屏蔽。

四、可见光隐身技术

可见光隐身技术就是通过减少目标与背景之间的亮度、色度和运动对比特征，达到对目标视觉信号的控制，以降低被可见光探测系统发现的概率。目前投入使用和研究提出的可见光隐身技术措施主要有：

(1)改进目标外形的光反射特征。如飞机采用平板或近平板外形的座舱罩代替曲面外形的座舱罩,以减少太阳光反射的角范围和光学探测器瞄准、跟踪的时间等。

(2)控制目标的亮度和色度,以使目标与背景的亮度和色度匹配。如涂敷迷彩涂料或挂伪装网;涂敷能随环境亮度变化而变化自身亮度与色度的涂料;用有源光照亮目标低亮度部位等。

(3)控制目标发动机喷口的火焰和烟迹信号。如采用不对称喷口、转向喷口或喷口遮挡;使燃料充分燃烧或在燃油中加入添加剂以减少烟迹;飞机在战术运用上不进入拉烟层等。

(4)控制目标照明和信标灯光。如对夜间照明和信标灯光多的目标实行灯火管制;对必要的灯光在一定的角度范围内进行遮挡等。

(5)控制目标运动构件的闪光信号。

五、声波隐身技术

声波隐身技术就是研究减弱目标向周围介质的噪声传播,从而达到降低目标被对方声探测设备发现的概率的一种技术。目前研究的主要技术措施有:

(1)发动机和辅助机采用超低噪声设计。

(2)采用吸声和阻尼声材料、减振和隔声装置。如采用双弹性支撑基座、橡胶和软塑料坐垫和履带、隔声罩、消声器、消声瓦等。

(3)减小旋桨对介质的扰动噪声,如增加旋桨叶数并降低旋速,舰艇采用主动气幕降噪法等。

(4)合理进行目标整体设计,以避免发生共振现象。

第五节 夜视技术

夜视技术是在1930年研制出红外光电阴极的基础上发展起来的,在军事上的应用始于第二次世界大战。目前,以夜视技术为基础的夜视器材在军事上主要用于夜间侦察、照相、观瞄、驾驶、指挥、识图、制导、野战修理、工程抢险和战地救护等方面。可以预料,现代战争中拥有夜视器材优势的一方将越来越重视夜间进攻,而技术装备处于劣势的一方必将重视夜间防御作战,所以,发展夜视技术将得到极大的重视。

夜视技术就是研究在夜间或低亮度的条件下,如何应用光电器材和成像器材,将肉眼不可视的目标转换(或增强)成可视影像的信息采集、处理和显示技术。

一、主动式红外夜视仪

主动式红外夜视仪是最早获得实际应用的一种夜视器材,该仪器的工作波长为0.76~1.2微米的近红外区。由于仪器本身必须使用红外光源主动发射红外射线照射目标,故称主动式红外夜视仪。

主动红外夜视技术的历史最为悠久,20世纪30年代研制出红外变像管,40年代研制成主动红外夜视仪,并在第二次世界大战后期,首先由德军和美军将它应用于战场。德军在车辆上安装了这种夜视仪,使之在夜间能够高速行驶,运用这种方法悄悄地在黑暗中将V-2导弹送往前线,成功地避开了同盟国军队的监视和空袭。

主动式红外夜视仪由红外探照灯、红外变像管、红外光学系统和电源四部分组成。

图4-1 AN/TAS-61远距离夜视观察仪

红外探照灯由红外光源、抛物面反射镜和滤光片组成。红外光源产生0.76~1.2微米的近红外线,经抛物面反射镜反射,再由滤光片滤去可见光,变成一束平行的红外光束,照射所观察的目标;红外光学系统由物镜和目镜组成。物镜用于接收,聚集由目标反射来的红外线成像于红外变像管的光电阴极面上,目镜用于观察荧光屏上可见的目标图像;红外变像管是红外夜视仪的核心部分,它主要由光电阴极、电子透镜和荧光屏三部分组成,其作用是把红外图像转换成可见光图像供人眼观察;电源由低压直流电源和高压直流电源两部分组成,为红外夜视仪提供能源。AN/TAS-61远距离夜视观察仪,如图4-1所示。

主动式红外夜视仪用本身携带的红外探照灯发出的红外线照射目标,从目标反射回来的红外线被物镜接收并聚集成像在变像管的光电阴极表面上,形成看不见的红外目标图像。再经过变像管的光—电—光的转换,在变换管的荧光屏上就能看到目标的可见光图像,从而实现了在黑暗条件下观察目标的目的。

二、微光夜视仪

微光夜视仪是20世纪60年代发展起来的一种夜视器材。它是通过像增强器增强目标反射回来的微光,达到人眼看见目标图像的一种夜间观察仪器。微光夜视仪本身不需要主动光源,是一种被动式成像系统,因此,它克服了主动式红外夜视仪容易自我暴露的缺点,更适合部队夜战使用。

微光，又叫夜天光，它是存在于夜间的月光、星光和大气辉光(高层大气受太阳照射后而发出的光)的统称。

(一)级联式像增强微光夜视仪

级联式像增强微光夜视仪是由三支类似变像管的微光管串联起来使用，起到将光信号的亮度进行多级放大作用的一种夜视装置。这种微光夜视仪由微光光学系统、级联式像增强器、电源三部分组成。微光光学系统包括物镜和目镜；级联式像增强器的作用是将光信号进行亮度放大，将光学系统接收的微光通过光—电转换，放大后达到适合人眼观察的亮度；电源的作用是为微光管工作提供电能。

级联式像增强微光夜视仪的工作原理是：夜视仪的物镜接收到目标反射来的微光，经过聚集成像于第一级微光管的输入窗口上，并经过光学纤维面板把微光图像传到光电阴极面上，光电阴极受到光的照射便产生光电效应而发射光电子，即把微光图像转换成相应的电子图像，然后这些光电子经电子透镜的聚集和加速，以很高的动能撞击荧光屏，于是在荧光屏上呈现出比微光目标光亮度高 50 倍左右的图像。此图像再经过第二级、第三级微光管继续增强，最后在第三级微光管的荧光屏上获得一个亮度增大 10 万倍以上的图像，这样，目镜就可观察到目标的图像，从而实现了夜视的目的。

(二)微光通道板像增强器微光夜视仪

为克服第一代级联式微光夜视仪图像模糊和装备笨重的缺点，在单级微光管的荧光屏前面，放置一种通常称为微光通道板的光学纤维器件，制成第二代微光夜视仪，称为微光通道板像增强器微光夜视仪。

微光通道板微光夜视仪与第一代级联式微光夜视仪结构大致相同，也是由微光光学系统、像增强器和电源三部分组成。它与第一代产品的区别仅在于将一块微光通道板光学纤维器置于单级微光管荧光屏前面，由于微光通道板的二次电子倍增功能，使一块微光通道板和单级微光管的总增益效果达到三级级联式像增强器的同样水平。因此，可以用一块微光通道板和单极微光管代替三级级联式像增强器。

用微光通道板像增强器制成的第二代微光夜视仪，不仅缩小了体积、减轻了重量，同时提高了图像的质量、减少了畸变、提高了清晰度，而且具有防强光的作用。主要不足是观察距离不如第一代产品远，一般观测距离为几百米，因此，第二代微光夜视仪主要用于轻武器瞄准和微光夜视眼镜，供步兵轻武器瞄准射击和夜间车辆驾驶作用。

(三)第三代微光夜视仪

第三代微光夜视仪是第二代产品的发展，它以一种新型半导体砷化镓作为光电阴极材料。这种材料的光电阴极灵敏度高、光谱响应宽、对可见光和近红外都很灵敏，可以充分利用微光中的红外辐射提高观测距离。但第三代微光夜视仪工艺复杂，造价昂贵，只有少数产品投入使用。美国的 AN/AVS－6，AN/PVS－7，HOT

等微光夜视眼镜属于第三代产品,20 世纪 80 年代初开始装备部队,主要供直升机和车辆驾驶员使用。

三、红外热像仪

红外热像仪简称热像仪,它是根据自然界中一切温度高于绝对零度的物体都能辐射红外线,通常可称为热辐射以及不同性质的材料在不同的温度下的辐射特性不同这一自然现象,利用对中、远红外线非常敏感的半导体材料做探测器,将目标与背景以及目标各部位之间的热辐射的差别用可见光的图像表示出来,从而达到观察的目的。它是全被动式的,不借助外来光源的照射进行工作。

红外热像仪主要由红外光学系统、红外探测器、信号处理系统和图像显示系统等部分组成。红外光学系统包括红外物镜、旋转多角棱镜和目镜三部分。其作用是接收、传递红外辐射光信号和形成目标可见光图像;红外探测器是热像仪的核心部分,其作用是把物镜接收的红外线转换成电信号;信号处理系统包括预放大器和视频放大器,其作用是把红外探测器输出的电信号进行预放大和视频放大,然后再输入显示器;显示器的作用是将电信号转换成可见光,为观察人员提供增强了的可见光图像。

红外热像仪的工作原理是:来自目标的红外线,经红外物镜聚集成一个红外物像,再经过旋转多角棱镜自左向右、自上而下一行一行扫描,将这个红外物像分解成无数个像点,并依次反射到红外探测器上。红外探测器接收了这些红外辐射能量,就会产生光电效应,将红外光信号转换成相应的电信号,电信号的强弱与红外辐射能量大小成正比。电信号再经过处理和放大,输入到显示器,由目镜聚集成像,就可观察到夜间目标图像了。

热像仪的优点主要有:

(1)夜视能力强。它大大超过主动式红外夜视仪和微光夜视仪的夜视能力,不仅可以在漆黑的夜间工作,而且还可在雾、雨和雪的条件下工作。观察距离较远,在正常条件下,用于观察和瞄准时,作用距离可达 10 千米,英、德研制的 MK—3 热像仪能探测到 16 千米内的舰船,跟踪 20 千米内的飞机。

(2)探测灵敏度高。它可探测出 0.01℃的红外辐射温度差。

(3)隐蔽性能好。它利用热辐射成像,是一种被动式的夜视装置,在执行观察任务时,不易被对方发现,具有隐蔽、安全的特点。

(4)具有识别伪装目标的能力。它能探测到隐蔽在灌木丛中的人员、车辆,能分辨出用树枝绿叶伪装的人员、车辆、火炮和工事等,能探测到地雷、地下工事,能识别真假目标,这是其他几种夜视器材都比不了的。

(5)能获得目标的状态信息。用热像仪进行观察时,不仅能对目标进行探测,而且还能获得目标状态有关信息。如判断哪些车辆(飞机)正在发动或刚刚停驶,哪些是一直停放的,哪些刚刚驶离等。

(6)抗电磁干扰能力强,受闪光影响小。

第六节 军用光电子技术

光电子技术,是以激光器和探测器为基础,由光学、电子、精密机械、计算机等技术融合而成的一项多元技术,主要包括红外光、激光、可见光三个技术领域。

光电子装备具有探测精度高、信息量大、信息传输快、抗干扰和保密性强等特点,广泛应用于侦察、识别、预警、反隐身、跟踪、制导、火控、通信、导航、模拟训练、信息处理、光电子对抗等领域。

一、军用激光技术

激光是通过从外部对某些物质施加能量,使电子急剧增能,在外来光或电的激发下,以光波形式经过光学谐振腔的特殊装置,得到聚集放大而发射出来的。这就是"受激辐射的光"或"在辐射的激发下产生的光放大",简称激光。用以产生激光的装置称为激光器。激光器主要由激光工作物质、光学谐振腔和激励源构成,结构要比普通光源复杂得多。

(一)激光测距

利用激光的单色性和相干性好、方向性强等特点,可以实现高精度的计量和检测。激光可用来精确地测量长度、距离、速度、角度等,可作为长度、频率和光度的计量基准,在军事上有着广泛的应用。

激光测距在技术途径上可分为脉冲式激光测距和连续波相位式激光测距。脉冲式激光测距原理与雷达测距原理相似,测距仪向目标发射激光信号,碰到目标就要被反射回来,由于光的传播速度是已知的,所以只要记录下光信号的往返时间,用光速(30 万千米/秒)乘以往返时间的二分之一,就是所要测量的距离。由于光速很快,往返时间极短,如被测距离是 15 千米,往返时间只有万分之一秒,所以要采用高精度的电子记时器。记录的时间通常直接换算成距离,在距离显示器上显示出来。一般的光学测距仪的测距误差与操作手的经验和观察条件(如能见度、目标轮廓的清晰度等)有关,并且随被测距离的增大而增大,误差范围往往能达到几十米,甚至更大。激光测距的精度与操作者的经验及被测距离无关。现在广泛使用的手持式和便携式测距仪,作用距离为数百米至数十千米,测量精度为 5 米左右。我国研制的对卫星测距的高精度测距仪,测量精度可达到几厘米。

(二)激光通信

激光是频率单一的电磁波,就像无线电台发射某一个频率的电磁波一样,可用它作为载波来传递信息。激光的频率高达几亿兆赫,用它作载波传送话音信号时,由于每路电话所占的频带宽度为 4000 赫兹,故可容纳上百亿路电话同时通话;若用它传送电视节目,由于每套电视节日所占用的频带宽度为 10 兆赫,故可同时播送一千万套电视节目而互不干扰。

1. 大气激光通信

其原理与通信过程均与普通微波通信相似。需要传送的信息经过电发送机变换成相应的电信号。通过调制器对光源发出的激光载波进行调制，调制后的光信号经发射望远镜变成截面较大而发散角很小的光束送入大气信道。光信号到达接收端，由接收望远镜接收，通过滤光器滤去太阳光和其他杂散光的干扰，由光电检测器将光信号变成电信号，经电接收机解调还原成原信号，从而实现了大气激光通信。

2. 水下激光通信

水下通信一直是个难题。如对水下潜艇的通信方法，一直是使用超长波通信，需要建立十分庞大的超长波电台，而且电波穿透海水的能力只有几十米，通信速度又慢，潜艇在这个深度很容易被发现，极不安全。

（三）激光制导

激光制导是继雷达、红外、电视制导之后发展起来的一种精确制导技术。雷达制导易受电磁干扰；红外制导因背景干扰等技术问题尚未彻底解决，命中精度仍然不是很高；电视制导易受背景亮度干扰，作用距离也比较近。由于激光具有多种特性，因而制导精度高，抗干扰能力强，在精确制导技术领域中逐渐跃居主导地位。

激光波束制导的原理是，导弹发射后在对准目标的激光束中飞行，直接接收激光信号，一旦导弹偏离波速中心，装在尾部的光电探测器便感知，并通过对信号的处理得出导弹中心轴线与波束中心的角偏量，然后向执行机构发出修正指令，引导导弹飞向目标，激光波束制导又称为激光驾束制导，通常用于地空导弹和反坦克导弹。

（四）激光侦察

在军事技术侦察中，激光侦察技术是在20世纪60年代后出现的一支“新军”，它具有反应灵敏、分辨率高、适于夜间使用等特点。这也决定了它在侧视雷达、高空摄影、空间监视以及战术夜视技术等方面占有特殊位置。

战略激光侦察技术中又分为高空激光侦察和空间激光监视。在高空激光侦察中用于机载的激光侦察设备有：激光侧视雷达、激光行扫描摄影机（行扫描传感器）、激光机扫描传感器。在空间激光监视中，激光多用于预警卫星和侦察卫星等观察设备上。用这些设备可以监视敌方兵力的调动和大型兵器的部署，并可完成对交通要道、机场、仓库及其他军事设施的监视。

战术用激光夜视设备，主要是指激光夜视仪。这是一种技术上较成熟的设备，夜视观察系统包括激光照射器、激光测距机和红外探测器。激光和红外技术综合使用，可以发挥各自的优势，并对目标进行捕捉和监视。

（五）激光对抗

随着激光技术在军事上的广泛应用，特别是作为直接杀伤武器后，人们自然就会想到如何对付它，并用各种手段去侦察、干扰和破坏它，在此情况下，激光对抗应运而生。激光对抗由以下三部分组成。

1. 激光侦察

要想对激光进行干扰，首先要发现激光源，这就要求对激光源进行侦察。对激光源的侦察可分为主动式和被动式两种，但由于主动式侦察很难做到，人们使用最多的是被动式侦察，被动式侦察有激光截获、激光告警、红外告警以及磷光体反应等方法。

2. 激光干扰

发现敌人的激光源后，就应积极地采取各种方法和手段对其进行干扰，使之不能正常工作。激光干扰也分为主动式和被动式干扰。主动式干扰又叫有源干扰或积极干扰。它包括致盲式干扰（也称压制式干扰）、应答式欺骗干扰、激光与红外诱饵式干扰、大气散射干扰、摧毁式干扰及主动探测直接干扰等。被动式干扰又称无源干扰或消极干扰，它包括只涂敷反光层或覆盖伪装物、施放烟幕或气溶胶、撒放金属箔和使用各种防护器具等。被动式干扰是一种既简单又非常有效的干扰方式。

3. 激光反干扰

所谓激光反干扰就是采取各种方法和手段对付和破坏敌方的激光干扰，保护己方激光器效能的正常发挥。激光反干扰通常包括采用编码技术（保密性好）、多光谱成像技术（多用于反卫星侦察）、加装保护罩或滤光片、采用复合制导和主动预警方法。

（六）激光武器

激光武器是利用激光亮度高、方向性强的特点，把能量集中投射到目标上，产生热破坏、力学破坏和辐射破坏等效应，从而毁伤目标的武器。与一般武器相比，激光武器有速度快、精度高、方便灵活、不受电磁干扰等优点。

经过20多年的努力，激光武器的研究已经取得了长足进展。激光武器按功能可分为战略激光武器和战术激光武器。战略激光武器主要有反卫星激光武器和反导激光武器。反卫星激光武器通过干扰破坏卫星上的光电侦察系统，可使卫星失效，1975年11月，苏联用陆基激光武器进行反卫星试验，顷刻间使美国的两颗卫星变成了瞎子。

美国正在研制的战略反导激光武器，是可对洲际弹道导弹进行有效拦截的武器。这类武器的设计方案很多，既有用于摧毁助推段导弹的陆基激光武器，也有装在卫星、空间站或航天飞机上的天基激光武器。

战术激光武器主要有激光致盲武器和防空激光武器。现已制成的激光致盲武器，可使几千米至十几千米外的敌人的眼睛暂时或永久失明。防空激光武器，通过破坏光电装置、引爆弹头、毁伤壳体等，可截击导弹和飞机等来袭目标。

二、军用红外技术

红外线也是一种光线,是一种肉眼看不见的光线。它的波长在可见光谱中红色光的外端,故此而得名。红外线实质上还是一种电磁辐射,所以又把它叫做红外辐射。红外辐射产生的根本原因,在于物质内部分子、原于(或离子)运动状态的变化。在自然界中,世界万物每时每刻都在发射着红外线。由于它们的各种特性和温度不同,发射出来的红外线波长也各不相同。正因为如此,红外线便为我们探测和判别各种不同物体提供了条件。

(一)红外制导

红外制导技术是精确制导武器的一种重要制导手段,主要用于导弹,也可用于炮弹和炸弹。

红外制导分为主动红外制导、被动红外制导和半主动红外制导三种工作方式。

主动红外制导是由武器本身主动地发射红外线,再利用目标反射回来的红外线导引武器攻击目标。

被动红外制导是靠目标辐射的红外线而直接导引武器攻击目标,是多种精确制导武器所采取的主要制导方式之一,红外制导武器已经大量列装。

半主动红外制导则是既主动地向目标发射红外线,同时又依靠目标反射和散射同一波长的红外线,而导引另一个方向上发射的武器去攻击目标。

(二)红外搜索和跟踪

红外搜索与跟踪技术已普遍应用于靶场测量和武器装备的火控系统。在靶场测量中,主要用红外装置作为雷达和光学设备的跟踪测角系统。目前,发达国家的火炮、舰炮和机载武器已有不少采用了红外搜索跟踪技术,而且都在向多种手段相结合的综合跟踪系统方向发展。这些综合跟踪系统大多采用红外跟踪、电视跟踪、激光测距的三结合体制,可适应全天候作战的需要。

(三)红外热成像

利用红外热成像技术,可制成红外热成像仪。这种装置可直接利用物体辐射红外线的差别来观察和识别目标。红外热成像仪的应用范围很广,可用于战略、战术侦察,武器的瞄准和制导,各种车辆的夜间驾驶以及飞机的夜间起降等。热成像仪用于手持观察和瞄准时,作用距离可达 10 千米;对空监视时,可达几十公里。利用热成像仪,还可观察到目标留下的热痕迹,从而判断出目标的形状,数量和运动方向等。

将热成像仪装在直升机上,可于 1500 米高度观察到地面单兵的活动;装在侦察机上,可在 20 千米的高空发现地面上的人群和运动的车辆,可探测到伪装的导弹地下发射井,并监视敌方战略导弹的发射。

(四)红外对抗

近年来,随着红外技术的飞速发展,并成功地用于各种武器系统,人们自然会想到“如何对付它”的问题。现在,红外制导武器已经受到人工干扰的严重挑战。这反过来又逼着人们考虑如何采取反干扰措施。于是,红外对抗便出现了,红外对抗包括两部分内容:一是红外侦察和反红外侦察;二是红外干扰和反红外干扰。这两者的目的是:破坏或削弱敌方装备的效能,确保己方装备的正常工作。

红外干扰包括积极干扰和消极干扰,积极干扰是指主动地把敌方的红外装备诱开,或依靠红外探测报警器主动地避开敌方红外制导武器的攻击。红外电光弹是一种主动式干扰装置,投放后,可使导弹偏离目标。消极干扰措施包括使用涂料、进行伪装、施放烟幕、投放金属箔片等。

采取反红外干扰措施的目的是,使敌人的干扰失效,确保己方装备正常工作。在红外制导系统中加装滤光片,可以滤去假目标的热源,得到“去伪存真”的效果。采用多种手段的复合制导方式,也是反红外干扰的有效措施之一。

三、军用微光夜视技术

微光属于可见光,亦即夜间人眼能直接感受到的月光、星光、城市辉光和大气辉光等微弱光线,其波长为0.38~0.76微米。微光夜视技术,就是在夜间条件下,用微光扩大观察者视力范围,以实现隐蔽观察的技术。

利用微光夜视技术,可制成微光夜视仪。微光夜视仪分为直视式微光夜视仪和微光电视两种。它们都是利用增强景物的反射夜间微光的差别,来观察、发现和识别目标的装置。

直观式微光夜视仪,是直接通过目镜显示目标图像的夜视仪。这种夜视仪的作用距离同环境照明及天候有关。在良好的月光条件下,可观察到800米距离内的人员和1500米距离内的车辆。这种微光夜视仪的使用范围较广;可用于夜间在前沿阵地、观察所和指挥所,观察敌兵力部署、火力配系、阵地工事和障碍物的情况,监视敌人的活动;可供各种轻武器和火炮用于夜间瞄准;可供各种车辆用于夜间隐蔽行驶;可供小型水面舰艇或潜艇,用于夜间监视敌人水面舰艇的活动和实施反击等。

微光电视视野开阔,其作用是:能进行远距离、大范围观察,可供指挥机构用于及时掌握敌情;适用于定向定点观察,可供边防、海防的阵地和哨所监视敌情;可用于对敌固定目标的监视和对己方重要目标的警戒,可供大型舰艇和飞机监视敌舰、敌机的活动;可用于反坦克导弹的制导等。

第七节 核武器技术

核技术是以原子核科学理论为基础,利用原子核反应或衰变释放的射线和能量为国民经济、国防服务的一门新兴科学技术,是原子核科学技术的简称。核技术通常包括核能技术、核动力技术、同位素技术、辐射技术、核燃料技术、核辐射防护技术。将核技术用于武器研制和生产的技术就是核武器技术。把核物理学原理转化为核技术,再开发出核技术产品的过程,从一开始就是为了制造大威力的杀伤武器,具有明显的军事目的。

一、核裂变技术

原子核裂变反应是1938年德国物理学家哈恩首次实现的。一个重原子核在中子击打下分裂为两个中等质量的原子核(有时分裂为三个或四个原子核,但概率很低),同时释放的中子再触发下一次核分裂,如此连续不断进行的核反应,又称链式反应,简称核裂变。

核反应堆和核武器都应用了链式裂变反应的原理,由于核反应堆用于发电、生产核燃料以及实验研究,必须对链式裂变反应过程加以控制,使其以一定的反应速率稳定地进行,即保持其倍增系数等于1,或为了关闭核反应堆需使倍增系数降至远远小于1。控制的办法通常是使用控制棒。它由具有很强的吸收中子本领的材料(如含镉、含硼材料)制成。控制棒的提升与插入直接影响链式裂变反应的倍增系数。反应堆的功率是借助于控制棒来改变的。与核反应堆中缓慢地控制链式裂变反应不同,核武器则要求瞬时释放巨大的能量,在核武器爆炸过程中要使裂变次数迅速增长,同时尽最避免中子逸出和被非裂变材料俘获,以实现快速增殖的链式裂变反应。

二、核聚变技术

核聚变,又称热核反应,是在极高温下实现两个较轻原子核合成一个较重原子核的核反应,简称聚变,一次聚变反应比裂变反应释放的能量小,但由于聚变核比裂变核轻,所以理论上单位质量轻核材料聚变可获取的最大能量,比单位质量重核材料裂变可获取的能量大4.2倍(轻核聚变平均每个核子放出3.6MeV能量,而中子诱发235U核聚变平均每个核子放出0.85MeV能量)。

原子核由于都带正电,相互间存在库仑斥力,因此在一般条件下,发生聚变的概率非常小。自然界中只有太阳等恒星,因其周围温度极高,轻原子核才有可能获取足够的动能克服库仑斥力。发生持续的聚变,除高温条件外,还可以加速轻核,使其克服与另一轻核的库仑斥力,在常温条件下发生聚变,如在加速器、中子管中实现的聚变。但此种方法产生的核聚变反应规模较小,释放出的能量也很少,从能量角度看,是得不偿失的。因此,要使轻核发生聚变反应就必须有一个高温、高压的物理环境,而这样的环境只有原子弹爆炸时才能够产生,能产生聚变的轻核很多,但比较容易聚变且应用最广泛的则是氢的两种同位素:氘(D)和氚(T)。我们知道,氢原子核中只有一个质子,而没有中子,但在自然界中也存在少量的比较特殊的氢同位素,它的原子核中分别有一个和两个中子,有一个中子的氢元素称为氘,有两个中子的氢元素称为氚。

在军事上，根据热核反应的原理制成了氢弹、中子弹等热核武器。它们是靠“初级”的核爆炸（链式裂变反应）形成的高温高压条件，激发聚变反应，瞬时释放巨大能量的。

三、核能利用技术

核裂变和核聚变现象的发现，为人类的能源利用开辟了一条新途径——核能。在核能首先利用于核武器不久，人类就开始了对核能和平利用的探索与研究。1954 年 6 月，世界上第一个核电站在苏联建成并投入运行，目前，人类对核能的利用还仅局限于核裂变能，对核聚变能的开发还停留在工程试验阶段。

（一）对核裂变能的利用

从核反应堆或放射性同位素衰变都可以产生热源并转化为电和推动力。核反应堆是利用核裂变能的主要装置，产生的能量巨大；而放射性同位素衰变放出的能量却很小，通常衰减缓慢。它们在应用上各显其能。核反应堆是一座特殊的“原子锅炉”，只不过它“燃烧”的不是煤或石油，而是核燃料铀 U235 或钚 Pu239，它们很容易地在热中子作用下发生裂变。由于一股核裂变产生的中子具有较高的能量，所以要用慢化剂使中子能量降低，这种核反应堆型称热中子堆。反应堆中装核燃料的部分叫堆芯（也叫活性区），它相当于蒸汽锅炉的燃烧室，是反应堆的“心脏”，链式反应就在这里进行。反应堆的外形就像一个厚实的装甲堡垒，从堆芯开始设置了燃料元件包壳、压力壳、安全壳等屏障，以防止放射性物质和射线泄漏。核反应堆作为能源，最主要的是发电和作动力，同时也开创了核能供热的美好前景。

（二）对核聚变能的利用

核聚变反应使用的主要原料是氢的同位素氘和氚。在 1 千克海水里，可以提取出 34 毫克的氘，用它来进行核聚变反应所产生的热量，相当于 300 公升汽油燃烧时所释放的能量。在浩瀚的大海里共含有大约 45 万亿吨氘，足够人类使用几十亿年。用核裂变能发电，热电转换率只有 30% 左右，极限转换率约为 60%，核电站产生的放射性污染物对人类可能造成危害的时间长达几万年。而核聚变能的热电转换率可高达 90%，不仅热能利用率高，而且还不会产生放射性污染物，是一种非常清洁的能源。因此，它是从根本上解决人类能源问题的一种最理想的能源。

思考题：

1. 军事高技术的主要特点有哪些？
2. 什么是精确制导武器？有什么样的特点？
3. 侦察与监视技术分别有哪些？
4. 主动红外夜视仪工作原理是什么？

第五章　信息化战争

第一节　信息化战争概述

一、信息化战争概念提出

近几年来，国内国外、军内军外以及我军内部学术界对战争形态的认识，尤其对信息化战争形态的认识是有一个过程的。就战争形态而言，学术界的众多提法主要有：

——美国等西方国家提信息时代的战争、以信息为基础的战争、信息领域的战争、信息战等概念比较多。在美国的英语语汇中，没有"信息化"一词，因而也就不会有"信息化战争"这一词语搭配。在美国军语中，类似的概念有"信息战争"、"以信息为基础的战争"和"信息时代的战争"。前两者实际上是指信息战，后者才指战争形态。美国军事理论家汤姆·罗那 1976 年首次提出"信息战争"概念。

——我们国家提高技术战争、信息战、信息作战、信息战争、信息化战争等概念比较多。我们军队内部对战争形态的认识过程：第一阶段，认为未来战争形态是高技术战争。海湾战争之后讲的比较多，1993 年军委制定的新时期军事战略方针，把军事斗争准备的基点放在打赢现代技术特别是高技术条件下的局部战争上，全军上下掀起了学习高技术、研究高技术局部战争的热潮。第二阶段，认为未来战争形态是信息战。1998 年美军对伊发动了"沙漠之狐"空袭作战行动前后讲的比较多。第三阶段，认为信息化战争是未来战争的主导形态。这是近几年来特别是科索沃战争之后才经常使用的术语。

信息化战争概念的提出，主要有三方面因素的推动：

一是钱学森的首创。我国科学巨擘钱学森 1995 年在国防科工委首届科技学术交流大会上的书面发言中指出："现阶段和即将到来的战争形式为核威慑下的信息化战争。"这是首次开创性地提出"信息化战争"概念。这一概念的提出不仅顺应了我国我军研究世界新军事变革的潮流，而且具有巨大的启迪和规范作用，使人们认识到人类面临的下一个战争形态将是信息化战争。

二是有关专家的演绎。由于外军提出了多种信息战概念，还提出了"信息时代的战争"。这就使长于战略思维、抽象思维和理性思维的中国军事理论专家很自然地推测：信息战现在是一种作战形式，其内涵和外延扩大后将发展为信息化战争；既然工业时代的典型战争形态是机械化战争，那么，信息时代的典型战争形态就必定是信息化战争。于是,军事科学院研究员王保存少将认为:“信息时代的战争将是信息化战争。”国防大学尹成魁教授等认为:“以海湾战争为标志,一种新的战争形态——信息化战争正在形成和发展。”装甲兵工程学院王凯副教授也认为:“在新军事变革的浪潮中,信息化战争将成为主要战争形态”。

三是军队高层的确定。江泽民同志曾指出:“人类战争在经过徒手作战、冷兵器战争、热兵器战争、机械化战争几个阶段之后,正在进入信息化战争阶段。”(江泽民在九届全国人大一次会议解放军代表团会议上的讲话,1998 年 3 月 10 日)2002 年底以后,全军上下不仅统一了信息化战争这一概念的提法,同时掀起了研究和实践打赢信息化战争的热潮。

当然,对于信息化战争的提法,目前,在一部分人的思想上还有这样或那样的认识和偏见:一是认为信息化战争概念提得太早。现在是工业社会向信息社会的过渡时期,信息社会还没有真正到来,信息化战争还处在一个初步发展阶段,真正形成还要几十年,我们现在提打赢信息化战争未免有点太早。二是提打赢信息化战争有点不现实。我军现在还处在机械化、半机械化(大量的)阶段,信息化战争研究刚起步,提打赢信息化战争有点不现实、不客观,目前只有美军才有这个资格,我们提打赢信息化战争有点像乞丐与龙王比宝。

怎样认识这个问题?可以从三个层面上进行分析:

一是从信息化时代特征上看。2000 年 7 月 22 日,西方七国及俄罗斯国家元首,在日本冲绳召开信息化首脑会议,正式颁布了《全球信息社会冲绳宪章》,郑重地将人类社会称为“全球信息社会”,这标志着信息的推动力和主导力具有了全球性,也标志着信息化战争进入了全面发展的新阶段。信息时代与农业时代、工业时代明显的特征就是超前性特征,有位专家说过:我们现在研究信息化战争,正是为了未来把握它、赢得它。军事理论创新的超前性是当今时代的一个重要特点。

二是从新军事变革的实质和结果看。新军事变革的实质是信息化问题,信息化战争是信息化武器装备发展到成熟时期,新军事变革发展到高级阶段的必然产物。西方主要发达国家,在加速军事变革的过程中,均以建设信息化军队、打赢信息化战争作为战略目标。我们迎接世界新军事变革的挑战,积极推进中国特色军事变革,就是要面向世界、面向未来、面向新军事变革的客观实际,把建设信息化军队、打赢信息化战争作为我们的战略目标,这才是明智和正确的选择。

三是从近期几场战争实践看。信息化战争已经扑面而来,从战争实践看,已初步表现出信息化战争的主要特征。目前学术界有代表性的观点是:1991 年的海湾战争,是人类由机械化战争向信息化战争过渡或者叫转折的战争,在信息化战争发展进程中具有里程碑的意义;1999 年的科索沃战争,是第一场信息化战争;2001 年的阿富汗战争,是人类历史进程中第二场信息化战争;2003 年的伊拉克战争是第三场信息化战争。从科学技术推动、社会变革催化、军事变革孕育和战争实践验证四个方面综合考察,只有美国才真正成为信息化战争形态发展的领头羊。在这种情况下,如果等我们自己全面具备打赢信息化战争的能力再提这个战略思想,为时已晚。那时已远远落在了时代的后面,“时代差”比“技术差”更可怕。

二、信息化战争的基本含义

信息化战争(IW,InformationWarfare),其具体含义的说法很多。事实上对于一个至少要经历四五十年发展历程才能逐渐成熟的战争形态,在开始阶段,我们很难准确描绘其全貌。但根据近期具有信息化战争意义的局部战争实践给信息化战争描绘其大致轮廓,做出反映其基本内涵的界定也是可能的。我们认为,信息化战争是指在信息时代以信息为基础,交战双方或多方主要使用信息化武器装备,以信息战为主要作战形式而进行的战争。它是人类继冷兵器战争、热兵器战争和机械化战争形态之后的一种全新的战争形态,是信息时代社会特征在战争领域的具体体现。这一概念包括以下三层内涵:

一是信息化战争是信息时代的产物。人类社会只有完全进入信息时代,才有可能形成真正意义上的信息化战争。信息化战争是信息时代生产力水平和生产方式在战争领域的客观反映。这有两种情况需要说明:

第一种情况,在人类社会由工业时代向信息时代过渡阶段,也只能出现由机械化战争形态向信息化战争形态过渡的战争形态,也可称之为次信息化战争,十几年来我们称为高技术战争,实际上还不是真正意义上的信息化战争。所以高技术战争也只是过渡性概念。第二种情况,即使到了信息时代,由于世界各国进入信息时代的先后不同,各国军队实现信息化的步伐有别,因此,有的国家间进行的战争可能是信息化战争,有的国家间进行的战争可能是机械化战争加信息化战争。

二是信息化战争的主要作战工具是信息化武器装备。信息化战争的主要作战工具是信息化武器装备(C^4ISR 系统、信息战装备、精确制导武器和信息化作战平台),并非是工业时代的飞机、坦克、大炮等武器装备。当然,在信息化战争中,也还可能使用飞机、坦克、大炮,但它们不是信息化战争的主要作战工具。

三是信息化战争的决定性作战形式是信息战。信息化战争的决定性作战形式是信息战,而不是机械化战争中的运动战、阵地战、机动战和火力战。但这并不是指信息化战争中的作战形式就只有信息战,也还可能有运动战、阵地战、机动战和火力战等作战形式,只不过它们已经处于次要地位。

三、信息化战争与机械化战争的区别

机械化战争与信息化战争是人类战争发展的两种重要形态,目前人类正由机械化战争向信息化战争转变,这两种战争形态的不同点主要表现在如下三点:

从作战主导要素看,机械化战争的主导要素是物质力量,在作战中杀伤破坏方式主要是武器的射程、速度和杀伤力等化学能和机械能,决定战争胜负的是军队人力以及坦克、飞机、大炮和军舰等武器装备的品种和数量。从两次世界大战到朝鲜战争、越南战争、中东战争等,打的无一不是物质和能源。二战期间,交战国生产的军用飞机多达70余万架,其中,前苏联就达到8000架,欧洲主要国家和美、日的作战飞机也都达到了几千架；航空母舰多达140余艘；潜艇达到了1500余艘，耗费物资和能源之巨大是空前的。信息化战争的主导要素是信息，物质力量退居次要位置。在作战中，要取得胜利，就必须拥有制陆权、制空权、制海权、制天权和制电磁权。而要有这些权，就得先拥有制信息权。制信息权是夺取战场主动权的关键，它能使敌军的物质力量在战场上失去效力，使己方的战斗力得到倍增。在“海湾战争”中，从物质力量来看，交战双方相差无几，伊军兵力54万，坦克4280辆，装甲车2800辆，火炮3200门；多国部队兵力52.7万人，坦克2200辆，装甲车2800辆。然而，由于多国部队掌握了制信息权，战场上出现了“一边倒”的情形，伊军在短时间内损失了86%的坦克、55%的装甲车和80%的火炮。

从作战指挥控制看，机械化战争的指挥控制，是纵向连接的树状结构。这种指挥控制网络就像大工业生产按行业、按流水线建立的控制体系一样，其特征是金字塔状，下面大上面小，所有来自前线的敌我双方的情报信息，必须逐级按照官职大小向上汇报，上级的指示精神和命令也按照这样的树状模式逐级下达到前线或基层。这样，只要增加作战部队的数量，就必须扩大指挥机关的规模和层次。信息化战争的指挥控制是扁平状的网络结构。在纵向上，从最高指挥机构到最基层分队所形成的逐级控制关系虽仍然存在，但是，单兵数字化指挥控制系统成了指挥体系的最小层次。在横向上，各指挥系统间的横向联系更加紧密，它不仅包括平行指挥机构之间的联系，还包含非同一层次间指挥机构的横向联系；不仅包括不同军兵种各层次指挥机构的联系，还包括同一军兵种平行指挥层次指挥机构间的联系。坦克还是机械化时代的坦克，加装了计算机控制系统后，光学、红外等探测装置所发现的目标信息，通过计算机的存储和处理，能够经由无线数据链路发送给战术局域网络，战术局域网络经由战区局域网络可进行全球通播，从而连通分布于世界各地的陆海空三军部队。这就使得指挥机构变少、指挥效能增大、抗毁能力提高。

从作战总体效能看，机械化战争中，作战是单一武器系统之间的对抗，战斗力是靠装备数量的累加来形成和保持的，“数量越多作战效能越高”；战争的胜利是靠一个个独立战斗和战役的集合来实现的。而在信息化战争中，数字化网络把分散配置和单独作战的部队连接在一起，把一个个小系统连接为中系统，继而又连接为大系统，加之武器的射程、速度、杀伤破坏力的发展，武器命中精度的提高，从而最大限度地集中了作战威力和作战能力。比如：侦察部队发现目标后，可将目标数据、图像等信息直接实时地传输给武器射手，对目标实施快速打击，从而提高了作战效能和命中精度；陆军坦克部队在遇到敌人装甲部队或强火力点的拦阻时，可直接将目标参数通报给海军或空军，召唤远程精确打击火力进行支援，从而使军兵种协同作战能力大大提高，整体作战效能增强。

第二节 信息化战争的主要特征

伴随着新军事变革的滚滚浪潮，信息化战争正加速登上人类的战争舞台。与以往的战争特别是机械化战争相比,这一笼罩着信息光环的战争形态将显现出许多新的、独有的特征。

一是主要作战兵器:信息支撑。武器装备作为军事科学技术的物化成果和主要标志,反映着一种战争形态的基本技术水平和科技含量。坦克、飞机、大炮之类的机械化兵器,可以代表机械化战争的主要作战技术水平和科技含量,因而必然成为机械化战争中的主导兵器。而信息化战争作为一种新型战争形态,反映其作战技术水平和科技含量的则是信息化兵器。

所谓信息化兵器,主要是由信息化弹药和信息化作战平台构成的。信息化弹药主要指各类精确制导武器,而信息化作战平台主要指利用信息技术使作战平台的控制、制导、打击等功能形成自动化、精确化和一体化水平的各种武器装备系统。它主要包括太空中的各种侦察、预警、通信卫星;空战场上各类先进的战斗机、轰炸机、预警机等;海战场上的各种高技术战舰以及地面战场上各种先进的坦克、装甲战车等。从近几场带有高技术特别是信息化战争特征的局部战争来看,信息化兵器已经成为战场的"主力军",在战场上发挥着机械化兵器所不能替代的主导作用。海湾战争中,多国部队使用的信息化弹药在其总弹药量中虽然只占8%,但却完成了80%至90%的战略战役目标打击任务。而伊拉克战争中,信息化弹药已经占到总弹药量的80%左右,充分反映了信息化兵器的战场主导作用。

二是战场能量释放:信息主导。战争是能量的竞赛,这种能量的竞赛首先表现在武器装备的质量和数量的较量上,但最终表现在战场能量释放的较量上。正如人们已知的,机械化战争中,战场释放的能量主要是机械能,即机械运动产生的动能和势能。这些能量增加了机械化兵器的机动速度、杀伤能力和防护水平,使战争呈现出高度机械化的特征。

信息化战争作为机械化战争的高级发展阶段,其战场能量的释放则不仅是机械能,更主要的是深刻体现人的智能活动的信息能,即各种信息化武器装备的战场探测预警、情报侦察、精确制导、指挥控制、通信联络等软能力。这种新的战场能量支配和主导着信息化战场上的全部作战活动,具有战争制胜的巨大作用。据资料统计,海湾战争中,多国部队参战的大型主战兵器只有1万多件,而参战的"附属保障兵器"——计算机却达到4至5万台。参战的"附属保障兵器"超过主战兵器的4至5倍。这一方面说明多国部队的主战兵器信息化含量高,另一方面也说明了信息能已经成为决定战争成败的重要因素。

三是主要作战目标:"三大系统"。信息化战争作为一种新的战争形态,在战场较量方式上,改变了机械化战争的那种陆海空单元战场、单一军兵种、单一作战领域的单元式战场较量方式,而是以信息化战场为依托,以战场认知系统、通联系统、指挥控制系统、打击系统(包括兵力、火力)、支援保障系统等五大分系统构成的作战体系间的整体较量。其中,战场认知系统、战场通联系统、指挥控制系统这三大系统,则是构成信息化战场的"眼睛"、"神经"和"大脑",主导和支配着战场所有的能量和打击行动。因而,围绕着破坏、瘫痪敌人的"三大系统"和有效地保护己方的

"三大系统"而进行的系统对系统的整体较量,将成为交战双方战场制胜的关键。只有把敌人的战场认知系统"打瞎",把敌人的战场通联系统"打聋",把敌人的战场指挥控制系统"打瘫",才有可能破坏敌人作战体系的整体构成,夺取和把握战场主动权,创造战场歼敌的有利战机。从近期几场具有信息化战争性质的战争实践看,这种不把作战部队作为主要的打击目标,而把"三大系统"作为主要打击目标的方式,已成为发达国家军队的首要选择。

四是主要作战方式:信息攻防。作战形式是个特有的军事概念,它作为战争形态的直属概念,是作战行动整体的或基本的表现形态。作战形式的选择与运用,关系到战争的成败和作战力量的整体发挥。比如运动战、阵地战、游击战曾是中国革命战争的三种基本作战形式,也是我军克敌制胜的重要法宝之一。信息化战争作为一种新的战争形态,必然会产生与其他战争形态不同的、居主导地位的作战形式,而信息攻防或称信息战,正是这一战争形态中主要和基本的作战形式。

信息战作为一种新的作战形式,与以往作战形式相比,主要有三个方面不同:一是对抗的主要关节点不同。信息战作为敌对双方在信息领域的对抗活动,一个是决策对抗。就是作战双方都是竭尽全力地要遏制敌方决策者和指挥机关,使之难以在战场认知系统、决策系统辅助下作出正确的决策,从而使战争或战役失去正确的作战指导,因此,有人也把信息战称为决策控制战。另一个则是指挥对抗。就是作战双方通过各种信息攻击行动,使敌方已经形成的决策难以实施,不能进行实时、有效地正确指挥,难以形成战场现实战斗力。因而也有人把信息战称为指挥控制战。二是信息战的作战目标不同。它不是以歼灭敌人有生力量和重兵集团为主,也不是单纯的只为信息的获取、处理与利用而进行的技术较量,而是以破坏、摧毁对方的战场支柱——"三大系统",即战场认知系统、通联系统、指挥控制系统为主。信息战的作战行动广泛,如围绕信息源争夺的侦察与反侦察、伪装与反伪装;围绕信息通道争夺的干扰与反干扰、摧毁与反摧毁;围绕指挥而展开争夺的欺骗与反欺骗、威慑与反威慑、决策与反决策、指挥与反指挥等作战行动,这些都是信息战作战行动。三是作战目的不同。信息战不是以争夺战场兵力兵器数量优势为目的,而是以夺取战场信息优势为目的。即争取实时有效地感知战场情况的能力、能够及时有效地使用部队和打击兵器的能力、通畅可靠的网络通信能力。

五是战场争夺焦点:制信息权。制信息权是指运用以信息技术为核心的战场认知系统、通联系统和指挥控制系统等,在能够有效地阻止敌方了解、掌握己方主要情况的同时,实时准确地掌握敌方情况,具有战场上信息的获取权、使用权和控制权。制信息权是信息化战场争夺的"第一制高点",它主导和支配着制空权、制陆权、制海权、制天权等主动权的争夺。因为信息化战场已经打破了机械化战争那种陆战场、海战场、空战场等单一战场的构成格局,使作战成为陆、海、空、天、电五维一体化战场的整体较量。在这种五维一体化战场的整体较量中,任何单一空间战场的主动权都不能完全左右整个战场局势,无论是陆战场、空战场还是海战场都必须依靠作战体系这个大系统进行整体协调和运作。因此,制信息权作为主导和沟通陆、海、空、天、电战场的上一层位的战场主动权，具有制空、制地、制海、制天、制电的系统功能。而深刻体现机械化战争特点的制空权、制陆权、制海权等战场主动权的单一争夺，将完全融入制信息权的整体争夺中。

第三节　信息化战争对国防建设的新要求

一、树立适应信息化战争的国防观念

人们以什么样的方式生产，就以什么样的方式制胜。农业时代以冷兵器和体能制胜，工业时代以机械化兵器和技能制胜，信息时代以计算机、网络和智能制胜。机械化战争中军队的机动能力空前提高，火力空前增强，战争的规模也空前扩大，新的制胜因素成为钢铁产量、火炮口径、飞机、舰艇和坦克的数量及操作这些钢铁兵器的勇士们的技能。20 世纪后半叶起，由计算机、通信卫星和全球网络带来的生产方式的改变导致战争方式的彻底改变。1991 年的海湾战争，从机械化战争的标准看，伊军与美军的装备差距不是很大，但瞬间一边倒的结局让全世界看到了信息优势所带来的全新的战争制胜要素。此后十多年进行的科索沃战争、阿富汗战争、伊拉克战争则一而再、再而三地证明了这一点。所以，我们必须要树立与信息化战争相适应的国防观念。

新的制胜因素的出现，必然给国防建设提出一系列的挑战。这种挑战表现为一是制胜优势的转型，制信息权成为超越制空权、制海权的新的制高点。二是信息技术优势导致战场全维领域的透明，夜战、电子战、侦察与反侦察将贯穿战争的始终。三是“非线性”、“非对称”、“前后方界限消失”、“战略战术概念模糊”等新理念扑面而来，武器装备的“代差”甚至“隔代差”的出现，“超视距作战”、“远程精确打击”、“网络中心战”等全新战法的出现。四是信息化推动军事组织结构不断创新，指挥机构趋向简捷，陆海空三军的区分趋向模糊。五是人的智能得到极大扩展，信息化提供了前所未有的人类充分利用智能空间的可能。纵观百年世纪战争我们可以看到，无论是机械制胜还是信息制胜，说到底都是物化了的人的综合素质的较量。没有高素质的军人，既打不赢机械化战争，更打不赢信息化战争。所以，面对信息化战争的到来，树立与之相适应的国防观念，首先必须要树立一个人才的综合素质观念。

二、增强打赢信息化战争的作战能力

打赢信息化战争，取决于多方面的因素，但具备必须的物质条件是其中的重要因素。

（一）着力铸造“撒手锏”，为打赢创造物质条件

“撒手锏”，比喻在关键的时刻使出最拿手的置敌于死地的武器。

从总体上讲，我们在信息技术和信息化武器系统方面与主要作战对手存在较

大的“技术差”，目前有不少方面还比较落后。但我们也不必自卑，经过我们的艰苦努力，我们在较短时期内在某些领域完全有能力铸造自己的“撒手锏”。

1. 下大力发展情报预警系统

随着武器信息化和军队整体信息化水平地不断提高，整个军事系统和作战行动对情报信息的依赖程度越来越大。从目前情况看，我军情报侦察的手段还相对比较落后，侦察的手段还比较单一，必须大力加强发展这方面的手段和装备。首先要建立战略早期预警防空系统，力争对敌人的突然袭击行动能够早期发觉、预有准备。还要重点发展战场监视系统，包括无人驾驶侦察机、战场侦察雷达、战场电视监视系统以及各种性能先进的夜视器材和电子侦察设备，以提高战场的透明度。

2. 有重点地发展精确打击武器

高精度、突防能力强的中远程精确打击武器将成为未来战争的“撒手锏。”在这方面，我们已有较强的实力，设计及生产能力不强，有必要继续加强，务必使我们在对空、对地、对海上等目标的精确打击上有令敌人生畏的“撒手锏”。此外，防空、反导导弹系统是对抗空袭的重要手段，在这方面也要有一定的经费投入和科技力量的投入，形成自己的防御体系，以免被动挨打。

3. 进一步加强一体化 C^4ISR 系统建设

C^4ISR 系统不仅是信息作战的“力量倍增器”，而且是信息系统的核心。当前，在继续加强和完善战略级 C^4ISR 系统建设的同时，应重视战术级 C^4ISR 系统的建设，特别是在提高通信能力和情报获取能力上争取有所突破。

4. 在提高电子战能力上下功夫

电子战是具有 21 世纪时代特征的信息对抗，已成为信息战的主要作战样式，是夺取信息优势的主要内容。我军的电子对抗装备应在提高性能、扩展频谱上下功夫，电子战飞机要能执行雷达对抗、通信对抗和发射反辐射导弹等任务，并且有战场毁伤评估能力。此外，各类作战平台要装备综合电子对抗系统和自卫干扰系统，以适应未来信息作战的复杂电磁环境。还要注重研制计算机病毒武器和防计算机病毒的措施，提高计算机空间的对抗能力。

5. 注重发展新概念武器

随着新概念武器陆续登上战争舞台并得到广泛应用，我军也要注重对新概念武器的开发和研制。如动能武器、高能激光武器、高功率微波武器等，还有非致命武器如激光致盲武器、次声波武器、光学弹药、失能剂、材料摧毁剂等，虽然我们不能做到全面去发展，但在某一领域开发研制一两件有威慑的新概念武器还是有可能的，在这方面我们应该有所作为，只要有一定的经费和科技力量的投入，组织攻关，在某些方面是能够见成效的。

（二）造就信息化战争的降魔精兵

培养能够适应信息作战要求和从事信息作战的人才，是信息化军队建设的重要内容。从某种意义上说,信息作战是具有高科技知识的人才较量,我军必须把培养人才作为作战准备的基础工程,作为刻不容缓的战略性任务。

在信息时代,军事对抗双方人员的信息素质已经成为夺取战争胜利的关键因素。信息化人才的培养是一项复杂的系统工程,必须坚持育人为本,与时俱进。要抓住中国特色军事变革、军事斗争准备等历史机遇,创新人才培养总体设计,稳步推进现代化教学科研工程。

毛泽东说过:“武器是战争的重要因素,但不是决定的因素,决定的因素是人不是物”。无论信息化武器如何发展,其威力如何巨大,人是战争的决定因素这一真理是不会改变的。因为在人和武器相结合的统一体中,人始终处于主导地位,武器则处于从属地位。信息化武器的发展,只不过是人的能力的延伸,丝毫也没有降低人的因素的作用。相反,武器装备越是信息化,对人的素质要求也越高,人的因素就越重要。

适应信息作战需要,不仅要普遍提高全体军人的素质,而且要下大力培养关键人才。信息作战需要的关键人才,主要包括中、高级指挥人才,信息网络管理人才和高层次科技人才,中、高级尤其是高级指挥员,必须是具备扎实信息知识和驾驭信息作战能力,具有高技术谋略意识,善于利用信息技术组织指挥作战的复合型人才;信息网络系统组织指挥人才,是信息网络系统的具体组织者、指挥者,他们应当是既通晓信息技术、熟悉信息技术装备和信息网络,又精通信息作战特点和战法,有较强组织指挥能力的指、技合一型人才;高层次信息科技人才,是信息作战各类信息技术手段的设计者、管理者,他们必须通晓信息作战特点、战法与技术保障的要求,善于利用信息技术手段支撑信息侦察、信息进攻和信息防御作战,能使己方信息技术手段效能得到最大限度的发挥。

三、进一步完善国防动员体制

国防动员建设是国家军事战略和经济社会发展战略的重要组成部分,是关系国家长治久安的重大战略问题。当今时代,衡量一个国家的国防强弱,不单要看其军事实力,还应看其战争潜力转化为战争实力的能力,即国防动员的能力。如2003年的伊拉克战争中,美国动员参战的后备役人员达 25 万之众,与参战的现役部队人数相比约为 1 比 1。在信息化战争登上战争舞台之际,世界主要国家纷纷实行精兵政策,大幅削减现役部队员额,同时强化高技术兵种和快反部队以及军事航天、信息作战等新型力量建设。现役部队的精干化,无形中提高了对国防动员的要求,凸显了国防动员建设的重要性和紧迫性。

随着制信息权在战争中起着越来越重要的作用,战争在更大程度上取决于国与国之间信息技术、信息基础设施和信息人才间的较量。尤其是在网络战中,非军人和非军事机构同样可以参与战争,民间的信息技术、设施和人才都可以动员起来,或直接参战,或为作战服务。科索沃战争期间,正是来自雷声、波音等公司的工程师与美国空军一道,仅用了 4 天时间就迅速开发出针对南联盟特定防空与干扰系统的技术，大幅度改进了美军飞机的电子对抗能力，使 B—1B 战机能在高威胁区进行正常投弹飞行。因此，我们必须未雨绸缪，努力加强国防动员信息化建设，建立起完善的科技和信息动员机制，将有限的科技资源和信息资源通过国防动员准备，有效地整合在一起，使分散在民间的科技和信息力量能够在战时有效地生成和转化为信息战斗力、信息突击力，以满足应对未来信息化战争的需要。

四、进一步强化国防后备力量建设

随着信息化战争的到来，国防和军队建设正在进入一个以信息化为标志的新的发展时期。当前，在积极推进国防后备力量信息化建设中，必须解决好以下五个方面的问题。

（一）统一思想认识，切实把推进国防后备力量信息化建设作为一项紧迫任务来抓

伊拉克战争再次说明，现代战争谁拥有制信息权，谁就将掌握战争主动，最终赢得战争胜利。我军信息作战能力与世界军事发达国家相比，处于劣势的状况在未来较长一段时间内将难以发生根本改变。在军事斗争准备日益紧迫的情况下，有效地动员地方信息资源参战支前，充分发挥高技术条件下人民战争信息作战优势，弥补我军信息作战能力之不足，越来越凸显出不可或缺的地位和作用。所以，我们必须牢固树立以信息提升战斗力的观念，紧紧抓住国家深化改革，信息化建设日新月异的大好机遇，充分发挥地方的信息技术优势，积极推进国防后备力量信息化建设，促进其由数量规模型向质量效能型、人力密集型向科技密集型转变，实现跨越式发展，为打赢未来信息化战争奠定坚实的基础。

（二）搞好顶层设计，科学制定国防后备力量信息化建设的发展思路

搞好顶层设计，事关国防后备力量信息化建设的发展方向。我们必须紧紧围绕未来信息化战争如何打，国防后备力量如何配合现役部队开展信息作战等问题来筹划，明确思路。一是要有前瞻性。要树立超前意识、领先意识和创新意识，利用最前沿的理论成果、最先进的信息系统、最优秀的人才资源，在缩短建设周期上求跨越，在综合集成建设上见成效、在创新开拓中谋发展。二是要有系统性。各级各单位要在统一规划指导下，根据任务分工组织实施，避免出现各自为政、自成体系的现象。三是要有规范性。国家必须建立国防后备力量信息化建设统一的领导体制、建设标准和法规制度等政策规定，切实依法抓建，确保国防后备力量信息化建设快速、有序、健康地发展。

（三）突出建设重点，尽快建立一支强大的信息作战后备力量

推进国防后备力量信息化建设的核心和关键，在于通过民兵组织把地方广泛的信息资源和众多的信息科技人员整合起来，发挥好作用，建立一支强大的信息作战后备力量。一是要建立适应任务需要和信息人才分布特点的组织体系。我们要根据后备信息作战力量战时担负的主要任务和参战的主要形式，制定组织建设的总体规划，明确力量编成、编组种类和任务区分。要根据地方信息技术、人才、装备

的分布特点和军事斗争准备需要，因地制宜，分类建设。二是要建立适应打赢要求和信息作战后备力量专业特点的训练体系，加强民兵信息战分队的科学施训。三是要建立多渠道多形式的信息作战后备力量装备保障体系。对信息作战后备力量的装备保障，要坚持“军地兼容、合理配置、多方保障”的原则，打破只在地方对口单位预编的形式。要采取军队配发专用装备、省市政府采购补充、编组单位预编抽编等办法来解决。

（四）从国情军情出发，建立完善国防后备力量信息化建设的领导保障机制

一是要建立军地统一的领导体制。建议建立以政府为主体、军队为补充的信息动员组织机构，在本级国防动员委员会统一领导下开展工作；二是要建立健全政策激励机制。对地方信息力量动员和国防后备力量信息化建设作出相应的规定，依法动员和组织地方信息技术力量参加民兵组织和参战支前，对参与人员要建立奖励机制，特别是对战时作出突出贡献的人才要给予重奖；三是要科学制定动员预案。各级国防动员委员会要把地方信息资源的储备情况作为国防动员潜力调查的一项重要内容，每年组织一次调查摸底和登记统计，建立信息动员数据库，并以此为基础，制定应急动员预案。

（五）多策并举推进国防后备力量建设向信息化转型

一是应着眼“双赢”推进国防后备力量的信息化建设。要在经济建设与国防建设的协调发展上下功夫，谋求经济利益和国防利益实现“双赢”。二是应抓住人才建设这个根本不放松。国防后备力量信息化建设，人才是根本。要加大对国防后备力量信息化人才培养的投入，建立人才培养机制，防止人才流失。三是充分利用地方信息化建设的基础和成果。要搞好军地协作，建立和完善军地联合攻关、合力转型的保障机制，构建国防后备力量信息系统与国民经济动员系统互相通联的信息网络系统，充分利用地方，特别是高校在信息、技术、人才的优势，为推进后备力量建设转型创造有利条件。四是建用并举，用信息化建设的成果促进战斗力增长。可以充分利用基础网络平台的作用，发挥网络平台的效能，以用促建，建用并举，改进指挥训练手段，提升训练层次，促进战斗力增长。

思考题：

1. 信息化战争的含义有哪些？
2. 信息化战争的主要特征是什么？
3. 如何增强打赢信息化战争的作战能力？

第六章 三大条令教育与训练

条令，是中央军委以简明条文的形式发布给全军的命令。它是军队战斗、训练、工作、生活的法规和准则。条令按规定的范围分类很多，如《内务条令》、《纪律条令》、《队列条令》、《步兵战斗条令》、《政治工作条令》，还有机关、军衔、各种武器装备、器材和技术条令等。

《内务条令》、《纪律条令》、《队列条令》是我军各军种、兵种的共同条令，是每个军人必须遵守的法典。我军从创建之日起就重视条令建设。如红军时期颁发过《内务条令》（后改为内务条令和纪律条令），并参照列宁创建苏联红军时颁发的步兵战斗条令第一部分进行队列训练。以后，随着军队建设的发展，根据毛泽东同志关于人民军队建军原则，制定了我军的内务、纪律、队列三大条令，并在实践中不断充实完善。现行的三大条令是根据21世纪我军建设的新情况、新要求，对1997年我军颁布的三大条令进行修订，于2002年3月颁布施行的，新式军服配发后，2007年对条令进行了修订，2010年再次对条令进行了修订。

我军是执行政治任务的武装集团，主要任务是打仗。军队的使命要求部队要有高度的集中统一和严格的组织纪律观念。而军队成员来自五湖四海，出身、经历、生活习惯各不相同，文化教育、思想修养、觉悟程度和道德观念也不完全一样。如果没有一个从生活到工作，从训练到作战的统一准则规范部队的行动，那必然是没有战斗力的部队，也就不能完成军队所担负的以作战为中心的各项任务。

努力把我军建设成为现代化正规化的革命军队，是全军的战略目标，也是毛泽东、邓小平、江泽民三代领导人和以胡锦涛同志为首的新一代党中央领导集体的共同期望。军队的现代化和正规化，是不可分割的整体。为了建设一支21世纪能够打赢信息化战争的革命军队，必须进行正规化建设。正规化是现代化不可缺少的条件，没有正规化就不能实现现代化；越是现代化越需要正规化。

军队现代化是指现代先进科学技术普遍运用于军事领域，使军队的武器装备等与社会生产力所达到的水平相适应。军队的正规化就是用与现代化相适应的统一规格或标准来规范军队的各项工作和军人的一切行动。这个统一的规格和标准就是条令。从这种意义上讲，正规化就是按条令办事，就是条令化。一切生活、训练、工作、战斗都照条令进行，并达到条令所规定的标准，这就是正规化的具体表现。因此，军队现代化越高，正规化要求就越高，条令的要求也就越严。没有条令的贯彻执行，正规化建设无从谈起，军队现代化就没有保障。

第一节 三大条令教育

一、《内务条令》教育

我军在不同的历史发展时期,都非常重视军队内务制度的建设。《内务条令》对于严格规范军人的行为,建立良好的内外关系和正规的秩序,巩固军队内部的团结统一,提高军队的战斗力,保证军队的正常运转和圆满完成作战及其他各项任务,具有十分重要的作用。

(一)《内务条令》的概念

《内务条令》是规定军队内部关系、生活制度和军人职责的条令,是全军进行行政管理教育的依据。

(二)《内务条令》的基本内容

最新修订的《内务条令》共分21章、420条,并有附录11项。

第一章:总则。是整个条令的纲要。集中阐述了我军的性质和任务;提出了我军新时期建军的总方针;明确了内务建设的基本任务。强调了:必须坚持人民军队的性质;必须坚持以提高战斗力为根本标准;必须坚持政治工作生命线地位;必须坚持依法治军、从严治军;必须坚持和发扬优良传统;各级首长和机关必须按级负责,各司其职。

第二章:军人宣誓。军人誓词是:"我是中国人民解放军军人,我宣誓:服从中国共产党的领导,全心全意为人民服务,服从命令,严守纪律,英勇顽强,不怕牺牲,苦练杀敌本领,时刻准备战斗,决不叛离军队,誓死保卫祖国。"另外,对军人宣誓的要求、宣誓大会的程序以及军人退役集体向军旗告别等均作了规定。

第三章:军人职责。该章规定了士兵和军官(首长)的一般职责,并对各级军政主官,乃至技师、正副班长和卫勤人员职责都作了明确规定。

第四章:内部关系。本章对军人相互关系、官兵关系、机关相互关系和部(分)队相互关系都作了明确规定。体现了一种人民军队特有的内部关系;强调了"军人不论职位高低,在政治上一律平等,相互之间是同志关系",但是"部属、下级必须服从首长、上级"。

第五章:礼节。主要讲军队内部的礼节、军人和部(分)队对军外人员的礼节和其他时机和场合的礼节规定。指出军人讲礼节,表达了军人相互间的尊重和友爱,是对地方人员、外宾的礼貌,是精神文明建设在部队的一种良好体现。值得一提的是,本条令在军人敬礼的要求上,首次明确规定"着军服戴军帽或者不戴军帽,通常行举手礼",这主要便于与国际军队间的接轨。

第六章:军人着装。这是条令新增设的一项内容。明确规定了军人着装的基本要求,着礼服、常服、作训防护服的时机和场合。提出"军人应当按照规定配套穿着军服、佩带标志服饰。"

第七章:军容风纪。详细规定了军人仪容和举止的具体要求。提出“军人必须按规定着军装,保持军容严整”。“军人必须举止端正,谈吐文明,精神振作,姿态良好”。并且,还对军容风纪检查的方式、方法作了明确规定。

第八章:与军外人员的交往。提出“军人在对外交往中必须遵纪守法,坚决维护国家和军队的利益”。同时,对军人应该参加哪些社会活动,不应该参加哪些社会活动均作了明确规定。

第九章:作息。一是讲一日时间分配,指出:“工作日通常保持八小时工作(操课)和八小时睡眠,并规定起床、早操、洗漱、开饭、课外活动和点名时间。星期六可用于集体组织科学文化学习、文体活动、农副业生产等。星期日和节假日除特殊情况外应该安排休息。”二是讲连队一日生活的具体项目、内容和要求。三是讲机关一日生活秩序。

第十章:日常制度。部队的日常制度通常包括:行政会议;请示报告;内务设置;登记统计;请假销假;查铺查哨;留营住宿;点验;交接;接待;证件和印章管理;保密。

第十一章:值班。值班是部队常备不懈,指挥不间断的保障。该章由值班制度、值班人员基本职责、交接班和换班各节构成。

第十二章:警卫。警卫是为了保卫机关、部队和装备、物资的安全。本章提出了警卫要求、注意事项和一般守则。

第十三章:零散人员管理。本章要求各级首长、机关应加强对公勤人员、单独执行任务人员、探亲休假人员、伤病员的管理教育,使他们保持良好的军人形象,维护军队的荣誉。

第十四章:日常战备和紧急集合。本章要求部队(分队)必须高度重视战备工作,紧密结合形势和任务,经常进行战备教育,增强战备观念,建立正规的战备秩序,保持良好的战备状态。为锻炼部队(分队)紧急行动能力,检查战斗准备情况,通常连每月、营每季、旅(团)每半年进行一次紧急集合。

第十五章:后勤日常管理。本章要求部(分)队首先必须重视财务、伙食、农副业生产、卫生、军事交通运输和房地产的管理。

第十六章:装备日常管理。本章要求部队(分队)必须严格执行装备管理的有关条例和规章制度,加强日常管理,防止装备丢失、损坏、锈蚀和霉烂变质,保证装备始终处于良好状态。

第十七章:营区管理。强调了部(分)队首长应当加强营区管理,教育部属和其他有关人员自觉遵纪守法,讲究文明,维护良好的工作秩序和生活秩序,保证安全和营区环境优美整洁,秩序井然。

第十八章:野营管理。部(分)队野营要认真做好准备,进行思想动员和政策纪律教育,要妥善保管好武器装备,遵守群众纪律,维护军政、军民团结。同时,也提出了十条注意事项。

第十九章:常见事故防范。本章提出了加强对车辆交通事故、工程作业事故、误击误炸事故、火灾事故、淹亡事故、触电事故、中毒事故、飞行事故、舰艇事故、装备事故、爆炸事故、医疗事故和其他事故的防范，确保部（分）队的安全。

第二十章：国旗、军旗、军徽的使用和国歌、军歌的奏唱。本章对国徽的使用和国歌的奏唱，军旗、军徽的使用和军歌的奏唱均做出了具体规定。指出军人必须维护和捍卫祖国的尊严，维护军威、国威。

第二十一章：附则。说明了本条令适用范围和解释权限。

附录。介绍了军旗（包括了陆、海、空三军军旗）式样、军徽式样；登载了《中国人民解放军军歌》；列举了报告词示例；介绍了帽徽、肩章、军种（专业技术）符号和领花的佩带与缀钉方法；规范了连队宿舍内物品放置秩序；示意了男女军人参照发型。并且对军人外出证和连队要事日记式样也做了规定。

（三）贯彻《内务条令》的要求

《内务条令》是部队实施管理教育的依据，是军队生活的准则，也是部队战斗力形成的保障。因此，每个军人必须认真、坚决地贯彻执行。贯彻好《内务条令》应该做好如下四点。

第一，加强《内务条令》的学习和教育，提高全体人员执行条令的自觉性。通过条令的学习和教育，使全体人员弄懂执行条令的目的、意义和要求。要认识到贯彻执行条令，不仅是为了维护部队平时的内务秩序，根本的着眼点是培养和锻炼部队具有适应现代战争的各种能力，确实从思想上提高贯彻执行《内务条令》的自觉性。

第二，理论联系实际，严格按照条令办事。执行条令，不仅是口头上讲，而且贵在落实。在日常生活、工作、训练中要严格地按条令办事，养成良好的习惯，使军人的一切行动和部队工作的方方面面都按照条令的要求去做，切实把条令落到实处。

第三，抓好养成教育。要把条令变成全体军人的自觉行动，必须在养成教育上下功夫。各级机关和干部，要从一点一滴，一言一行抓起，一抓到底；特别是基层干部，要做到身教重于言教，以榜样的力量带动下级；要做到腿勤、眼勤、嘴勤，及时发现问题，纠正违反条令的现象；发挥群众工作的威力，互相监督，互相教育，使部队养成按条令办事的习惯，形成良好风气。

第四，搞好检查评比工作。检查评比是推动部队贯彻条令的一项重要措施。通过检查评比奖励先进，鞭策后进，带动中间；检查评比要公正平等，讲求实效，不做表面文章；要坚持赏罚严明，赏好罚差，充分调动全体人员贯彻落实条令的积极性。

二、《纪律条令》教育

我军的《纪律条令》是在长期的军事斗争和军队建设实践中逐步形成和完善起来的。我军自建军之日起，就把加强组织纪律性放在各项工作首位。红军井冈山斗争时期，就制定了“三大纪律六项注意”（后改为“三大纪律八项注意”）。“加强纪律性，革命无不胜”。我军就是靠着铁的纪律，才由小到大，由弱到强。在新时期，我军以一切为打赢为主要战略目标，就必须继承和发扬纪律建军的优良传统，加快实现我军的现代化、正规化建设。

(一)《纪律命令》的概念

《纪律条令》就是规定军队纪律的条令,是全军维护和巩固纪律的依据。它规定了军队纪律的具体内容,同时对模范执行纪律和违反纪律的行为,作出了奖励和处分的具体规定。

(二)《纪律条令》的基本内容

最新修订的《纪律条令》共7章、179条,并有附录8项。

第一章:总则。着重阐述了我军纪律产生的基础、目的和基本内容;维护和巩固纪律的方法、措施;并对各级首长和全体军人如何巩固和维护纪律提出了总要求。

第二章:奖励。明确了奖励的目的在于调动广大官兵的积极性,发扬爱国主义、共产主义和革命英雄主义精神,保证作战和其他各项任务的完成;规定了奖励的项目、条件、权限和奖励的要求、手段和形式。

第三章:处分。明确了处分的目的在于严明纪律,教育违纪者和部队,加强集中统一,巩固和提高部队战斗力;规定了处分的原则项目、条件、权限和实施的具体要求、方法。

第四章:特殊措施。本章规定了为制止严重违纪行为和预防事故、案件发生,必要时可由各级采取行政看管措施,但不应超越权限;明确了在各种特殊情况下发生问题处理的原则和方法以及所负的责任。

第五章:控告和申诉。明确了控告和申诉的目的,军人实施控告和申诉的条件、程序和形式;保障军人控告、申诉权利的要求。

第六章:首长责任和纪律监察。提出:各级首长负有维护纪律的直接责任。要以身作则,严于律己;要按条令的规定和程序,正确地实施奖惩,不得以权谋私;要行使各级军人代表会议、连队军人委员会民主权利,敢于批评揭露不良倾向以及违法乱纪行为。

第七章:附则。规定了本条令使用的范围和奖章、奖状、立功证书等制发的机关。

附录。主要有:"三大纪律八项注意"内容;个人、单位奖励登记表和处分登记表、行政看管审批表、行政看管登记表、士官留用察看审批表、控告申诉登记表等式样。

(三)贯彻《纪律条令》的要求

第一,坚持以思想教育为主的方针。这一方针既是纪律条令本身的明确要求,也是我军维护和巩固纪律的光荣传统。首先,要经常组织部队官兵认真学习马列主义、毛泽东思想、邓小平理论和"三个代表"的重要思想,不断提高思想政治觉悟。执行纪律问题,说到底是个思想觉悟和世界观问题。高度的政治觉悟,是自觉遵守纪律的基础,而一切非无产阶级的思想,则是违法乱纪的思想根源。其次,要经常进行道德、法制和纪律教育,不断增强法制和纪律观念,让全体人员懂得什么是纪律,为什么要遵守纪律,怎样去遵守纪律。并结合正反两个方面的实例,紧密联系实际进行教育,进而在思想上、理论上奠定遵守纪律的坚实基础。

第二,坚持赏罚严明的原则。正确地实施奖惩,是维护纪律的必要措施。要使纪律真正得到执行,成为大家自觉遵守的准则,正确地实施赏罚就起到关键的作用。赏罚严明要坚持实事求是,坚持原则,不徇私情,才能使纪律顺利执行。

第三,干部要做执行《纪律条令》,遵纪守法的模范。在贯彻落实《纪律条令》中,各级干部必须以身作则,正人先正己,正己而后正人。一是自己带头遵纪守法,并要做到执法、护法,及时同各种违法乱纪现象作斗争。二是要明确行动是无声的命令,如果干部能够自觉地执行纪律,给部属做出好样子,部属就愿意服从干部的管理,就能使我军的纪律成为每个军人的自觉行动准则。

三、《队列条令》教育

《队列条令》是随着军队武器装备和作战样式的发展变化,为适应军队的建设和作战需要而产生和发展的。新中国成立以来,我军先后颁发了 9 次《队列条令》,对加强我军的正规化建设,巩固提高军队的战斗力,都具有十分重要的作用。

(一)《队列条令》的概念

《队列条令》是规定部队和单个军人队列动作的条令,是全军队列训练和队列生活的依据。该条令从适应我军优良作风的培养和军事训练需要出发,以培养个人的良好姿态,严整的军容,协调一致的动作,优良的战斗作风,提高部队的组织纪律性,增强我军的战斗力为目的。

(二)《队列条令》的基本内容

最新修订的《队列条令》共 11 章、71 条,并有附录 4 项。

第一章:总则。阐明了队列训练的意义、目的,规定了队列纪律。

第二章:队列指挥。规定了队列指挥员的指挥位置、指挥方法,并提出了具体要求。

第三章:队列队形。明确了队列的三种基本队形和队列间距;介绍了班、排、连、营、团队形的排列序列。

第四章:单个军人的队列动作。规定了单个军人徒手队列动作以及操枪、操筒(炮)时的基本队列动作。

第五章:班、排、连、营、团的队列动作。规定了班、排、连、营、团的队列动作(如集合、离散、整齐、报数、队形变换、方向交换等)。

第六章:分队乘坐汽车、火车、舰(船)艇和飞机。规定了分队乘坐汽车、火车、舰(船)艇和飞机的组织程序、实施方法和要求,明确了车行与停止的注意事项和具体规定。

第七章:敬礼。规定了单个军人和分队在不同场合的敬礼动作。

第八章:国旗的掌持、升降和军旗的掌持、授予与迎送。规定了国旗、军旗掌持动作要领,升降国旗和迎送军旗时的队形和队列人员的动作要求。

第九章:阅兵。明确了阅兵的时机和形式,规定了(步兵团)阅兵式和分列式的组织程序和分队的动作要领。

第十章:晋升(授予)军衔仪式。包括晋升(授予)军衔仪式、授枪仪式和纪念仪式。

第十一章:附则。说明了条令的适应范围及解释权限。

附录。规定了队列口令的分类、下达的基本要领和呼号的节奏、队列指挥位置示例、标志旗的规格和符号。

(三)贯彻落实《队列条令》的要求

第一,深入进行《队列条令》教育,提高对队列训练重要意义的认识,增强执行《队列条令》的自觉性。通过《队列条令》的教育训练,使大家认识到:队列训练是培养部队高度组织纪律观念的重要措施,严格的队列训练,可以使部队养成"讲军容、讲礼貌、讲纪律、讲团结"的良好作风。同时,也有助于部队的体质锻炼,增强战斗力。

第二,贯彻"严格要求,严格训练"的训练方针。条令是法典,每个军人都必须遵守。队列训练要严格,"严"就是严肃、认真,一丝不苟;"格"就是规格,规格就是条令。队列训练就要以《队列条令》的规定动作、队形为标准,规范其行为举止,不允许有半点马虎和走样。

第三,贯彻"教养一致"的原则。《队列条令》总则指出:全体军人必须严格执行条令,加强队列训练,培养良好的军姿、严整的军容、过硬的作风、严格的纪律性和协调一致的动作,促进军队正规化建设,巩固和提高战斗力。进行队列训练,必须从实际出发,要扎扎实实,讲究实效。在操场上要按照条令、条例、教程、教范规定的动作要领严格训练;在日常生活中,也要严格要求、大胆管理,养成良好习惯,做到教养一致。不能在操场上严,日常生活中松。要把操场上队列训练的动作,贯彻于一日生活中去,培养军人有教养、讲礼貌的良好习惯。队列训练要有"团队精神",要培养"整齐划一,令行禁止"的集体主义观念。通过严格的训练和平时的养成,培养干部、战士贯彻条令的自觉性。只有这样,才能把《队列条令》落到实处。

第四,干部以身作则,搞好传、帮、带是贯彻好条令的关键。古今中外的著名将领,都十分重视对军队的队列训练。朱德同志讲过:"干部不怕死,战士就勇敢了,干部肯吃苦,战士就再苦也甘心。"干部的行动就是无声的命令,喊破嗓子也不如做出样子。贯彻条令,也要这样。干部本身要做好,要做表率,以自己的模范行动去影响部队、带动部队,万众一心,才能把《队列条令》贯彻到底。

第二节　队列动作训练

队列动作是对单个军人和部(分)队所规定的队列训练、队列生活和日常生活的制式动作;是战斗动作的基础,是培养"团队精神",提高战斗力的一种必要形式。

一、单个军人的队列动作

(一)立正

立正是军人的基本姿势,是队列动作的基础。军人在宣誓、接受命令、进见首长和向首长报告、回答首长问话、升降国旗和军旗、奏国歌和军歌等严肃庄重的时机和场合,均应当自行立正。

口令:立正。

要领:两脚跟靠拢并齐,两脚尖向外分开约60°;两腿挺直;小腹微收,自然挺胸;上体正直,微向前倾;两肩要平,稍向后张;两臂下垂自然伸直,手指并拢自然微曲,拇指尖贴于食指第二节,中指贴于裤缝;头要正,颈要直,口要闭,下颌微收,两眼向前平视(图6-1)。

图6-1 立 正

图6-2 携枪立正

携枪的要领:肩冲锋枪和81式自动步枪时,右手在右胸前握背带(拇指由内顶住),右大臂轻贴右肋,枪身垂直,枪口向下(图6-2)

(二)跨立

即跨步站立。主要用于军体操执勤和舰艇上分区列队等场合。可以与立正互换。

口令:跨立。

要领:左脚向左跨出约一脚之长,两腿挺直,上体保持立正姿势,身体重心落于两脚之间。两手后背,左手握右手腕,拇指根部与外腰带下沿(内腰带上沿)同高;右手手指并拢自然弯曲,手心向后。携枪时不背手(图6-3)。

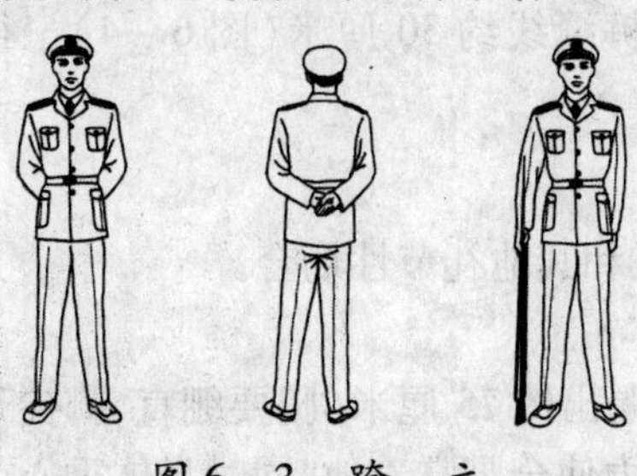

图6-3 跨 立

（三）稍息

口令：稍息。

要领：左脚顺脚尖方向伸出约全脚的2/3，两腿自然伸直，上体保持立正姿势，身体重心大部分落于右脚。携枪时，携带的方法不变，其余动作同徒手。稍息过久，可以自行换脚。

（四）停止间转法

1. 向右（左）转

口令：向右（左）——转。半面向右（左）——转。要领：以右（左）脚跟为轴，右（左）脚跟和左（右）脚掌前部同时用力，使身体协调一致向右（左）转90°，体重落在右（左）脚，左（右）脚取捷径迅速靠拢右（左）脚，成立正姿势。转动和靠脚时，两腿挺直，上体保持立正姿势。半面向右（左）转，按照向右（左）转的要领转45°。

2. 向后转

口令：向后——转。要领：按照向右转的要领向后转180°。

3. 持枪时的动作

持枪转动时，除按照徒手动作要领外，听到预令，将枪稍提起，拇指贴于右胯，使枪随身体平稳转向新方向，托前踵轻轻着地，成持枪立正姿势。

（五）行进

行进的基本步法分为齐步、正步和跑步，辅助步法分为便步、踏步和移步。

1. 齐步

齐步是军人行进的常用步法。

口令：齐步——走。

要领：左脚向正前方迈出约75厘米，按照先脚跟后脚掌的顺序着地，同时身体重心前移，右脚照此法动作；上体正直，微向前倾；手指轻轻握拢，拇指贴于食指第二节；两臂前后自然摆动，向前摆臂时，肘部弯曲，小臂自然向里合，手心向内稍向下，拇指根部对正衣扣线，并与最下方衣扣同高（着夏季作训服时，与第四衣扣同高；着冬季作训服时，与第五衣扣同高；着水兵服时，与腰带同高），离身体约25厘米，向后摆臂时，手臂自然伸直，手腕前侧距裤缝线约30厘米（图6－4）。行进速度每分钟116～122步。

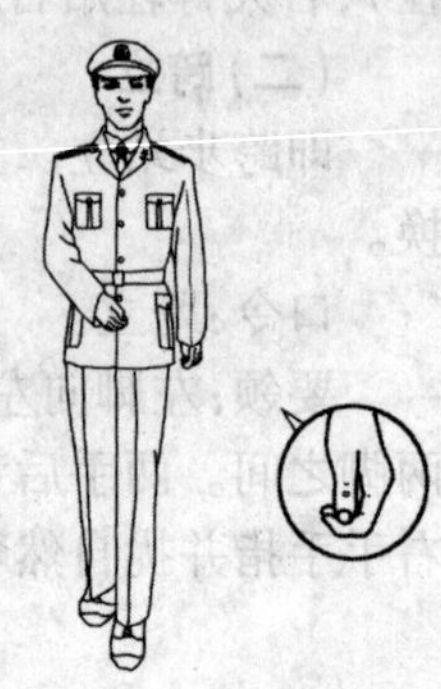

图6－4　齐　步

2. 正步

正步主要用于分列式和其他礼节性场合。

口令：正步——走

要领：左脚向正前方踢出约75厘米（腿要绷直，脚尖下压，脚掌与地面平行，离地面约25厘米），适当用力使全脚掌着地，同时身体重心前移，右脚照此法动作；上体正直，微向前倾；手指轻轻握拢，拇指伸直贴于食指第二节；向前摆臂时，肘部弯曲，小臂略成水平，手心向内稍向下，手腕下沿摆到高于最下方衣扣约 10 厘米处（着夏季作训服时，约与第三衣扣同高；着冬季作训服时，约与第四衣扣同高；着水兵服时，手腕上沿距领口角约 15 厘米），离身体约 10 厘米；向后摆臂时（左手心向右，右手心向左），手腕前侧距裤缝线约 30 厘米（图 6－5）。行进速度每分钟 110～116 步。

图 6－5　正　步

3. 跑步

跑步主要用于快速行进。

口令：跑步——走。

要领：听到预令，两手迅速握拳（四指卷握，拇指贴于食指第一关节和中指第二节），提到腰际，约与腰带同高，拳心向内，肘部稍向里合。听到动令，上体微向前倾，两腿微弯，同时左脚利用右脚掌的蹬力跃出约 85 厘米，前脚掌先着地，身体重心前移，右脚照此法动作（图 6－6）；两臂前后自然摆动，向前摆臂时，大臂略直，肘部贴于腰际，小臂略平，稍向里合，两拳内侧各距衣扣线约 5 厘米；向后摆臂时，拳贴于腰际。行进速度每分钟 170～180 步。

图 6－6　跑　步　　图 6－7　踏　步

4. 便步

便步用于行军、操练后恢复体力及其他场合。

口令：便步——走。

要领：用适当的步速、步幅行进、两臂自然摆动，上体保持良好姿态。

5. 踏步

踏步用于调整步伐和整齐。

停止间口令：踏步——走。行进间口令：踏步。

要领：两脚在原地上下起落（抬起时，脚尖自然下垂，离地面约 15 厘米；落下时，前脚掌先着地），上体保持正直，两臂按照齐步或者跑步摆臂的要领摆动（图 6－7）。

6. 移步

在 5 步以内使用，用于调整队列位置。

右(左)跨步。

口令:右(左)跨×步——走。

要领:上体保持正直，每跨 1 步并脚一次，其步幅约与肩同宽，跨到指定步数停止。

向前或后退。

口令:向前×步——走。后退×步——走。

要领:向前移步时，应当按照单数步要领进行(双数步变为单数步)。向前 1 步时，用正步，不摆臂;向前 3、5 步时，按照齐步走的要领进行。向后退时，从左脚开始，每退 1 步靠脚一次，不摆臂，退到指定步数停止。

7. 持枪行进

持枪时，听到行进口令的预令，将枪提起，使枪身略直，拇指贴于右胯，使枪身稳固，其余要领同徒手。

(六)立定

口令:立——定。

要领:齐步和正步时，听到口令，左脚再向前大半步着地(脚尖向外约 30°)，两腿挺直，右脚取捷径迅速靠拢左脚，成立正姿势。跑步时，听到口令，再跑 2 步，然后左脚向前大半步(两拳收于腰际，停止摆动)着地，右脚靠拢左脚，同时将手放下，成立正姿势。踏步时，听到口令，左脚踏 1 步，右脚靠拢左脚，原地成立正姿势(跑步的踏步，听到口令，继续踏 2 步，再按照上述要领进行)。持枪立定时，在右脚靠拢左脚后，迅速将托底钣轻轻着地。其余要领同徒手。

(七)步法交换

步法变换，均从左脚开始。齐步、正步互换，听到口令，右脚继续走 1 步，即换正步或者齐步行进。齐步换跑步，听到预令，两手迅速握拳提到腰际，两臂前后自然摆动;听到动令，即换跑步行进。齐步换踏步，听到口令，即换踏步。跑步换齐步，听到口令，继续跑 2 步，然后，换齐步行进。跑步换踏步，听到口令，继续跑 2 步，然后换踏步。踏步换齐步或者跑步，听到“前进”的口令，继续踏 2 步，再换齐步或者跑步行进。

(八)行进间转法

1. 齐步、跑步向右(左)转

口令:向右(左)转——走。

要领:左(右)脚向前半步(跑步时，继续跑 2 步，再向前半步)，脚尖向右(左)约 45°，身体向右(左)转 90°时，左(右)脚不转动，同时出右(左)脚按照原步法向新方向行走。单面向右(左)转走，按照向右(左)转走的要领转 45°。

2. 齐步、跑步向后转

口令:向后转——走。要领:左脚向右脚前迈出约半步(跑步时,继续跑2步,再向前半步),脚尖向右约45°,以两脚的前脚掌为轴,向后转180°,出左脚按照原步法向新方向行进。

转动时,保持行进时的节奏,两臂自然摆动,不得外张;两腿自然挺直,上体保持正直。

(九)坐下、蹲下、起立

1. 坐下

口令:坐下。枪靠右肩——坐下。

要领:左小腿在右小腿后交叉,迅速坐下(坐凳子时,听到口令,左脚向左分开约一脚之长),手指自然并拢放在两膝上,上体保持正直。

携枪坐下时,枪靠右肩(枪面向右、筒面向左),右手自然扶贴护木(折叠式冲锋枪,移扶复进机盖后端),左手手指自然并拢,放在左膝上。肩冲锋枪、81式自动步枪坐下时,听到预令,将枪取下,右手移握护木,使枪背带从肩上滑下;肩折叠式冲锋枪时,右手移握散热孔,将枪口转向左前,左手虎口向右握弹匣,右手打开枪托后,移握散热孔。

图6-8 蹲 下

背背包时,听到“放背包”的口令,两手握背包带,取下背包,转体向右,右手将背包横放在脚后,背包口向左,按照口令坐在背包上。携枪放背包时,先置枪或两腿夹枪,然后放背包(图6-8)。

2. 蹲下

口令:蹲下。

要领:右脚后退半步,前脚掌着地,臀部坐在右脚跟上(膝盖不着地),两腿分开约60°,手指自然并拢放在两膝上;上体保持正直。蹲下过久,可以自行换脚。持枪时,右手移握护木(冲锋枪、81式自动步枪的携带方法不变),左手手指自然并拢,放在左膝上。

3. 起立

口令:起立。

要领:全身协力迅速起立,成立正姿势或者成持枪、肩枪立正姿势。

(十)脱帽、戴帽

1. 脱帽

口令:脱帽。

要领:双手捏帽檐或者帽前端两侧,将帽取下,取捷径置于左小臂,帽徽向前,掌心向上,四指扶帽檐或者帽墙前端中央处,小臂略成水平,右手放下。(图6-9)

2. 戴帽

口令:戴帽。要领:双手捏帽檐或者帽前端两侧,取捷径将帽迅速戴正。

3. 携枪脱戴帽

携枪时,用左手脱、戴帽。

4. 夹帽

口令:夹帽。要领:将帽夹于左腋下,左手握帽墙,帽徽向前,帽顶向左。

图 6-9 脱 帽

(十一)整理着装

通常在立正的基础上进行。

口令:整理着装。

要领:双手(持81式自动步枪时,将枪夹于两腿间)从帽子开始,自上而下,将着装整理好。必要时,也可以相互整理。整理完毕,自行稍息。听到"停"的口令,恢复立正姿势。

(十二)冲锋枪手和81式自动步枪手的操枪

1. 肩枪、挂枪互换

肩枪换挂枪

口令:挂枪。

要领:右手移握护木(79式冲锋枪,握导气箍),右臂前伸将枪口转向前,左手掌心向下在右肩前握背带;两手协力将背带从头上套过,落在左肩,使枪身在胸前约成45°(表尺中央部位位于衣扣线);右手移握枪颈(折叠式冲锋枪,握复进机盖后端),左手放下(阅兵等时机左手可握护木),成挂枪立正姿势(图6-10)

图 6-10 肩枪、挂枪

挂枪换肩枪

口令:肩枪。

要领:右手移握护木,左手移握背带;两手协力将背带从头上套过,落在右肩,枪口向下,枪身垂直;右手移握背带(拇指由内顶住),左手放下,成肩枪立正姿势。

2. 肩枪、背枪互换

肩枪换背枪

口令:背枪。

要领:左手在右肩前握背带,右手掌心向后移握准星座;两手协力将枪上提,左手将背带从头上套过,落在左肩;两手放下,成背枪立正姿势(图6-11)

背枪换肩枪

口令:肩枪。

要领:右手掌心向后握准星座;左手在左肩前握背带;两手协力将背带从头上

套过，落在右肩；右手移握背带（拇指由内顶住），左手放下，成肩枪立正姿势。

3. 挂枪、背枪互换

挂枪换背枪

口令：背枪。

要领：右手握准星座，稍向上提，左手在左肩前握背带；两手协力将枪转到背后；两手放下，成背枪立正姿势。

图6－11 背 枪

背枪换挂枪

口令：挂枪。

要领：右手掌心向前移握准星座，稍向上提，左手在右肋前握背带；两手协力将枪转到胸前；右手移握枪颈（折叠式冲锋枪，握复进机盖后端），左手放下或者握护木，成挂枪立正姿势。

4. 81式自动步枪（打开枪托，上刺刀）的提枪、枪放下

提枪

口令：提枪。

要领：右手将枪提到右肩前，枪身垂直，距身体约10cm，枪面向后，手约同肩高，大臂轻贴右肋，同时左手握护木；右手移握握把，右臂伸直；将枪轻贴右侧，枪身要正，并与衣扣线平行；右大臂轻贴右肋，左手迅速放下，成提枪立正姿势（图6－12）

图6－12 提 枪

枪放下

口令：枪放下

要领：左手迅速握护木，右手移握准星座附近；左手放下的同时，右手将枪放下，使托前踵轻轻着地，成持枪立正姿势。

二、分队的队列动作

（一）集合、离散

1. 集合

集合是使单个军人、分队、部队按照规范队形聚集起来的一种队列动作。集合时，指挥员应当先发出预告或者信号，如“全连（或者×排）注意”，然后，站在预定队形的中央前，面向预定队形成立正姿势，下达“成××队——集合”的口令。所属人员听到预告或者信号，原地面向指挥员成立正姿势；听到口令，跑步到指定位置面向指挥员集合（在指挥员后侧的人员，应当从指挥员右侧绕过），自行对正、看齐，成立正姿势。

班集合

口令：成班横队（二列横队）——集合。

要领:基准兵迅速到班长左前方适当位置,成立正姿势;其他士兵以基准兵为准,依次向左排列,自行看齐。

成班二列横队时,单数士兵在前,双数士兵在后。

口令:成班纵队(二路纵队)——集合。

要领:基准兵迅速到班长前方适当位置,成立正姿势;其他士兵以基准兵为准,依次向后排列,自行对正。成班二路纵队时,单数士兵在左,双数士兵在右。

排集合

口令:成排横队——集合。

要领:基准班在指挥员前方适当位置,成班横队迅速站好;其他班成班横队,以基准班为准,依次向后排列,自行对正、看齐。

口令:成排纵队——集合。

要领:基准班在指挥员右前方适当位置,成班纵队迅速站好;其他班成班纵队,以基准班为准,依次向右排列,自行对正、看齐。

连集合

口令:成连横队——集合。

要领:队列内的连指挥员或者基准排,在指挥员左前方适当位置,成横队迅速站好;各排和连部成横队,以连指挥员或者基准排为准,依次向左排列,自行对正、看齐。

口令:成连纵队——集合。

要领:队列内的连指挥员或者基准排,在指挥员前方适当位置,成纵队迅速站好;各排和连部成纵队,以连指挥员或者基准排为准,依次向后排列,自行对正、看齐。

口令:成连并队纵队——集合。

要领:队列内的连指挥员或者基准排,在指挥员左前方适当位置,成纵队迅速站好;各排连部成纵队,以连指挥员或者基准排为准,依次向左排列,自行对正、看齐。

营集合

通常规定集合的时间、地点、方向、队形、基准分队以及应当携带的武器、器材和装具等事项。各连接照营的规定,由连长整队带往营的集合地点,随即向基准分队取齐,然后,跑步到距主持集合的指挥员 5~7 步处报告人数。例如:"营长同志,步兵第×连,应到×××名,实到××名,请指示。"

2. 离散

离散是使列队的单个军人、分队、部队各自离开原队列位置的一种队列动作。

离开

口令:各营(连、排、班)带开(带回)。

要领:队列中的各营(连、排、班)指挥员带领本队迅速离开原列队位置。

解散

口令:解散。

要领:队列人员迅速离开原列队位置。

(二)整齐、报数

1. 整齐

整齐,是使列队人员按照规定的间隔、距离,保持行、列齐整的一种队列动作。整齐分为向右(左)看齐和向中看齐。

口令:向右(左)看——齐。向前——看。

要领:基准兵不动,其他士兵向右(左)转头(持枪时,听到预令,迅速将枪、炮稍提起,看齐后自行放下),眼睛看右(左)邻士兵腮部,前四名能通视基准兵,自第五名起,以能通视到本人以右(左)第三人为度。后列人员,先向前对正,后向右(左)看齐。听到"向前——看"的口令,迅速将头转正,恢复立正姿势。

口令:以×××为准,向中看——齐。向前——看。

要领:当指挥员指定"以×××为准(或者以第×名为准)"时,基准兵答"到",同时左手握拳高举,大臂前伸与肩略平,小臂垂直举起,拳心向右。听到"向中看——齐"的口令后,其他士兵按照向左(右)看齐的要领实施。听到"向前——看"的口令后,基准兵迅速将手放下,其他士兵迅速将头转正,恢复立正姿势。

一路纵队看齐时,可以下达"向前——对正"的口令。

2. 报数

口令:报数。要领:横队从右至左(纵队由前向后)依次以短促洪亮的声音转头(纵队向左转头)报数,最后一名不转头。数列横队时,后列最后一名报"满伍"或者"缺×名"。连集合时,由指挥员下达"各排报数"的口令,各排长在队列内向指挥员报告人数,如"第×排到齐"或者"第×排实到××名"。

必要时,连也可以统一报数。要领:连实施统一报数时,各排不留间隔,要补齐、成临时编组的横队队形。报数前,连指挥员先发出"看齐时,以一排长为准,全连补齐"的预告,尔后下达"向右看——齐"口令,待全连看齐后,再下达"向前——看"和"报数"的口令,报数从一排长开始,后列最后一名报"满伍"或者"缺×名"。

(三)出列、入列

单个军人和分列出、入列通常用跑步(5 步以内用齐步,1 步用正步),或者按照指挥员指定的步法执行;然后,进到指挥员右前侧适当位置或者指定位置,面向指挥员成立正姿势。

1. 单个军人出列、入列

出列

口令:×××(或者第×名),出列。

要领:出列军人听到呼点自己姓名或者序号后应当答"到",听到"出列"的口令后,应当答"是"。

位于第一列（左路）的军人，按照本条上述规定，取捷径出列；位于中列（路的）军人，向后（左）转，待后列（左路）同序号的军人向右后退1步（左后退1步）让出缺口后，按照本条的上述规定从队尾（纵队时从左侧）出列；位于"缺口"位置的军人，待出列军人出列后，即复原位；位于最后一列（右路）的军人出列，先退1步（右跨1步），然后，按照本条有关规定从队尾出列。

入列

口令：入列。

要领：听到"入列"口令后，应当答"是"，然后，按照出列的相反程序入列。

2. 班、排出列、入列

出列

口令：第×班（排），出列。

要领：听到"第×班（排）"的口令后，由出列班（排）的指挥员答"到"、听到"出列"的口令后，由出列班（排）的指挥员答"是"，并用口令指挥本班（排），按照本条的有关规定，以纵队形式从队尾（位于第一列的班取捷径）出列。

入列

口令：入列

要领：听到"入列"的口令后，由入列班（排）指挥员答"是"，并用口令指挥本班（排），以纵队形式从队尾（位于第一列的班取捷径）入列。

（四）行进、停止

横队和并列纵队行进以右翼为基准，纵队行进以左翼为基准（一路纵队行进以先头为基准）。

1. 行进

指挥员应当下达"×步——走"的口令。听到口令，基准兵向正前方前进，其他士兵向基准翼标齐，保持规定的间隔、距离行进。纵队行进时，排、连通常成三路纵队，也可以成一、二路纵队。行进中，需要时，用"一二一"（调整步伐的口令）、"一二三四"（呼号）或者唱队列歌曲，以保持步伐的整齐和振奋士气。

2. 停止

指挥员应当下达"立——定"的口令。听到口令，按照立定的要领实施，分队的动作要整齐一致。停止后，听到"稍息"的口令，先自行对正、看齐，再稍息。

三、敬礼

敬礼分为举手礼、注目礼和举枪礼。

（一）敬礼

1. 举手礼

口令：敬礼。

要领：上体正直，右手取捷径迅速抬起，五指并拢自然伸直，中指微接帽檐右角前约 2 厘米处（戴无檐帽或者不戴军帽时微接太空穴，与眉同高），手心向下，微向外张（约 20°），手腕不得弯曲，右大臂略平，与两肩略成一线，同时注视受礼者（图 6－13）。

图 6－13　举手礼

2. 注目礼

要领：面向受礼者成立正姿势，同时注视受礼者，并目迎目送（右、左转头角度不超过 45°）。

3. 举枪礼

用于阅兵式或者执行仪仗任务。

口令：向右看——敬礼。

要领：右手将枪提到胸前，枪身垂直并对正衣扣线，枪面向后，离身体约 10 厘米，枪口（半自动步枪准星护圈）与眼同高，大臂轻贴右肋；同时左手接握表尺上方（持半自动步枪时虎口对准枪面并与标尺上沿取齐），小臂略平，大臂轻贴左肋；同时转头向右（图 6－14）注视受礼者，并目迎目送（右、左转头角度不超过 45°）。

图 6－14　举枪礼

（二）礼毕

口令：礼毕。

要领：行举手礼者，将手放下；行注目礼者，将头转正；行举枪礼者，将头转正、右手将枪放下，使托前踵（半自动步枪托底钣）轻轻着地，同时左手放下，成持枪立正姿势。

（三）单个军人敬礼

要领：单个军人在距受礼者 5～7 步处，行举手礼或者注目礼。徒手或者背枪时，停止间，应当面向受礼者立正，行举手礼，待受礼者还礼后礼毕，行进间（跑步时换齐步），转头向受礼者行举手礼（手不随头转动），并继续行进，左臂仍自然摆动（图 6－15），待受礼者还礼后礼毕。携带武器（除背枪）等不便行举手礼时，不论停止间或者行进间，均行注目礼，待受礼者还礼后礼毕。

（四）分队、部队敬礼

1. 停止间敬礼

要领：当首长进到距本分（部）队适当距离时，指挥员下达“立正”的口令，跑步到首长前 5～7 步处敬礼。待首长还礼后礼毕，再向首长报告。例如：“团长同志，步兵第×连正在进行队列训练，全连应到×××名，实到×××名，请指示，连长×××。”报告完毕，待首长指示后，答“是”，再敬礼。待首长还礼后礼毕，尔后跑步回到原来位置，下达“稍息”口令或者继续进行操练。

图 6－15　行进间敬礼

2. 行进间敬礼

要领：由带队指挥员按照单个军人行进间敬礼的规定实施，队列人员按照原步法行进。

四、国旗的掌持、升降

（一）国旗的掌持

国旗由一名掌旗员掌持，两名护旗兵护旗，护旗兵位于掌旗员两侧。掌旗员和护旗兵应当具备良好的军政素质和魁梧匀称的体形。掌持国旗的姿势为扛旗。扛旗要领：右手将旗扛于右肩，旗杆套稍高于肩，右臂伸直，右手掌心向下握旗杆、左手放下。听到“齐步——走”的口令，开始行进。

（二）国旗的升降

要领：升旗时，掌旗员将旗交给护旗兵，由两名护旗兵协力将国旗套（挂）在旗杆绳上并系紧，掌旗员将国旗抛展开的同时，由护旗兵协力将旗升至旗杆顶。降旗时，由护旗兵解开旗杆绳并将旗降下，掌旗员接杠于肩。升、降国旗时，掌旗员应当面向国旗行举手礼。

思考题：

1. 我军纪律的基本要求是什么？
2. 学习共同条令对军队现代化建设的重要作用是什么？
3. 单兵队列训练的基本方法有哪些？

第七章 轻武器射击

第一节 轻武器的基本常识

一、轻武器的概念

轻武器是指可由单兵或班组携带和使用的武器,是陆军步兵的基本武器,亦是空军、海军和其他军兵种自卫和近战突击武器。轻武器大都由单人或班组操作使用,是当今军事武器库中数量最多、装备最早、用途最广的武器装备。

习惯上,人们把利用火药在管形发射具内燃烧产生巨大的气体能量,将弹头和炮弹发射出去杀伤敌人的武器,其口径在20毫米以下的叫做枪,20毫米以上的叫做炮。

随着现代战场上的装甲目标不断增多和科学技术不断应用于战场,单兵不仅要对付敌有生目标,而且要对付敌装甲目标和武装直升机。因此,单兵火箭、单兵防空导弹等武器也应运而生,轻武器的概念也不断扩展。所以,凡重量较轻,能由单兵或班组操作使用的武器都称为轻武器,主要包括各种枪械、单兵面杀伤武器、便携式反坦克武器和单兵防空导弹等。

二、轻武器的分类及用途

轻武器的分类是多种多样的,按武器的口径,可将轻武器分为大口径武器和小口径武器;按武器的自动方式,可分为半自动武器和全自动武器。在很多情况下,轻武器是按用途分类的。现装备的轻武器按用途可分为:手枪、步枪、冲锋枪、机枪、火箭筒和榴弹发射器等。

(一)手枪

手枪是以单手射击为主要射击方式,主要用于自卫的短枪管枪械的总称。有半自动手枪、自动手枪、冲锋手枪、转轮手枪、微声手枪等各种型号。主要装备指挥员和特种兵,用以杀伤近距离上的有生目标。

单发射击的手枪,由于其重量轻、尺寸小,便于隐蔽和突然射击,精度较好,通常配备给特种兵和营以上的指挥人员。如我军现装备的77式手枪就属于这一类。营以下的指挥人员,由于要直接参加战斗,所配用的手枪不仅要用以自卫,而且还要便于指挥战斗,必要时还能作为冲锋枪使用。我国新研制的80式战斗手枪就属于此种类型。而对侦察兵来讲，由于其遂行战斗任务的特殊性，很多情况下要求武器的射击声音要小，为此，微声手枪主要配备给侦察兵等遂行特殊任务的分队使用。无论哪种手枪都具备如下特点：突然、及时、可靠、准确和隐蔽。

（二）步枪

步枪是单兵使用的长枪管抵肩射击的枪械。有半自动步枪、自动步枪、突击步枪、狙击步枪等各种型号。它以火力、枪刺和枪托杀伤敌人有生力量。很多现代步枪还可发射枪榴弹，用以杀伤敌人的集团有生力量，使用穿甲榴弹、穿甲燃烧榴弹，还可以对敌人的轻型装甲目标射击。

步枪由于枪管和瞄准基线较长，精度相对较好，战场上主要遂行精确射击的任务，对敌单个、点状目标进行射击，其有效射程通常为400米。狙击步枪由于配备了光学瞄准镜和使用专用子弹，射击精度有很大提高，其有效射程可达1000米以上，战场上主要对敌指挥人员和点状重要目标射击。步枪一般都具有如下的使用特点：精度好、弹道低伸、足够的杀伤力、良好的可靠性和勤务性。

（三）冲锋枪

冲锋枪是双手握持、发射手枪弹、近距离火力猛烈的全自动枪械的总称。装备于步兵和其他诸兵种使用，以其较强的火力杀伤近距离的有生目标。

最初的冲锋枪是根据手枪子弹设计的，现代的冲锋枪有些也使用步枪弹。冲锋枪身管短小，重量较轻，能够进行单、连发射击，火力猛烈，战场上可以遂行多种战斗任务。对于远距离的目标可以进行单发精确射击，对近距离目标可进行短点射、长点射和连续射击，这样既保证了精度的需要又能够节省弹药，加之，冲锋枪在狭窄地形上使用灵活，深受各兵种人员的喜爱。微声冲锋枪，具有微声、微光、微烟的性能，是侦察兵使用的主要武器。

（四）机枪

机枪是配有枪架、枪座或两脚架并能实施连发射击的自动枪械的总称。机枪可分为班用轻机枪、重机枪和通用机枪。

班用轻机枪是步兵班的主要自动武器，它具有良好的机动性、隐蔽性和一定的射程及足够的战斗射速，所以成为中、近距离上作战的有力武器。它能伴随步兵班在各种条件下作战，用以杀伤中、近距离上的集团和单个重要的有生目标，其有效射程一般为800米，配用穿甲弹或穿甲燃烧弹能对500米内低空飞行的敌机和伞兵进行射击。

重机枪是步兵分队的主要自动武器，支援步兵分队进行战斗，用以杀伤中距离上暴露的或隐蔽在小起伏地形后面的集团有生目标以及压制和消灭敌人的火力点，有效射程一般为1000米。配用穿甲弹或穿甲燃烧弹，可对500米低空飞行的飞机和伞兵射击，在300米内可射击敌人轻型装甲目标。重机枪可实施间隙射击、翼后射击、散布射击和超越射击等。

通用机枪亦称轻重两用机枪，是二次世界大战以来轻、重机枪发展的一个分支。当使用脚架时可作为轻机枪使用，遂行轻机枪的任务。若使用比较稳固的三角架，就可作为重机枪使用，遂行重机枪的任务。通常情况下轻重两用机枪以作重机枪使用为主。

（五）火箭筒

火箭筒是单人使用、发射火箭弹的轻型反坦克武器。它具有良好的机动性、隐蔽性和一定的射程，它能伴随步兵在各种条件下作战，是步兵中、近距离反坦克的主要武器，其有效射程多为300米，破甲威力随火箭筒口径的不同而不同。

（六）榴弹发射器

榴弹发射器，是一种发射小型榴弹的多用途武器，威力大，火力强，主要用来杀伤有生力量，也可用来打击轻装甲目标，能填补手榴弹最大投掷距离和迫击炮射程之间的火力空白，具有点面杀伤作用。

按射击方式或自动化程度，榴弹发射器可分为下列几种：①专用肩射式，又称榴弹枪，如美国的M79型；②枪挂式，如美国的M203型，它装在M16A1、M16A2步枪上；③半自动式，如南非的MGL型；④全自动式，如美国MK19型，中国的W87型。这种自动榴弹发射器又叫榴弹机枪。

三、轻武器在现代战争中的地位和作用

轻武器在未来战争中仍具有十分重要的地位和作用，这是毋庸置疑的。许多军事专家认为，在未来战争中，步兵仍然是战场上的基本力量，轻武器仍是构成步兵战斗力的重要因素。现代重兵器的发展和高技术尖端武器的出现，是不可替代轻武器在战争中的地位和作用的。无论是在低强度冲突还是大规模战争中，肩负轻武器且训练有素的士兵过去是，将来仍然是战争中不可低估的力量。

1982年的福克兰群岛之战曾经提醒那些高层军事领导者，即使处在电子战、高技术武器系统与核储备的时代，最终赢得大、小规模战争的胜利，仍将离不开装备有步枪、通用机枪和刺刀的现代步兵。实践证明，“最大限度地接近敌人并通过火力和机动性将敌歼灭”，这条古代步兵作战原则在当今仍然是行之有效的。

美国人在1983年的“紧急风暴”和1989年的“正义事业”之战，法国人在乍得的遭遇战以及过去四十年来参加过局部战争的武装部队，都经历过英国人的惨痛教训，而且是有过之而无不及。同样两伊战争也再次表明，装备小口径武器的士兵在现代战争中对战局的胜负具有举足轻重的作用。

归纳起来，轻武器在未来战争中的作用如下：

(1) 进攻中实施和支援近距离突击。

(2) 防御中发扬近距离火力，以阻滞和压制敌方进攻。

(3) 近距离反轻型装甲目标和低空目标。

⑷ 在山岳丛林、乡村城镇等特定条件下发挥重要作用。

⑸ 在敌后作战,如袭击敌人运输线特别是油料供给系统,袭击敌人的供应基地、前线机场、导弹阵地、通信系统和指挥机关。

⑹ 作为特种兵、空降兵、海军陆战队员和后勤保障人员等实施自卫战斗的得力装备。

⑺ 作为联合国维和人员的主要战斗武器。

四、部分轻武器的常识

(一)81-1 式自动步枪

1. 战斗性能

81-1 式自动步枪与 81 式班用轻机枪组成班用枪族,活动机件和弹匣、弹鼓可以互换,并能用实弹直接从枪管发射 40 毫米枪榴弹,使射手具有全面杀伤和反装甲的能力,是近战中消灭敌人有生力量的自动武器和步兵分队反装甲目标的辅助武器。对单个目标在 400 米内射击效果最好,集中火力可射击 500 米内的敌人飞机、伞兵以及集团目标,弹头在 1500 米处仍有杀伤力。在 290 米内使用枪榴弹可杀伤敌有生力量和击毁敌装甲目标。

射击方法:可实施短点射(2~5 发),还可实施长点射(6~10 发)和单发射。

战斗射速:点射每分钟 90~110 发,单发射每分钟 40 发。

理论射速:每分钟 680~750 发。

使用 56 式普通弹在 100 米距离上能射穿 6 毫米厚的钢板,15 厘米厚的砖墙,30 厘米厚的土层和 40 厘米厚的木板。使用杀伤枪榴弹,在 290 米距离内射击时,有效杀伤半径为 14 米(有效杀伤破片约 400 片),使用破甲枪榴弹在 290 米内射击时,其静破甲能力为 250 毫米。

2. 主要诸元

口径 …………………………………………………… 7.62 毫米
枪全重 ………………………………………………… 3.5 千克
枪全长 ………………………………………………… 1105 毫米
不装刺刀 ……………………………………………… 955 毫米
枪托折叠状态 ………………………………………… 730 毫米
普通弹的初速 ………………………………………… 710 米/秒
弹头最大飞行距离 …………………………………… 约 2000 米

3. 各部机件的名称和用途

81-1 式自动步枪由刺刀(匕首)、枪管、瞄准具、活塞及调节塞、机匣、枪机、复进机、击发机、弹匣和枪托十大部组成(图 7-1),另有一套附品。

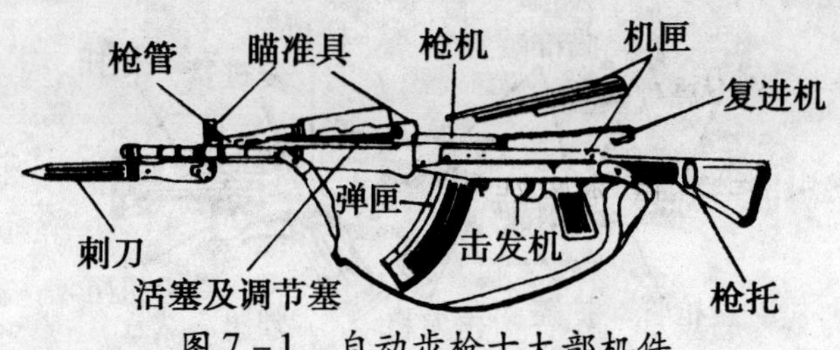

图 7－1　自动步枪十大部机件

(二)95 式自动步枪

1. 战斗性能

95 式 5.8 毫米自动步枪与 95 式班用轻机枪组成班用枪族,活动机件和弹匣、弹鼓可以互换,并能用实弹直接从枪管发射 40 毫米枪榴弹,使射手具有全面杀伤和反装甲的能力,是近战中消灭敌人有生力量的自动武器和步兵分队反装甲目标的辅助武器。对单个目标在 400 米内射击效果最好,集中火力可射击 500 米内的敌人飞机、伞兵以及集团目标。

供弹方式:弹匣供弹,每支枪配有 5 个弹匣。必要时也可使用弹鼓供弹。

射击方法:可实施短点射(2 ~5 发),还可实施长点射(6 ~10 发)和单发射。

战斗射速:点射每分钟 100 发,单发射每分钟 40 发。

枪管寿命:10000 发。

2. 主要诸元

口径 ………… 5.8 毫米,
初速 ………… 920 米/秒
有效射程 ………… 400 米
表尺射程 ………… 500 米
瞄准基线长 ………… 325 毫米
枪全重(含一个弹匣) ………… 3.5 千克
枪全长(不装刺刀) ………… 764 毫米
刺刀长(不含刀鞘) ………… 320 毫米
刺刀宽 ………… 35 毫米
刺刀重(不含刀鞘) ………… 360 克
弹匣容弹量 ………… 30 发

3. 各部机件的名称和用途

95 式自动步枪由刺刀、枪管、导气装置、瞄准装置、护盖、枪机、复进簧、击发机、枪托、机匣和弹匣十一大部组成(图 7－2)。另有一套附品。

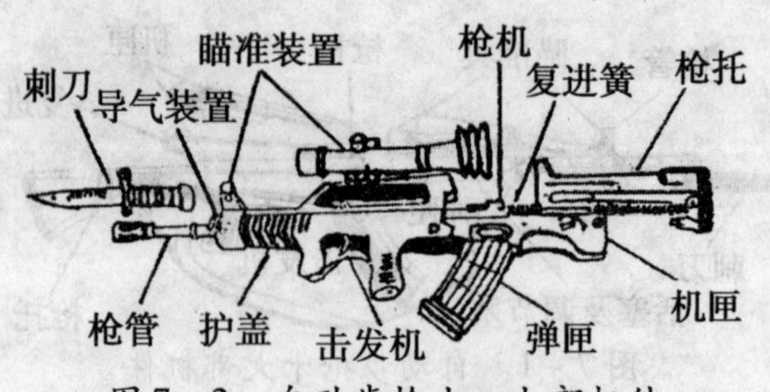

图 7－2　自动步枪十一大部机件

(三)54 式手枪

1. 战斗性能

54 式手枪是单手发射的短枪，是近距离歼敌的自卫武器，体积小、重量轻、便于隐蔽携带，受地形环境制约小、反应快。便于在狭小空间，隐蔽、迅速、突然对敌实施攻击。54 式手枪在 50 米内射击效果最好。弹头飞到 500 米处仍有杀伤力。

战斗射速：每分钟约 30 发。

54 式手枪使用 51 式手枪弹，在 25 米距离上能射穿 3 毫米厚的钢板，6 厘米厚的砖墙，35 厘米厚的土层和 10 厘米厚的木板。

2. 主要诸元

口径 …… 7.62 毫米
枪全重 …… 0.85 千克
装满子弹的弹匣重 …… 0.16 千克
枪全长 …… 195 毫米
瞄准基线长 …… 156 毫米
子弹重 …… 10 克
弹头重 …… 5.52 克
初速 …… 420 米/秒
弹头最大飞行距离 …… 1630 米
弹匣容量 …… 8 发

3. 各部机件的名称

54 式手枪由枪管、套筒、击发机、套筒座、复进机和弹匣六大部组成(图 7－3)。另有一套附品。

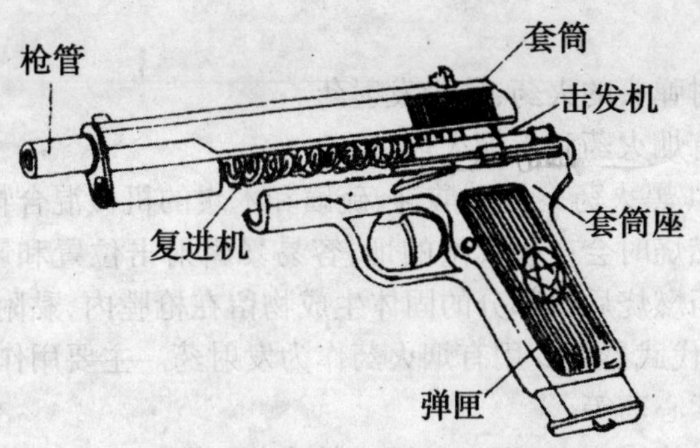

图 7－3　手枪的大部机件

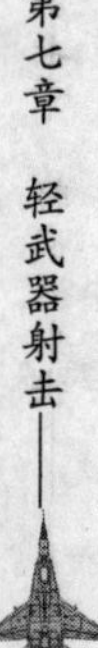

第二节　射击基础知识

一、火药

（一）火药的概念

火药是一种化合物（由不同的元素组成的物质）或混合物（由几种不同的物质混合在一起而组成的物质）。它在外界作用（摩擦、撞击、火焰等）的影响下，能迅速发生化学变化，并在快速燃烧或爆炸反应的过程中，放出大量的惯热气体，从而产生抛射力和破坏力。

例如，56 式 7.62 毫米普通弹的发射药重 1.6 克，发射燃烧时间为 0.0013 秒，能放出 1.44 千卡的热量和产生 1.44 公升的气体，爆发瞬间气体的温度在 2400 度以上。这样高热的气体具有很大的压力（最高膛压可达 2810 千克/厘米^2），可使弹头在脱离枪口瞬间的速度达到 710～735 米/秒；又如 1 千克梯恩梯炸药爆炸时，能放出 1090 千卡的热量和产生 700 公升的气体，爆温可达 3080℃，当装药密度为 1.61 克/厘米^3 时，爆压可达 3000 千克/厘米^2。这样一个高温高压气团能将周围的物质炸毁。因此，火药是抛射弹头（火箭弹）及炸裂弹体时所需能量的源泉。

（二）火药的分类

火药按其实际用途分为起爆药、发射药、炸药和烟火剂。

1. 起爆药

因热或机械作用而爆炸，从而引燃（爆）其他火药的火药，称为起爆药。

起爆药具有很大的敏感性，在受到较小的撞击、冲击、摩擦、火焰等外界作用下，就会引起爆炸。如雷汞温度加热到 170°～180℃时就会爆炸。起爆药爆炸时，能迅速引起其他火药爆炸。

起爆药主要用于制造枪弹底火、各种引信、雷管中的起爆剂和拉火管中的火帽等。常见的起爆药主要有：雷汞、氮化铅、史蒂酚酸铅、皆脱拉辛、二硝基重氮粉。

2. 发射药

燃烧时能抛射弹头的火药,称为发射药。

发射药分为有烟火药和无烟火药。

(1)有烟火药(黑火药):是硝酸钾、硫磺和木炭的机械混合物

有烟火药在燃烧时会产生大量的烟,容易暴露射击位置和影响射手连续发射时的瞄准以及火药燃烧后少部分的固体生成物留在枪膛内,黏附在膛壁上,影响射击精度。所以,现代武器很少用有烟火药作为发射药。主要用作点火药(传火药)、引信药剂和导火索心药等。

有烟火药的火焰感度大,很容易被火焰点燃,燃烧时火焰力量强,传火和燃烧速度快;对撞击、摩擦等作用的敏感性较差,因而安定性较好。但有烟火药吸湿性强,含水量为2% ~4%时,点火困难,燃速减慢;含水量为15%时,就不能点燃而失去燃烧能力。

(2)无烟火药(胶质火药):是硝化棉和其他物质的化合物

常用的有硝化棉火药和硝化甘油火药。

硝化棉火药:是用乙醇和乙醚的混合溶剂,使硝化棉溶解并胶化而制成的火药。

硝化棉火药主要用作各种枪弹的发射药。

硝化棉火药敏感性差,需要点火或较重的撞击和摩擦才能燃烧,因而安全性好,便于长期保管。此种火药燃烧时产生的火药气体多,抛射力大。其燃烧温度低,对武器的烧蚀作用小,所以能延长武器的使用年限。但硝化棉火药具有一定的吸湿性,当发射药的密封性不良或被破坏时,就容易受潮,使其点火困难,燃速减慢,从而降低膛压、初速,影响射击精度。

硝化甘油火药:是用硝化甘油使硝化棉溶解并胶化而制成的火药

硝化甘油火药主要用作各种火箭弹的发射药或推进剂。

硝化甘油火药吸湿性小,不易受潮。燃烧速度快,温度高,所产生的火药气体比硝化棉火药多,抛射力也更大。其安全性能好,便于长期保管。但此种火药燃烧时的温度高,对武器的烧蚀作用大,一般不作为枪弹的发射药。

3. 炸药

在一定的外能作用下,能发生高速化学反应,并产生大量气体和热量,从而能炸碎(抛射)周围物体的火药,称为炸药。

炸药爆炸变化的主要形式为爆轰,其爆炸的速度很快(每秒达数千米),并产生高温高压气体。因此,炸药具有很大的破坏力。炸药在军事上主要用以装填炮弹、炸弹、手榴弹、地雷、爆破筒以及进行爆破等。

炸药的种类很多,常见的主要有梯恩梯、硝铵、特出儿、太安、黑索金、黑梯、黑94。

炸药感应比较迟钝,通常要用起爆药诱发,才能引起爆炸。

4. 烟火剂

燃烧时能产生光、热、烟等特种效应的药剂，称为烟火剂。

在一般条件下，烟火剂的主要变化形式是燃烧。烟火剂燃烧时，能产生烟火效应，如照明、燃烧等。

烟火剂按其作用特点和产生的特殊效应不同可分为发烟剂、照明剂、燃烧剂、信号剂、曳光剂。在军事上主要用作各种特种弹的弹体装药及其他烟火器材和曳光管的装药。如照明弹、燃烧弹、信号弹、曳光弹和发烟弹等。

二、发射与后坐

(一)发射

1. 什么叫发射

火药气体压力将弹头(火箭弹)从膛内推送出去的现象，叫发射。

2. 发射的过程

击针撞击子弹底火，使起爆药发火，火焰通过导火孔引燃发射药，产生大量火药气体，在膛内形成很大的压力，迫使弹头脱离弹壳，沿膛线旋转加速前进，直至推出枪口。

发射过程时间极短促，现象却很复杂，整个过程可分为四个阶段(图7-4)。

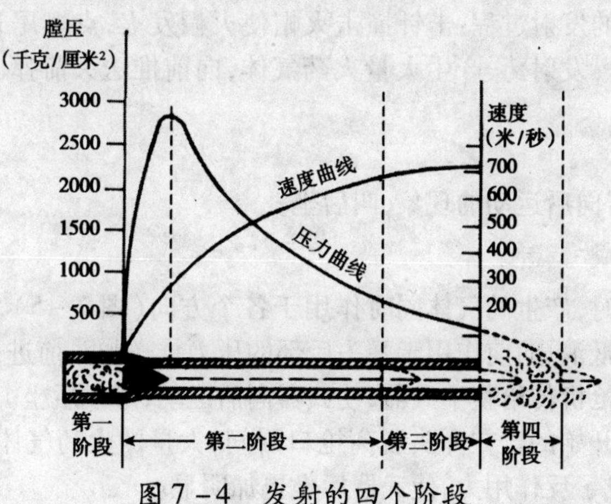

图7-4 发射的四个阶段

第一阶段(准备阶段)：由发射药开始燃烧起至弹头开始运动时止。在此阶段中，发射药在密闭的固定的容积内(弹壳内)燃烧并产生气体，气体逐渐增加，从而使压力逐渐增大，当气体压力足以克服弹头运动阻力(弹壳口对弹头的摩擦力及阻止弹头嵌入膛线的抗力)时弹头即从静止转为运动，脱离弹壳，嵌入膛线。弹头完全嵌入膛线所需要气体压力，称为起动压力。各种枪的起动压力约为250~500千克/厘米^2。

第二阶段(基本阶段)：自弹头开始运动到发射药燃烧完为止。在此阶段内，发射药在迅速变化的容积内燃烧，膛内压力随气体的增加迅速加大，弹头运动速度随之加快。当弹头在膛内前进6～8厘米时，膛内的压力最大，此压力称为最大膛压。各种枪的最大膛压为1400～3400千克/厘米^2。由于弹头加速前进，使弹头后面的空间迅速扩大，扩大的速度超过气体增加的速度，因而，压力开始下降，但到发射药燃烧完毕时，火药气体仍保持一定的压力，而弹头的速度随着火药气体对弹头作用时间的增长还在不断增加，使弹头继续加速前进。

第三阶段（气体膨胀阶段）：自发射药燃烧完到弹头底部脱离枪口前切面时止。在此阶段内，弹头是在高压灼热气体膨胀作用下运动的。虽然没有新的火药气体产生，但原有的气体仍储有大量的能量，继续作功使弹头加速运动，直至脱离枪口。弹头脱离枪口瞬间的气体压力，称为枪口压力。各种枪的枪口压力为200～600千克/厘米^2。

第四阶段（火药气体作用的最后阶段）：自弹头底部脱离枪口前切面时起到火药气体停止对弹头作用时止。弹头飞出枪口时，火药气体形成一股气流，从膛内喷出，其速度比弹头速度大得多，因此，在距枪口一定距离上（各种枪为5～50厘米），火药气体仍继续对弹头底部施加压力，并加大弹头的运动速度，直至火药气体压力与空气阻力相等时为止。此时，弹头飞行的速度最大。

从发射的四个阶段可知，膛压的变化规律是：从小急剧增大，尔后逐渐下降。弹头速度的变化规律是：由静止到运动，由慢到快，始终是加速运动。

四〇火箭筒的发射过程：击针撞击火帽使火帽发火，点燃尾管内的传火药，火焰通过传火孔引燃发射药，产生大量火药气体，向前推送火箭弹出筒口，向后喷出火药气体。

（二）后坐

发射时，武器向后运动的现象，叫后坐。

1. 后坐的形成

发射药燃烧时，产生的气体同时作用于各个方向（图7－5），作用于膛壁周围的压力为膛壁所抵消；向前作用于弹头后部的压力推送弹头前进；向后作用于弹壳底部的压力经过枪机传给整个武器，使武器向后运动，形成后坐。武器的后坐和弹头的运动是同时开始的。在弹头脱离枪口瞬间，大量的火药气体随弹头后部从膛内向外喷出，形成了反作用力，使武器后坐更加明显。

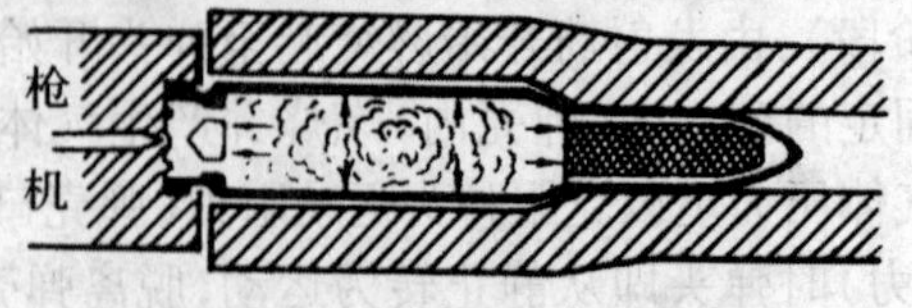

图7－5　火药气体作用的方向

2. 后坐对命中的影响

后坐对单发（连发首发）射击的命中影响极小。因为弹头在膛内运动的时间极短(约千分之一秒),并且枪比弹头重得多(95式自动步枪786倍,95式班用轻机枪940倍),所以弹头在脱离枪口以前,枪的后坐距离只有1毫米多,而且是正直向后运动的,加之衣服和肌肉的缓冲,射手是感觉不出来的。射手感觉到的后坐,主要是弹头在脱离枪口的瞬间,火药气体猛烈向枪口外喷出形成的反作用力造成的。此时,弹头已脱离枪口。因此,后坐对单发(连发首发)射击的命中影响极小。

后坐对连发射击的命中有一定的影响。因为连发射击时,第一发子弹发射后,由于枪的明显后坐变动了原来的瞄准线,所以对第二发以后的射弹命中有一定的影响。但只要射手据枪要领正确,适应连发武器射击时的后坐规律,就能减小后坐对连发命中的影响,提高射击精度。

三、弹道

(一)弹道及其形成

1. 什么叫弹道

弹头(火箭弹)运动中,其重心所经过的路线,叫弹道。

2. 弹道的形成

弹头(火箭弹)脱离枪(筒)口后,如果没有地心吸引力和空气阻力的作用,它将保持其所获得的速度,沿着发射线无止境地成匀速直线飞行(图7-6)。

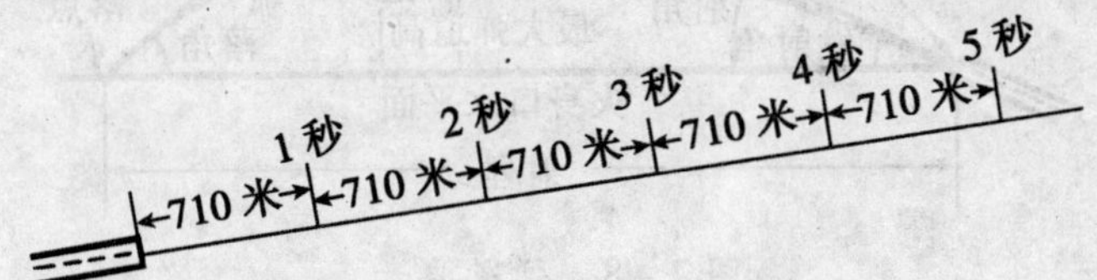

图7-6　在没有地心引力和空气阻力作用下弹头的飞行

实际上,弹头(火箭弹)脱离枪(筒)口在空气中飞行时,同时受到地心引力和空气阻力的作用,使弹道不能成为一条直线。

地心引力的作用:物体在空中如果没有别的力量支持它,就会向下降落,这就是地心引力的作用。射击时,当弹头(火箭弹)一离开枪、筒口,就受到地心吸引力的作用,使弹头(火箭弹)一面向前飞行,一面逐渐离开发射线向下降落,最后落到地上。

空气阻力的作用:当跑步或乘车时,会感到迎面有股阻力在影响着我们前进,这就是空气阻力的作用。运动速度越快,阻力就越大。弹头在飞行中也同样受到空气阻力的作用,使飞行的力量逐渐减小,速度越飞越慢。

由于上述两个原因,弹头在空气中飞行时,一面受到地心吸引力的作用,逐渐下降;一面受到空气阻力的作用,越飞越慢。因此,形成了一条不均等的弧线。升弧较长较直,降弧较短较弯曲(图7-7)。

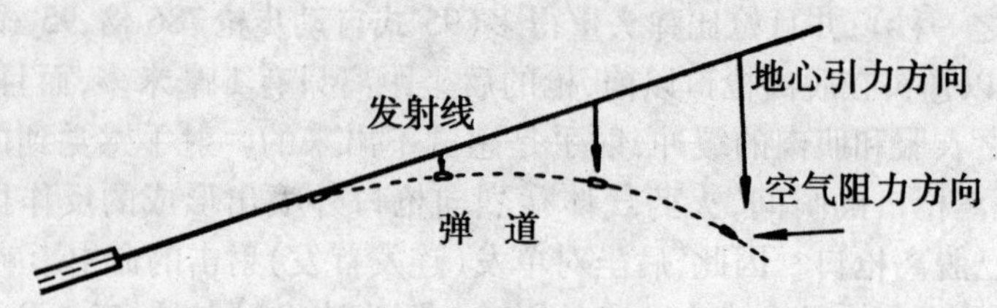

图 7－7　弹道的形成

87 式 35 毫米自动榴弹发射器、89 式 50 毫米弹射器弹道的形状是一条不对称的弧形曲线，升弧较低伸，降弧较弯曲，弹道的最高点不在中央，而靠近落点。

四〇火箭弹在飞行中，一面受到地心吸力的作用，逐渐下降；一面受到空气阻力的作用逐渐减慢。但由于火箭弹飞出筒口 15 米左右，发动机开始工作，其推力使火箭弹的飞行速度加快，因此，火箭弹的末速度大于初速，其弹道是一条近似均等的弧线，升弧稍长于降弧。

（二）弹道要素（图 7－8）

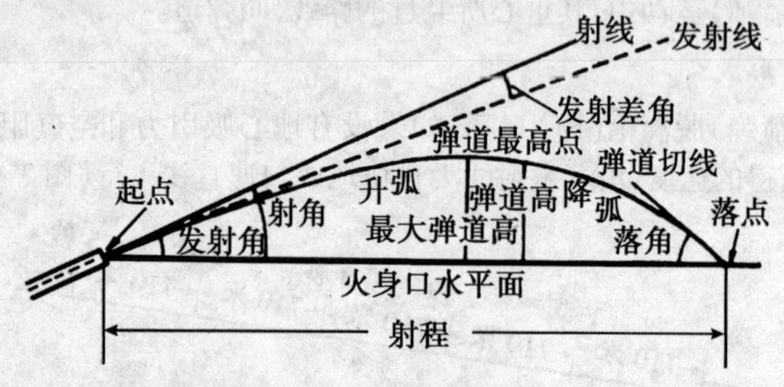

图 7－8　弹道要素

起点：火身口中心点（外弹道开始点）。

火身口水平面：通过起点的水平面。

射线：发射前火身轴线的延长线。

射角：射线与火身口水平面所夹的角。

发射线：发射瞬间火身轴线的延长线。

发射角：发射线与火身口水平面所夹的角。

发射差角：发射线与射线所夹的角。发射线高于射线时，发射差角为正，发射线低于射线时，发射差角为负；相重合时，发射差角为零。

落点：弹道降弧与火身口水平面的交点（射表落点）。

弹道最高点：火身口水平面上弹道最高的一点。

升弧：由起点到弹道最高点的弹道。

降弧：由弹道最高点到落点的弹道。

弹道高：弹道上任何一点到火身口水平面的垂直距离。

最大弹道高：弹道最高点到火身口水平面的垂直距离。

弹道切线:弹道上任何一点的切线。

落角:落点的弹道切线与火身口水平面的夹角(射表内的)。

射程:起点到落点的水平距离。

(三)低伸弹道和弯曲弹道

1. 低伸弹道

用小于最大射程角(能获得最大射程的角,称为最大射程角。各种枪的最大射程角为30°~50°)的射角射击时,所获得的弹道称为低伸弹道。各种枪射击时所获得的弹道为低伸弹道(图7-9)。

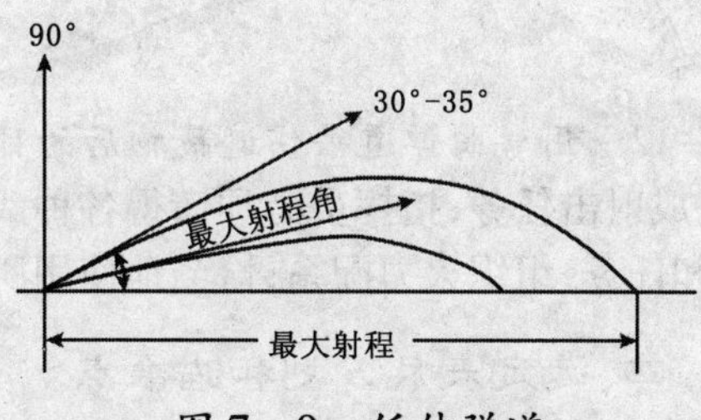

图7-9 低伸弹道

低伸弹道,由于弹道低伸,危险界大,杀伤目标的可能性和杀伤目标的区域纵深就大,而测量距离的误差对杀伤目标的影响也就小。如某侧面跑步目标(高1米),实际距离300米,射手误测成400米,用95式自动步枪装定表尺"4"瞄准目标中央射击,在300米处的弹道高为0.28米,没有超过目标高,目标仍能被杀伤(图7-10)。

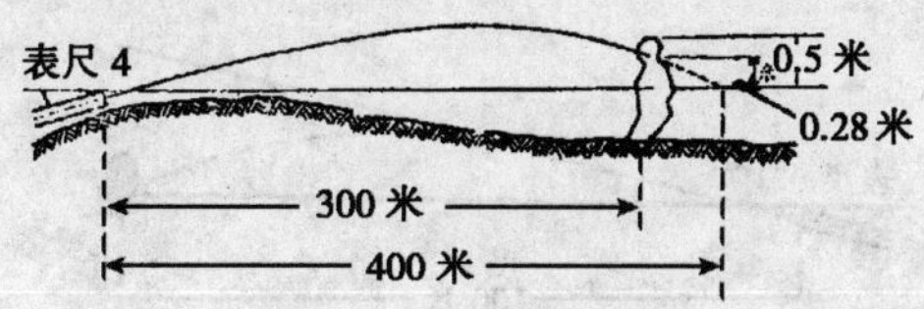

图7-10 定表尺"4"对于300米目标射击景况

2. 弯曲弹道(图7-11)

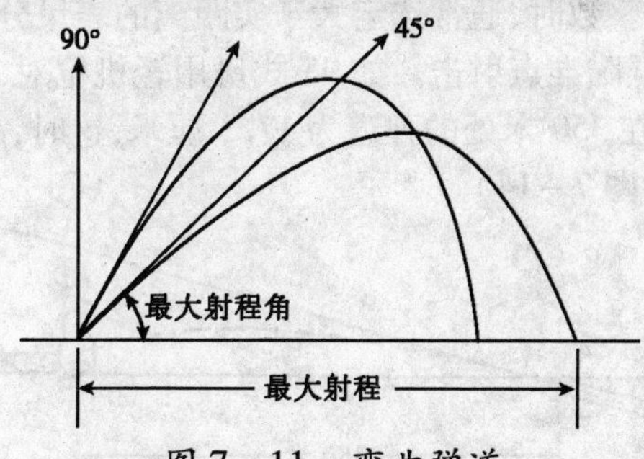

图7-11 弯曲弹道

用大于最大射程角的射角射击时,所获得的弹道称为弯曲弹道。

弯曲弹道，由于弹道弯曲，能有效地杀伤遮蔽物后的各种目标。既能在自己分队之后随时实施超越射击，以不间断的火力支援步兵分队战斗，又能在遮蔽物后占领发射阵地，避开下面敌低伸弹道火力的杀伤，以间接瞄准射击消灭敌人（图7-12）。

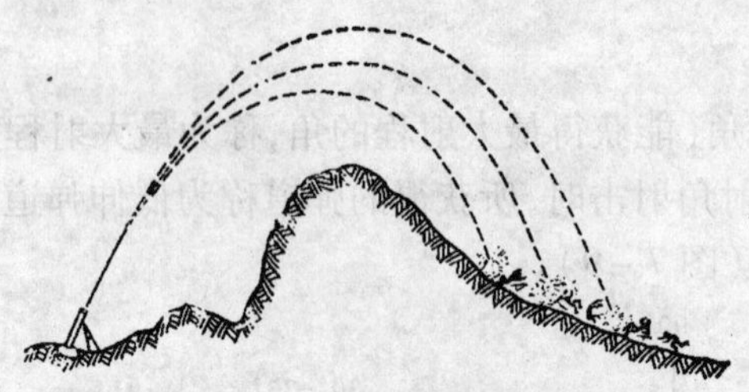

图7-12 用弯曲弹道杀伤遮蔽物后的目标

战斗中，为了顺利完成射击任务，指挥员必须懂得各种武器的弹道形状及其实用意义，根据敌情、地形和任务，组织火力配系，恰当地使用所属分队的武器。

四、选定表尺分划和瞄准点

为了使射弹准确地命中目标，射击时，射手应根据目标的距离、大小和武器的弹道高低，正确地选定表尺分划和瞄准点。

（一）定实距离表尺分划，瞄目标中央

目标距离为百米整数时，可根据目标的距离装定相应的表尺分划，瞄准点选在目标中央。如95式自动步枪对100米距离上人胸目标射击时，定表尺"1"（图7-13）。

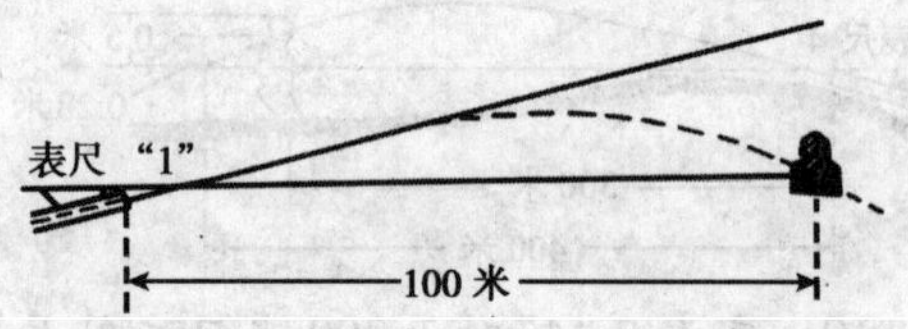

图7-13 定实距离表尺分划射击情况

（二）定大于或小于实距离表尺分划，适当降低或提高瞄准点

目标距离不是百米整数时，通常选定大于实距离的表尺分划，根据武器在该距离上的弹道高，相应降低瞄准点射击。如95式班用轻机枪对350米距离上人胸目标射击时，定表尺"4"，在350米处的弹道为17.3厘米，这时，瞄准目标下沿中央射击，即可命中目标中央（图7-14）。

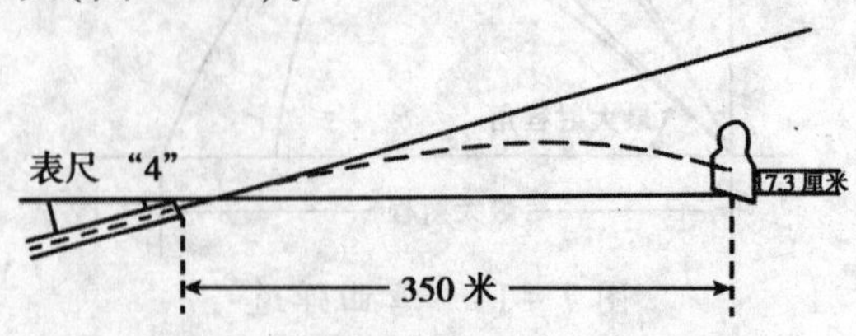

7-14 定大于实距离表尺分划射出景况

也可选定小于实距离表尺分划，根据武器在该距离上的负弹道高，相应提高瞄准点射击。如 88 式狙击步枪对 350 米距离上的人头目标（高 30 厘米）射击时，定表尺“3”，在 350 米处的弹道高为负 14 厘米，这时，瞄准目标头顶中央射击，即可命中目标中央（图 7－15）。

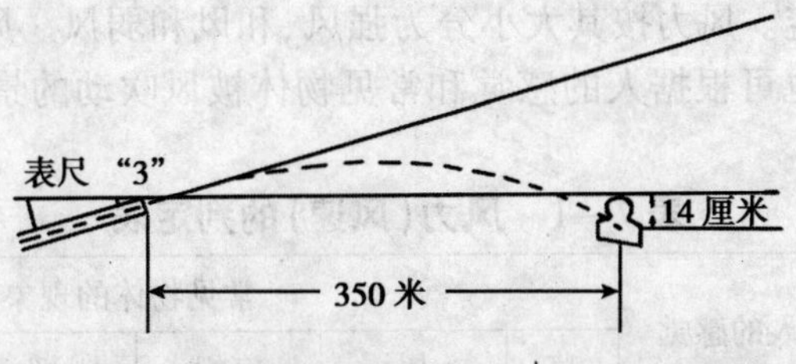

7－15　定小于实距离表尺分划射出景况

五、外界条件对射击的影响及修正

武器弹道基本诸元的计算，都是在标准条件下进行的。射击时，若外界条件不符合标准条件，就会改变弹道的形状，影响射击精度。要使射弹准确地命中目标，就要了解外界条件对射击的影响，学会修正和克服的方法。

（一）风对射弹的影响及修正

风是一种具有速度和方向的气流，它能改变射弹的飞行方向和距离。在各种外界条件中，风对射弹的影响最大。因此，必须准确地判定风向和风力，根据风对射弹的影响进行修正，以保证射弹准确命中目标。

1. 风向和风力的判定

（1）风向的判定。按风吹的方向和射击方向所成的角度可分为：横风、斜风和纵风（图 7－16）。

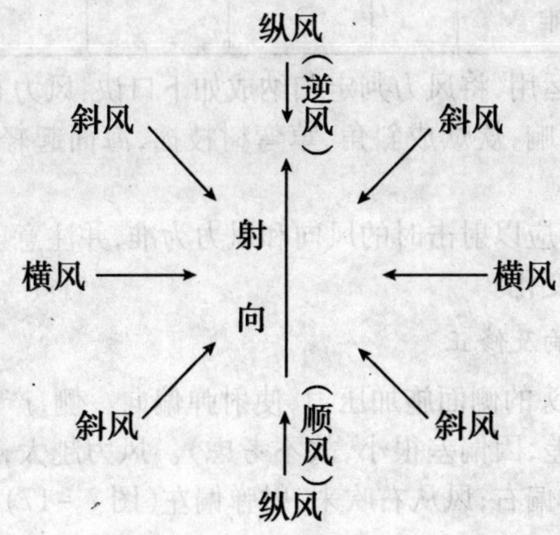

图 7－16　风向的判定

横风：从左或右与射向成 90°角吹的风。

斜风:与射向成锐角(小于90°)吹的风。射击时,通常以与射向约成45°的角计算。

纵风:从后或前与射向平行吹的风。顺射向吹的风为顺风;逆射向吹的风为逆风。

(2)风力的判定。风力按其大小分为强风、和风和弱风。风力的大小,可用测风仪等器材测出,也可根据人的感觉和常见物体被风吹动的景况来判定见表7-1。

表7-1 风力(风速)的判定表

风力			人的感觉	常见物体的现象				
区分	级别	速度		草	树	旗帜	烟	海面、渔船
弱风	二级风	2~3米/秒	面部和手稍感有风	微动	灌木丛、细树枝、树叶微动,并沙沙作响	微动并稍离开旗杆	微被吹动	有小波,船身摇动,风帆基本正直
和风	三至四级风	4~7米/秒	明显地感到有风,吹过耳边时呜呜响,面对风可睁开眼	被吹弯	灌木摆动,树上的细枝被吹弯,树叶剧烈地摆动	展开飘动	被吹斜约45度	有轻浪,船身摇动明显,风帆倾向一侧
强风	五至六级风	8~12米/秒	迎面站立或行走,明显地感到有阻力,尘土飞扬,面对风感到睁眼困难	倒在地上	树杆摆动,粗枝被吹弯	飘成水平状态,并哗哗作响	被吹成水平状态,并被吹散	有大浪,浪顶的白色泡沫很多,船常被风吹向浪尖

为了便于记忆和运用,将风力判定归纳成如下口诀:风力有大小,和风作比较。迎风能睁眼,耳听呼声响,炊烟成斜角,草弯树枝摇,海面起轻浪,满帆倾一方。强风比它大,弱风比它小。

判定风向和风力,应以射击时的风向和风力为准,并注意射击位置与目标附近风向和风力的差别及变化。

2. 风对射弹的影响及修正

横(斜)风能对弹头的侧面施加压力,使射弹偏向一侧,产生方向偏差(斜风还能使射弹产生距离偏差,因偏差很小,故不考虑)。风力越大,距离越远,偏差就越大。风从左吹来,射弹偏右;风从右吹来,射弹偏左(图7-17)。

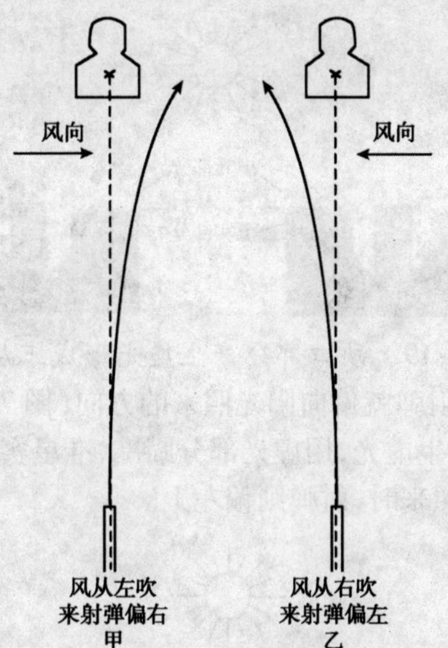

图 7－17　横风对射弹的影响

各种枪射击时，为了使射弹准确地命中目标，必须根据射弹受风影响的偏差量，将瞄准点或横表尺向风吹来的方向修正(图 7－18)。修正时，强风加一倍，弱风减一半。斜方向的强(和或弱)风，应按横方向的强(和或弱)风的修正量减一半。修正量从预期命中点算起，偏差多少，就修正多少。横表尺修正后，瞄准点不变。

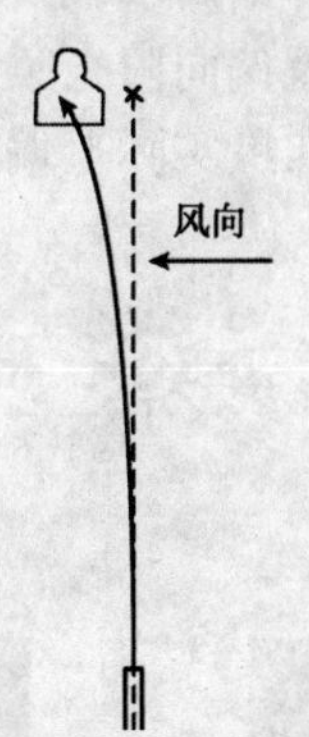

图 7－18　对横风影响的修正

(二)阳光对瞄准的影响及克服方法

1. 阳光对瞄准的影响

在阳光下瞄准时，由于阳光照射作用，缺口部分产生虚光(觇孔式瞄准具不产生虚光)，形成三层缺口：虚光部分、真实缺口、黑实部分(图 7－19)。如不注意辨清真实缺口的位置，就容易产生误差，使射弹产生偏差。

图 7－19　缺口部分产生虚光形成三层缺口

(1)若用虚光瞄准,射弹就偏向阳光照来的方向(图 7－20)。阳光从右上方照来时,缺口左边和上沿产生虚光,用虚光部分瞄准,准星实际上偏右高。因此,射弹偏右上。阳光从左上方照来时,射弹则偏左上。

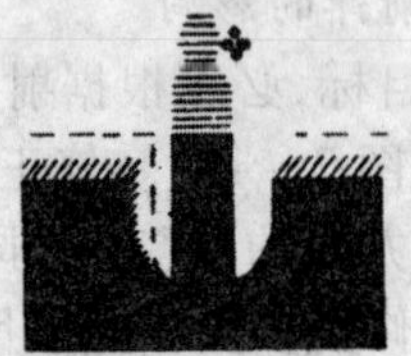

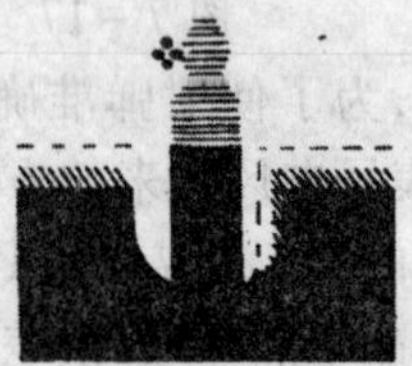

图 7－20　用虚光部分瞄准,射弹向阳光照来的方向

(2)若用黑实部分瞄准,射弹就偏向阳光照来的相反方向(图 7－21)。阳光从右上方照来时,用黑实部分瞄准,准星实际上偏左低。因此,射弹偏左下。阳光从左上方照来,射弹则偏右下。

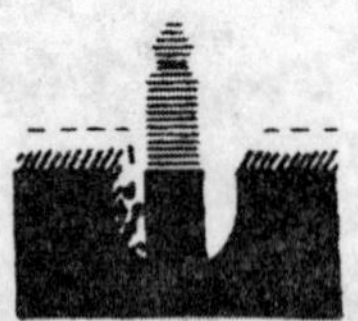

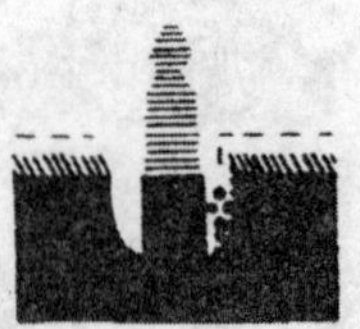

图 7－21　用黑实部分瞄准,射弹偏向阳光照来的相反方向

(3)在阳光照射下,缺口和准星尖同时产生虚光时,若用虚光部分瞄准,射弹偏低;若用黑实部分瞄准,射弹偏高。

2. 克服的方法

(1)可在不同方向的阳光下练习瞄准,采取遮光瞄准不遮光检查,或不遮光瞄准遮光检查的方法,反复练习,确实辨清真实缺口的位置和正确瞄准的景况。

(2)在阳光下瞄准的时间不宜过长,以免眼花而产生误差。

(3)平时要注意保护好瞄准具,不使其磨亮反光。

(三)气温对射弹的影响及修正

1.气温对射弹的影响

气温就是空气的温度。它随着天气的炎热和寒冷而变化。气温变化时,空气密度也会随着改变,对射弹的阻力也就不同。因而,影响射弹的飞行速度,使弹道形状发生变化。

气温升高时,空气密度减小(稀薄),射弹在飞行中受到的空气阻力就小,射弹就打得远(高)。

气温降低时,空气密度增大(稠密),射弹在飞行中受到的空气阻力就大,射弹就打得近(低)。

2.修正方法

由于各地区和各季节的气温不同,很难与标准气温(+15℃)条件相符。因此,应在当时当地的气温条件下矫正武器的射效,并以矫正射效时的气温条件为准。射击时,若气温差别不大,在400米(狙击步枪、重机枪500米)内对射弹命中的影响较小,不必修正。若气温差别很大或对远距离目标射击时,应适当提高或降低瞄准点射击(各种武器修正量见气象和弹道变化修正量表),气温降低时,提高瞄准点或增加表尺分划;气温升高时,降低瞄准点或减小表尺分划。

气温修正量可用公式求出:

$$距离(高低)修正量=\frac{气温差}{10}\times气温每增减10℃时的距离(高低)修正量$$

例:95式班用轻机枪矫正射效时的气温为25℃,现在零下25℃对400米距离上的目标射击时,应如何修正?

解:

1.气温差为25℃-(-25℃)=50℃

2.查表得知:气温每增加10℃时在400米上的距离修正量为8米;高低修正量为0.03米。

3.代入公式

$$距离修正量=\frac{50}{10}\times8=40(米)$$

$$高低修正量=\frac{50}{10}\times0.03=0.15(米)$$

所以,射击时应增加半个表尺分划或提高瞄准点15厘米。

六、射弹散布

(一)射弹散布的原因

1. 什么叫射弹散布

由优秀的射手,用一支(挺)最精确的武器,在尽可能相同的条件下(距离、表尺分划、瞄准点、弹药和气象条件等)发射多发子弹,每个弹头均不能沿着同一路线飞行,也不会落在同一点上。这种弹着点之间相互分离的现象,叫射弹散布。

2. 射弹散布的原因

射弹散布是由许多偶然的原因造成的。主要有:

(1)射手操作的原因。射手在发射多发子弹时,由于体力和精力的消耗,射击姿势、据枪、瞄准、击发等动作不可能完全一致,自动武器连发射击时,由于武器的后坐和枪管的跳动,操枪更加困难。这些都会引起每发射弹的发射差角及射向不一致,使射弹产生散布。

(2)武器和弹药的原因。武器:射击时,枪管的温度不同,射弹的初速也就不同。在一定的范围内,温度增高,初速增大;超过一定的范围,温度增高,初速反而减小。因此,发射多发子弹时会使射弹的高低(距离)散布增大。试验证明:81 式自动步枪连续发射(单发)10 ~ 15 发以后,枪管温度升高,初速约增大 2 米/秒,发射 20 ~ 25 发以后,初速则增大 5 米/秒。81 式自动步枪和 81 式班用轻机枪连续发射 90 ~ 120 发子弹时,弹头的初速约增大 10 米/秒,再连续射击时,膛内温度过高会使枪管膨胀,初速就开始减小。

枪管内生锈和有锈痕时,也会增大射弹散布。如用射击后数天未擦拭的武器射击时,平均弹着点的位置将会提高,而射弹散布量将增大 20 ~ 30%。

弹药:由于弹药制造时有一定的公差(许可误差),同一批弹药中的每一发子弹发射药的重量、质量、装填密度、温(湿)度和弹头的形状、重量、弹径的大小等都有微小的差别。这些差别均会使射弹的初速不一致,造成射弹的高低(距离)散布。例如:53 式轻弹,弹头重为 9.6 克,允许误差为 ±0.1 克,用 67 - 1 式、67 - 2 式重机枪射击时初速为 840 米/秒,是指的平均值,有些射弹可能是 845 米/秒,有些射弹则可能是 835 米/秒。初速大,射弹打得高(远);初速小,射弹打得低(近)。

(3)外界条件的原因。射击时,气温、气压、风速和风向是不断变化的,特别是风速、风向的变化更大,即使在晴朗无风的条件下也不可能完全一致,总有细微的差异。因此,每次发射的弹头在空气中飞行时受到的影响就不一样,必然造成弹头着达目标的高低(距离)、方向不一致。

由于上述原因,使射弹具有各自的弹道和弹着点,便形成了射弹的自然散布。

(二)射弹散布的规律

射弹的自然散布虽是由许多偶然原因造成的,但其散布是有一定规律的。发射的弹数越多,规律就越明显(7 - 22)。其规律是:

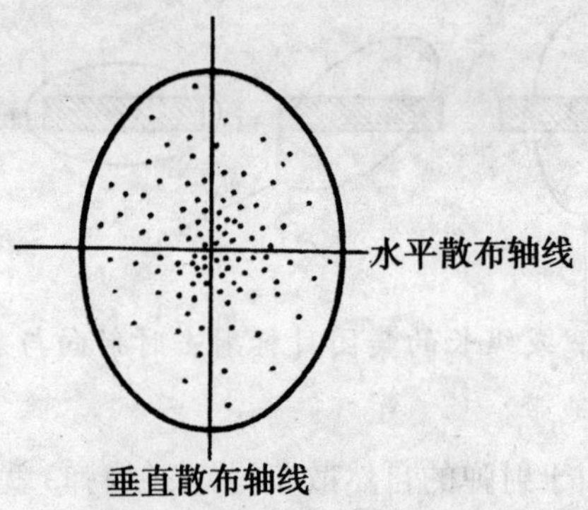

水平散布轴线
垂直散布轴线
图 7－22　射弹散布规律

散布面有一定的范围：其形状为椭圆形（在近距离上近似圆形）。在垂直面上，高低散布大于方向散布；在水平面上，距离散布大于方向散布。距离越远，散布范围就越大。

弹着点的散布是对称的：即在平均弹着点（散布中心）的一边有一个弹着点，在相对一边间隔大约相等处也有一个弹着点。

弹着点的散布是不均匀的：离平均弹着点越近，弹着点越密集；离平均弹着点越远，弹着点越稀少。

（三）射弹散布的实用意义

1. 缩小散布面，提高命中精度

在战斗中对敌火力点和重要单个目标射击时，应尽量缩小散布面，便平均弹着点与预期命中点相符合，以保证射弹密集的部分覆盖目标，增大射击效果。

2. 扩大散布面，增大杀伤效果

战斗中对横宽或纵长的集团目标射击时，应扩大散布面，如重机枪可实施正面（纵深）散布射（图 7－23）；班用轻机枪、自动步枪和冲锋枪可实施长（短）点射，并组织侧射、斜射火力，力求使散布椭圆最长部分与目标纵长部分相一致，以增大杀伤效果（图 7－24）。

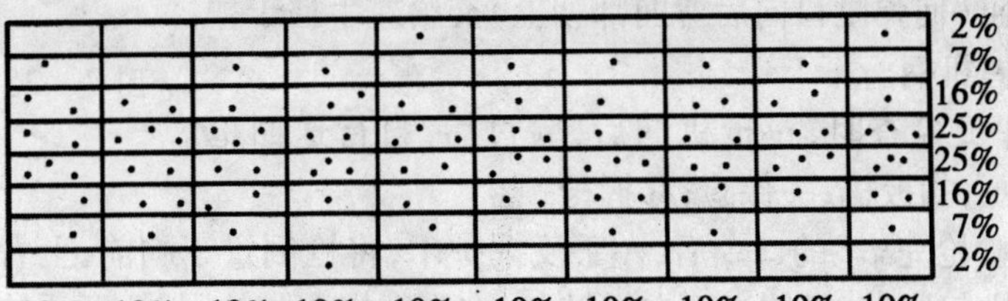

2%
7%
16%
25%
25%
16%
7%
2%
10%　10%　10%　10%　10%　10%　10%　10%　10%　10%
图 7－23　实施正面散布射击时弹着点的散布情况

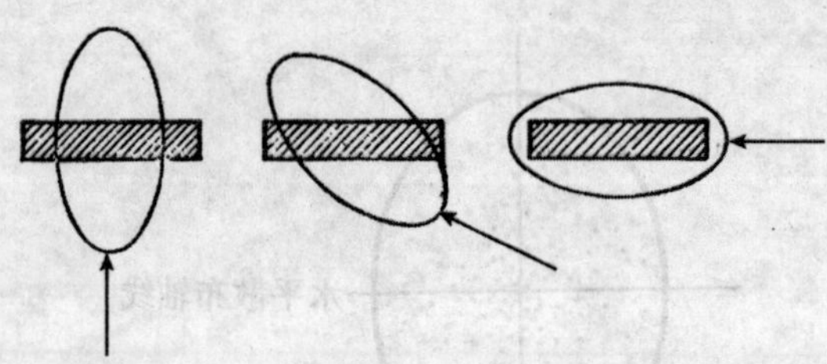

图 7－24　对横宽或纵长的集团目标射击时射向与射击效果的关系

3. 危险区域和危险地带

各种武器射击时，由于射弹的自然散布，弹头（榴弹）就不能落在同一点上，而是散布在一定面积上，因此，也就增大了杀伤目标的范围。此范围，枪榴弹、榴弹发射器、弹射器射击称为危险区域，其他轻武器的射击称为危险地带。

第三节　射击动作和方法

一、射击准备动作

（一）验枪

验枪是一项保证安全的重要措施。使用武器前后及必要时，均应验枪，认真检查弹膛、弹匣和教练弹中有无实弹。验枪时，严禁枪口对人。

口令："验枪"、"验枪完毕"。

1. 81 式自动步枪验枪

动作要领：听到"验枪"的口令后，以右脚掌为轴，身体半面向右转，左脚顺势向前迈出一步（两脚约与肩同宽），同时右手移握护木，将枪向前送出（背带从肩上脱下），左手接握下护木，左大臂紧靠左肋，枪托贴于右胯，准星约与肩同高，右手掌心向下，虎口向前，拇指打开保险（图 7－25）卸下弹匣（使弹匣口向后弯曲部朝上）交给左手握于护木右侧，移握机柄。

图 7－25　验　枪

当指挥员检查时，拉枪机向后，验过后，自行送回枪机，装上弹匣，扣扳机，关保险，移握枪颈。

听到"验枪完毕"的口令后，左手反握护木，将枪倒置于胸前，上背带环约与肩同高，右手挑起背带，身体半面向左转，在右脚靠拢左脚的同时，两手协力将枪送上右肩，恢复肩枪姿势。

2. 95 式自动步枪验枪

动作要领：听到"验枪"的口令后，以右脚掌为轴，身体半面向右转，左脚顺势向前迈出一步（两脚约与肩同宽），同时右手放开枪背带，枪自然下落，移握大握把，将枪向前送出，左手接握下护盖，枪托夹于右肋与右大臂之间，枪口约与肩同高。左手大拇指按压快慢机柄打开保险，移握弹匣，大拇指按压弹匣卡笋，卸下弹匣，弹匣口向上交给右手握于大握把左侧，左手食指或中指向前扣住机柄（图7－26）。

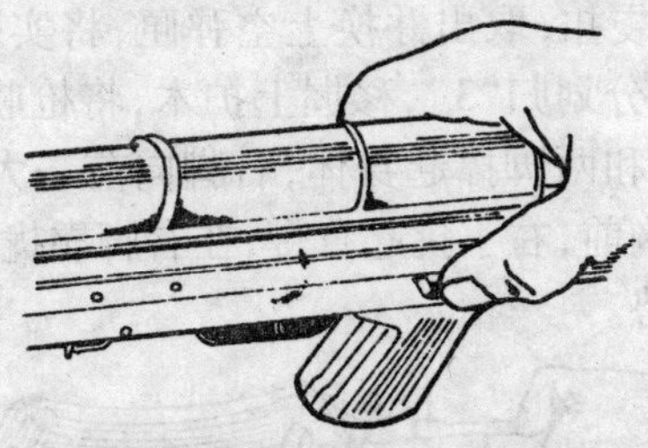

图7－26　自动步枪验枪

当指挥员检查时，拉枪机向后，验过后，自行送回枪机，装上弹匣，扣扳机，关保险，左手移握下护盖。

听到“验枪完毕”的口令后，左手反握护盖，右手移握右肩前背带，身体半面向左转，在右脚靠拢左脚的同时，两手协力恢复肩枪姿势。

（二）装退子弹及定复表尺

1.81式自动步枪装退子弹及定复表尺

（1）向弹匣内装子弹。左手握弹匣，使弹匣口向上，挂耳向前，右手将子弹放于受弹口，两手协力将子弹压入弹匣内。

（2）卧姿装退子弹及定复表尺。口令：“卧姿——装子弹”、“退子弹——起立”。

图7－27　卧姿装子弹

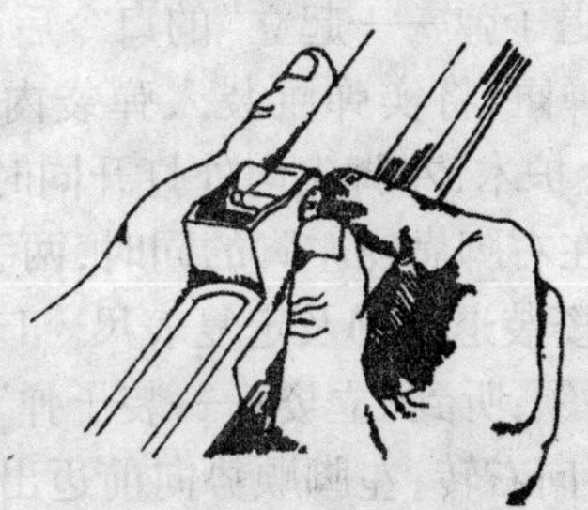

图7－28　装定表尺的动作

动作要领：听到“卧姿——装子弹”的口令后，右手移握上护木，使枪口向前（背带从肩上脱下），左脚向右脚尖前迈出一大步（也可右脚顺脚尖方向迈出一大步），左臂伸出，掌心向下，手指稍向右，按照膝、手、肘顺序顺势卧倒。以身体左侧、左肘支持全身。右手将枪向目标方向送出，左手接握下护木，枪面稍向左，枪托着地，右手卸下空弹匣（弹匣口朝后，弯曲部朝上）交给左手握于护木右侧，解开弹袋扣取出并换上实弹匣（图7－27），将空弹匣装入弹袋内并扣好，拇指打开保险，拉枪机送子弹上膛，关上保险。右手拇指和食指转动表尺转轮，使所需分划对正表尺座一侧定位点（图7－28）。然后，右手移握握把，全身伏地，两脚分开约与肩同宽，身体右侧与枪身略成一线，目视前方，准备射击。

听到“退子弹——起立”的口令后，稍向左侧身，右手卸下实弹匣交给左手，打开保险，拇指慢拉枪机向后，余指接住从膛内退出的子弹（图7－29），送回枪机，将子弹压入弹匣内，解开弹袋扣，取出并换上空弹匣，将实弹匣装入弹袋内并扣好。扣扳机，关保险，表尺转轮分划归“3”，移握上护木，将枪收回，同时左小臂向里合，屈左腿于右腿下。以左手和两脚撑起身体，右脚向前一大步，左脚再向前一步，左手反握护木，将枪倒置于胸前，右手挑起背带，在右脚靠拢左脚的同时，两手协力将枪送上右肩，恢复肩枪姿势。

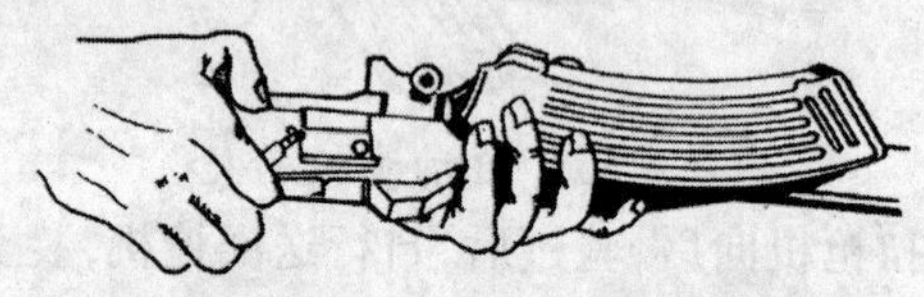

图7－29 接住退出的子弹

（3）跪姿装退子弹及定复表尺。口令：“跪姿——装子弹”、“退子弹——起立”。

动作要领：听到“跪姿——装子弹”的口令后，右手移握上护木，使枪口向前（背带从肩上脱下），左脚向右脚前方迈出一步，右手将枪向目标方向送出，左手接握下护木，同时右膝向右跪下，臀部坐在右脚跟上，左小腿略成垂直，两腿约成90度角，左小臂放在左大腿上，枪面稍向左，准星约与肩同高。然后，按要领换上实弹匣，打开保险，拉枪机送子弹上膛，关上保险，定表尺，右手移握握把，目视前方，准备射击。

听到“退子弹——起立”的口令后，按要领卸下实弹匣，打开保险，退出膛内子弹，换上空弹匣，将实弹匣装入弹袋内并扣好。扣扳机，关保险，表尺转轮分划归“3”，移握上护木，左脚尖向外打开同时起立，左手反握护木，将枪倒置于胸前，右手挑起背带，在右脚靠拢左脚的同时，两手协力将枪送上右肩，恢复肩枪姿势。

（4）立姿装退子弹及定复表尺。口令：“立姿——装子弹”、“退子弹”。

动作要领：听到“立姿——装子弹”的口令后，右手移握上护木，以右脚掌为轴，身体大半面向右转，左脚顺势向前迈出一步（两脚分开约与肩同宽），体重落在两脚上，右手将枪向目标方向送出，（背带从肩上脱下）。左手接握下护木，左大臂紧靠左肋，枪托贴于右胯，准星约与肩同高。然后，按要领换上实弹匣，打开保险，拉枪机送子弹上膛，关上保险，定表尺，右手移握握把，目视前方，准备射击。

听到“退子弹”的口令后，按要领卸下实弹匣，打开保险，退出膛内子弹，换上空弹匣，将实弹匣装入弹袋内并扣好。扣扳机，关保险，表尺转轮分划归“3”，右手移握上护木，身体大半面向左转，左手反握护木，将枪倒置于胸前，右手挑起背带，在右脚靠拢左脚的同时，两手协力将枪送上右肩，恢复肩枪姿势。

2. 95式自动步枪装退子弹及定复表尺

（1）向弹匣内装子弹。左手握弹匣，使弹匣口向上，弹匣后连接凸起向前，右手将子弹放于受弹口，两手协力将子弹压入弹匣内。

(2)卧姿装退子弹及定复表尺。口令："卧姿——装子弹"、"退子弹——起立"。

动作要领：听到"卧姿——装子弹"的口令后，右手移握提把，枪口向前（背带从肩上脱下），左脚向右脚尖前迈出一大步（也可右脚顺脚尖方向迈出一大步），左臂伸出，掌心向下，手指稍向右，按照膝、手、肘的顺序顺势卧倒。以身体左侧、左肘支持全身。右手将枪向目标方向送出，枪面稍向左，枪托着地。左手掌心向上托握下护盖，稍向左侧身，右手解开镜袋扣，取出瞄准镜将其安装在镜座上并锁紧，摘下瞄准镜物镜护盖。然后，枪面稍向左，枪托体着地，右手卸下空弹匣（弹匣口朝后）交给左手握于护盖右侧，解开弹袋扣，取出并换上实弹匣，将空弹匣装入弹袋内并扣好。右手掌心向上，虎口向前，食指或中指打开保险，食指或中指拉机柄，送子弹上膛，关上保险（用机械瞄准具时，右手拇指和食指转动表尺转轮，使所需分划位于上方）。然后，右手移握大握把，全身伏地，两脚分开约与肩同宽，身体右侧与枪身略成一线，目视前方，准备射击。

听到"退子弹——起立"的口令后，稍向左侧身，右手卸下实弹匣交给左手，打开保险，慢拉机柄向后，从膛内退出子弹，送回机柄，将退出的子弹捡起，压入弹匣内，解开弹袋扣，取出并换上空弹匣，把实弹匣装入弹袋内并扣好，扣扳机，关保险；使枪面向左，右手盖上瞄准镜物镜护盖，卸下瞄准镜装入镜袋并扣好（使用机械瞄准具时，表尺转至"3"）。右手移握提把，将枪收回，同时左小臂向里合，屈左腿于右腿下。以左手和两脚撑起身体，右脚向前一大步，左脚再向前一步，左手反握上护盖，将枪倒置于胸前，右手挑起背带，在右脚靠拢左脚的同时，两手协力将枪送上右肩，恢复肩枪姿势。

(3)跪姿装退子弹及定复表尺。口令："跪姿——装子弹"、"退子弹——起立"。

动作要领：听到"跪姿——装子弹"的口令后，右手移握提把，使枪口向前（背带从肩上脱下），左脚向右脚尖方向迈出一步，右手将枪向目标方向送出，左手托握下护盖，同时右膝向右跪下，臀部坐在右脚跟上，左小腿略成垂直，两腿分开约成90度角，左小臂放在左大腿上，枪面稍向左，准星约与肩同高，枪托抵在右大腿上。右手取出瞄准镜，将其安装在镜座上并锁紧，摘下瞄准镜物镜护盖。然后，按要领换上实弹匣，打开保险，拉枪机送子弹上膛，关上保险，（用机械瞄准具时，应装定所需表尺分划）。右手移握大握把，目视前方，准备射击。

听到"退子弹——起立"的口令后，右手卸下实弹匣，打开保险，慢拉枪机向后，退出膛内子弹，将退出的子弹捡起，压入弹匣内。换上空弹匣，将实弹匣装入弹袋内并扣好，扣扳机，关保险。枪面稍向左，右手盖上瞄准镜物镜护盖，卸下瞄准镜装入镜袋并扣好（使用机械瞄准具时，表尺转至"3"）。移握提把，左脚尖向外打开同时起立，左手反握护盖，将枪倒置于胸前，右手挑起背带，在右脚靠拢左脚的同时，两手协力将枪送上右肩，恢复肩枪姿势。

(4)立姿装退子弹及定复表尺。口令："立姿——装子弹"、"退子弹"。

动作要领：听到"立姿——装子弹"的口令后，右手移握提把，以右脚掌为轴，身体大半面向右转，左脚顺势向前迈出一步（两脚分开约与肩同宽），体重落在两脚上，右手将枪向目标方向送出（背带从肩上脱下）。左手接握下护盖，左大臂紧靠左胁，准星约与肩同高。枪托抵于小腹右侧。右手取出瞄准镜，将其安装在镜座上并锁紧，摘下瞄准镜物镜护盖。然后，按要领换上实弹匣，打开保险，送子弹上膛，关上保险（用机械瞄准具时，装定所需表尺表划）。右手移握大握把，目视前方，准备射击。

听到"退子弹"的口令后，右手卸下实弹匣，打开保险，慢拉枪机向后，退出膛内子弹，将退出的子弹捡起，装入弹匣内，换上空弹匣，将实弹匣装入弹袋内并扣好。扣扳机，关保险，枪面稍向左，右手盖上瞄准镜物镜护盖，卸下瞄准镜装入镜袋内并扣好（使用机械瞄准具时，表尺转至"3"）。右手移握提把，身体大半面向左转，左手反握护木，将枪倒置于胸前，右手挑起背带，在右脚靠拢左脚的同时，两手协力将枪送上右肩，恢复肩枪姿势。

二、射击动作

(一)瞄准

右眼通视觇孔（缺口）和准星，使准星尖位于觇孔中央或位于缺口中央并与上沿平齐（图 7－30），指向瞄准点，就是正确瞄准。

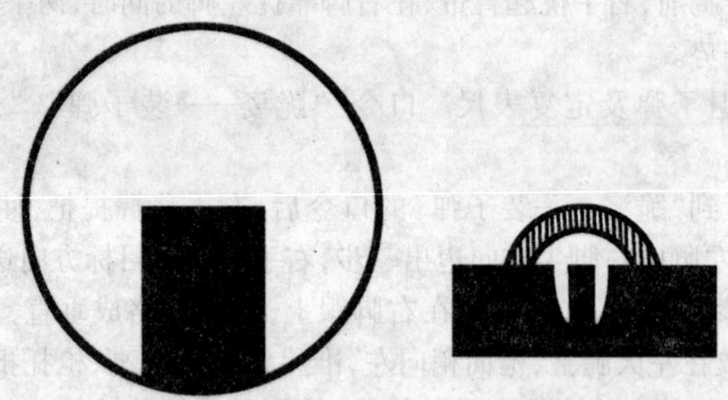

甲 准星与觇孔的位置关系　乙 准星与缺口的平正关系

图 7－30 准星与觇孔（缺口）的正确关系

瞄准时，应集中主要精力于准星与觇孔（缺口）的位置（平正）关系上，如果集中主要精力于准星与目标上，就会忽略准星与觇孔（缺口）的位置（平正）关系，造成瞄准误差。正确瞄准景况（图 7－31）应是准星与觇孔（缺口）的位置（平正）关系看得清楚而目标看得较模糊。

甲 准星与觇孔正确的瞄准景况　　乙 准星与缺口正确的瞄准景况

图 7-31 正确的瞄准景况

(二)81-1 式自动步枪据枪、瞄准、击发

据枪、瞄准、击发是相互联系和相互影响的动作,稳固持久的据枪,正确一致的瞄准,均匀正直的击发,三者正确的结合,是准确射击的关键,也是射击训练的基础。因此,必须刻苦练习,熟练掌握。

1. 依托物的利用

为了获得更好的射击效果,应力求利用地物和构筑依托物实施射击。依托物的高低应以射手的身体而定,一般为 25~30 厘米,依托物内侧应陡些。在紧急情况下,还应善于利用不同高度的依托物实施射击。

2. 卧姿有依托据枪、瞄准、击发

(1)据枪。卧姿有依托据枪时,下护木前端放在依托物上,身体右侧与枪身略成一线。左手握弹匣(也可托握下护木),左肘着地外撑。右手拇指将保险机扳到所需的位置,虎口向前紧握握把,食指第一节靠在扳机上,右大臂略成垂直,右肘着地外撑(肘皮控制在内前侧)。两肘保持稳固。胸部挺起,身体稍前跟(右肘不离地),上体自然下塌,两手用力保持不变,使枪托确实抵于肩窝。头稍前倾,自然贴腮(图 7-32)。

图 7-32 据枪(81-1 式自动步枪)

(2)瞄准。首先使瞄准线自然指向目标。若未指向目标,不可迁就而强扭枪身,必须调整姿势。需要修正方向时,可左右移动身体或两肘。需要修正高低时,可前后移动整个身体或两肘里合、外张(连发射击时,右肘不宜外张),也可适当调整依托物。

(3)击发。用右手食指第一节均匀正直地向后扣压扳机(食指内侧与枪应有不大的空隙),余指力量不变。当瞄准线接近瞄准点时,开始预压扳机,并减缓呼吸。当瞄准线指向瞄准点时，应停止呼吸，继续增加对扳机的压力，直至击发。击发瞬间应保持正确一致的瞄准。若瞄准线偏离瞄准点或不能继续停止呼吸时，应既不增加也不放松对扳机的压力，待修正或换气后，再继续扣压扳机。

操纵点射时，应稳扣快松，扣到底松开为 2～3 发，在扣扳机的过程中，应始终保持姿势稳固，据枪力量不变，以提高连发射击命中精度。

（三）95 式自动步枪据枪、瞄准、击发

1. 据枪

卧姿有依托据枪时，下护盖前端放在依托物上，左手握下护盖后端或小握把（也可掌心向后，虎口向上托握枪托的弧形部），左肘着地外撑。右手虎口向前紧握握把。食指第一节靠在扳机上，右肘尽量里合着地外撑，两肘保持稳固。身体前跟，两手正直向后适当用力，使枪托确实抵于肩窝。头稍前倾，自然贴腮（图 7－33）。

图 7－33 据枪（95 式自动步枪）

2. 瞄准

首先使瞄准线自然指向目标。若未指向目标，不可迁就而强扭枪身，必须调整姿势。需要修正方向时，可左右移动身体或两肘。需要修正高低时，可前后移动身体或两肘里合、外张，也可适当调整依托物的高低进行修正。

3. 击发

用右手食指第一节均匀正直地向后扣压扳机（食指内侧与枪应有不大的空隙），余指力量不变。当瞄准线接近瞄准点时，开始预压扳机，并减缓呼吸。当瞄准线指向瞄准点或在瞄准点附近轻微晃动时，应停止呼吸，继续增加对扳机的压力，直至击发。击发瞬间应保持正确一致的瞄准。若瞄准线偏离瞄准点较远或不能继续停止呼吸时，应停止扣压扳机，待修正或换气后，再继续扣压扳机。

三、射击方法

（一）对固定目标射击的特点

对固定目标射击，通常是各枪种的基础练习，是为使射手掌握最基本的射击动作和技能技巧，为应用射击和战斗射击奠定良好的基础而设置的。其特点是：目标位置不变；目标的大小、方向不变；射击距离不变；表尺、瞄准点和瞄准景况不变；射击时间比较充裕。

(二)对固定目标射击的方法

对固定目标射击,通常为精度射击。

射击时,射手首先应选择好射击位置,调整好依托的高低、软硬,迅速做好射击准备。然后,按照动作要领进行稳固的据枪,正确一致地瞄准,均匀正直地击发(详细要领参见第五章有关内容)。

在射击过程中,射手应注意观察弹着和修正偏差,以提高射击精度。

思考题:

1. 81 式自动步枪有哪些性能,它的十大部件有哪些。

2. 如何正确的据枪、瞄准、击发?

3. 如何修正风对射击的影响?

第八章 战术

第一节 战术概述

一、战术的概念和内容

“战术”是指导和进行战斗的方法，是战斗的用兵术的简称。战术研究战斗的规律、特点和内容，研究部队的战斗素质和战斗能力。战术包括经常了解情况，定下决心和向部属下达任务；计划和准备战斗；实施战斗行动；指挥部队和分队；保障战斗行动。战斗是敌对双方兵团、部队、分队（单机、单舰）进行的有组织的武装冲突，是夺取战争胜利的主要手段。战斗的理论和实践属于战术范畴。

战术的主要内容包括：基本原则以及兵力部署、协同动作、战斗指挥、战斗行动的方法和各种保障的措施。按战斗基本类型，分为进攻战术和防御战术；按军种、兵种，分为合同战术、军种战术、兵种战术；按规模，分为兵团战术、部队战术、分队战术等。行军、宿营、输送、变更部署和换班的方法，也属于战术的范畴。战术从属于战役法和战略，并对战役法和战略产生一定影响。战术反映了战斗的规律，是军事学术的组成部分，灵活运用和变换战术，对于夺取战斗的胜利具有重要意义。

二、进攻

进攻战斗就是主动进击敌人的战斗。目的是歼灭敌人，攻占重要地区或目标。按敌人的行动性质和态势，分为对防御之敌的进攻战斗、对驻止之敌的进攻战斗和对运动之敌的进攻战斗。对防御之敌的进攻战斗，有对野战阵地防御之敌的进攻战斗、对仓猝防御之敌的进攻战斗、对坚固阵地防御之敌的进攻战斗、对空降着陆之敌的进攻战斗；对驻止之敌的进攻战斗，有对临时驻止之敌的袭击战斗、破袭战斗；对运动之敌的进攻战斗，有伏击战斗、遭遇战斗、追击战斗。按地形、天候等条件，还有登陆战斗、渡江河进攻战斗、城市进攻战斗、山地进攻战斗、荒漠草原地进攻战斗、水网稻田地进攻战斗、热带山岳丛林地进攻战斗、高寒地进攻战斗以及夜间进攻战斗等。

进攻战斗有选择攻击方向、目标、时机和方法的主动权，便于达成战斗的突然性；能够预先进行战斗准备，便于形成有利的兵力、兵器对比；能够实施广泛机动，便于利用火力造成突击效果和有利态势；但是难以利用良好的阵地条件，易遭敌火力杀伤。

现代进攻战斗，通常在使用现代技术特别是高技术武器装备条件下进行，并在激烈的电子对抗中，于地面和空中、前沿和纵深同时展开，具有更大的突然性、坚决性和快速性。进攻战斗可以从直接接触情况下发起，也可以从行进间发起。直接接触情况下发起的进攻战斗，通常有前沿突破战斗和纵深进攻战斗两个阶段。从行进间发起的进攻战斗，还包括接敌等阶段。进攻部队通常在集结地域进行战斗准备，在火力掩护下占领进攻出发阵地和完成攻击准备；按规定或命令实施冲击火力准备，攻击部队迅速开辟通路并完成冲击准备；突击部队利用火力准备效果，在火力支援下发起勇猛冲击，坚决突入敌人阵地和消灭守敌；突破敌前沿后，迅速扩大与巩固突破口，实施穿插分割和纵深打击；在具有决定意义的时机和方向使用第二梯队或预备队，不停顿地向纵深攻击前进；随时准备粉碎敌反冲击，各个歼灭被围的敌人。对企图突围之敌实施立体封锁，阻敌从地面、空中增援和逃跑，当敌开始退却时，立即转入追击。

根据敌人的防御性质和行动特点，进攻战斗需采取不同的打法。对仓猝转入防御和空降着陆之敌，通常采用袭击战法，迅速歼敌。对野战阵地防御之敌，采取强攻或袭击，集中优势兵力，向敌要害、弱点猛攻，进行分割围歼。对坚固阵地防御之敌，需经周密组织和充分准备，通常集中绝对优势兵力和火力，有重点地连续突击，分割包围，逐次攻歼。对临时驻止之敌，常以袭击战法攻歼。对运动之敌，抓住战机，出其不意地攻击，力求速战速决，歼敌于运动之中。与敌遭遇时，力求先敌开火，先敌抢占有利地形，先敌展开，先敌发起冲击，先机制敌。伏击敌人时，需切实掌握敌人行动规律，选择有利的伏击区，隐蔽配置兵力，突然勇猛地发起冲击。追击敌人时，以兵力追击与火力追击、平行追击与跟踪追击、地面追击与空中追击相结合，歼敌于败退之中。

未来的进攻战斗，将大量使用各种高技术武器装备，具有更强大的火力、机动力、突击力和电子对抗能力；兵力、兵器的配置更加疏散，为争取和保持主动而实施的机动将增多；进攻的正面和纵深进一步扩大；进攻的速度大为提高。

三、防御

防御战斗就是抗击敌人进攻的战斗。目的是大量杀伤、消耗敌人，扼守阵地，争取时间，为转入进攻或保障其他方向的进攻创造条件。按目的、任务和手段，分为阵地防御战斗（包括野战阵地防御战斗、坚固阵地防御战斗）和机动防御战斗、运动防御战斗；按准备时间，分为预有准备的防御战斗和仓促防御战斗；按地形、天候等条件，还有山地防御战斗、荒漠草原地防御战斗、热带山岳丛林地防御战斗、高寒地防御战斗、城市防御战斗、海岸防御战斗、岛屿防御战斗、江河防御战斗和水网稻田地防御战斗以及夜间防御战斗等。

现代技术特别是高技术条件下的防御战斗，在地面或水面和空中、前沿和纵深同时展开；战斗突然性增大，组织准备的时间缩短；电子对抗激烈；提高生存能力更加重要；攻势行动更加广泛；情况变化急剧，指挥协同复杂。基本原则：树立积极防御的思想和全局观念；有重点地部署兵力，掌握强有力的预备队；建立以反坦克、反空袭为主的全纵深、全方位的阵地体系，快速构筑比较坚固完善的工事；严密组织火力配系，在全纵深内构成远中近和高中低相结合的、立体、密集的多层火网；设置多道、多种类的障碍物，构成防坦克、防步兵、防直升机的立体障碍物配系；周密组织协同动作；全面组织各种保障，特别是对高技术武器袭击的防护；广泛机动兵力、火力，把顽强抗击与积极的攻势行动相结合，粉碎敌人的进攻。

防御战斗的组织工作通常包括：①组织侦察、警戒。建立全方位、全纵深的侦察、警报报知和警戒配系，及时掌握敌情变化，严防敌飞机、直升机和特种部队的袭击破坏。②定下决心和下达战斗命令。指挥员在侦察的基础上，对敌情作出正确判断，根据上级意图和受领任务，及时定下决心，迅速下达战斗命令。决心主要包括防御企图、主要防御方向和坚守的要点、兵力部署和阵地编成等。③组织协同动作。指挥员根据上级指示和本级决心。从防御远接近地到全纵深，周密组织打击开进、展开之敌，抗击敌人的火力准备，抗击敌人冲击以及消灭突入、迂回和机降之敌的协同动作。同时规定协同动作的信号，明确协同遭敌破坏时的措施。④组织工程、伪装和对敌高技术武器袭击的防护等战斗保障。着重明确有关的任务、方法和要求以及兵力使用和完成的期限。⑤组织后勤、技术保障。着重明确后勤配置地域，物资器材储备标准、消耗限额，后勤防卫措施以及武器装备的检修、保养、抢修的方法等。

防御战斗实施通常包括：①破坏敌人进攻准备。炮兵、航空兵火力打击开进、展开之敌；侦察、特种分队或掩护支队，采用阻击、伏击、袭击等手段，迟滞、杀伤敌人，破坏敌进攻准备。②抗击敌人火力准备和冲击。当敌火力袭击时，炮兵、防空兵积极与敌炮兵、航空兵作斗争，部队迅速进入掩蔽工事进行防护；当遭敌核突击形成缺口时，迅速机动兵力、火力和设置障碍物封闭核突击缺口；当敌开始冲击时，以密集火力，特别是反坦克火力，重点打击敌坦克和步兵战车，力争在前沿前挫败敌进攻。③制止敌人快速突进，歼灭突入之敌。当敌突入防御阵地时，坚守部队依托阵地，与敌反复争夺，制止敌继续扩张；炮兵火力突击敌后续梯队；合成预备队以反冲击歼灭突入之敌；对在纵深机降之敌，先以火力、撒布式地雷实施打击，并快速机动反空降预备队或合成预备队将其围歼。

随着武器装备的发展，军队的火力和机动力的增强，防御纵深将进一步加大；机动在防御战斗中的作用不断提高，样式更加灵活多样；火力突击的连续性将增强，打击手段越来越多，将从不同高度、不同距离和不同方向对进攻之敌实施全纵深打击。未来的信息化战场上，进攻一方将在广阔的战场空间实施灵活机动，飘忽不定的全方位、全纵深攻击。防御一方如仍按传统的预先计划火力、层层申请上报的方式进行作战的话,将很难适应战场情况的瞬息万变。于是,充分发挥信息技术特别是 C^4ISR 系统的作用,将各火力打击单位综合集成为一体化实时联动的火力打击大系统,并与战役甚至战略火力打击系统进行无缝隙链接,在最大限度地发挥各火力单位自同步打击能力的同时,依托网络系统提高火力打击的机动性、灵活性,做到随机协调,随叫随到,以最快速度发挥最大整体打击威力,将是防御作战火力配系必须做出的发展抉择。

第二节　战术基本原则

战术的形成和发展受各种因素影响,而军事技术和士兵素质具有决定性作用。自战术产生以来,世界各国军队曾从不同角度和侧面提出过许多原则,比较带有共同性、相对稳定性并在现代条件下仍然运用的,主要有下列七条基本原则:

一、目的明确

保存自己与消灭敌人,是战斗的基本目的。战斗中,消灭敌人是主要的,保存自己是第二位的;只有大量消灭敌人,才能有效地保存自己。进攻与防御是达成战斗目的的基本手段。进攻具有主动性,是消灭敌人的主要手段;防御具有被动性,是保存自己和辅助进攻的手段。由于高技术武器装备运用于战斗,增大了消灭敌人的效能,也增加了保存自己的困难。战斗中,需充分发挥各种武器装备的效能,灵活运用各种战法,勇敢顽强、坚决积极,最大限度地歼灭敌有生力量。同时,采取各种有效措施,特别是加强对核、化学武器和精确制导武器的防护,尽可能保存自己的力量。

二、知波知己

知彼知己是正确指导战斗的基础,熟识敌方各方面的情况,从中找出行动的规律,用于指导自己的行动,使主观指导符合客观实际。现代技术特别是高技术条件下,需运用各种侦察手段,不间断地查明敌方企图、兵力部署、行动方法,可能使用核、化学武器的时机和方式等,掌握敌方行动特点,预见其可能的变化;正确理解上级的作战企图,熟识参战各军种、兵种、各部队的特长和战斗力;熟悉战斗环境,认识其对双方行动的利弊关系。在此基础上,对各方面的情况进行综合比较、分析,正确定下决心,确定能扬己之长、击敌之短的战法,制定周详的战斗计划。战斗中,不断掌握战场情况的发展变化,适时修改计划;当情况发生重大变化时,及时构成新的判断和定下新的决心,确定新的行动方法,或调整部队的行动,使主观指导符合不断变化的客观实际。

三、集中兵力

集中优势兵力,掌握战斗的主动权是克敌制胜的根本方法。现代技术特别是高技术条件下,无论进攻或防御,均须在主要方向上和重要时机,集中强大的兵力、火力,纵深疏散配置。兵力集中力求迅速、隐蔽和适时。进攻时,集中火力和电子对抗器材从不同高度、不同距离、不同方向对主要方向之敌实施全纵深综合火力杀伤和电子干扰,并保持不间断的火力优势;将主要兵力突然迅速地集中于主要突破地段上,以地面攻击与空中突击相结合的方法,突破敌人防御;适时机动后续力量,保持进攻锐势,在纵深打击部队的配合下,对敌实施分割包围,立体封锁,各个歼灭。防御时,集中主要兵力、火力和器材于主要防御方向,组成全纵深、全方位和有重点的防御体系。集中火力突击主要方向上的敌人,以主要兵力坚守主要阵地,适时机动兵力、火力和障碍器材,增强或支援主要方向上的防御,并以积极的反冲击、反击行动,挫败敌人进攻。

四、主动灵活

主动权是军队行动的自由权,行动的自由是军队的命脉。灵活是指挥员审时度势恰当处置情况的一种才能,是自觉能动性在战斗中的表现。力量的优势是争取主动的基础。正确的主观指导、灵活地使用兵力和变换战术,是夺取和保持主动、克敌制胜的重要条件。现代技术特别是高技术条件下,战斗情况复杂,变化急剧,指挥员需在客观物质基础上,充分发挥主观能动性。灵活指挥战斗。战斗中,需积极进攻,使己方处于主动地位;当处于防御时,力求以积极的攻势行动,摆脱被动,争取主动;在主要方向和重要时机,适时集中兵力、火力,形成和保持对敌优势;广泛机动,建立有利态势,积极寻找和制造敌人的弱点和错误,调动敌人,使其陷于被动地位;根据任务、敌情、我情、地形,巧妙部署兵力,采取恰当的行动方法;善于观察战场情势,审时度势,迅速作出反应,灵活机动兵力、火力,变换行动方法,不失时机地打击敌人;当情况发生重大变化或与上级中断联络时,根据上级总的意图,积极机断行事,灵活主动地完成战斗任务。

五、出敌不意

出敌不意的行动,可以改变敌对双方优劣形势,使敌人丧失优势和主动,以小的代价夺取大的胜利。现代技术特别是高技术条件下,需周密侦察,发现敌人的弱点,掌握其行动规律;采取有效的伪装和保密措施,实施兵力、火力、电子佯动,欺骗、迷惑敌人,造成敌人的错觉和不意,隐蔽己方企图和行动;利用夜暗、不良天气或有利地形,隐蔽、迅速地接近敌人,在敌意想不到的时间和地点,集中实施兵力、火力突击和电子干扰;乘敌混乱和协调失灵之际,不失时机地歼灭敌人。

六、密切协同

各军种、兵种、部队在统一计划下，按目的、时间、地点协调一致地行动，充分发挥整体威力，合力打击敌人，是夺取战斗胜利的关键。现代技术特别是高技术条件下，参战部队须贯彻统一的战术思想，实行集中统一的指挥；指挥员在熟识军种、兵种特长和各部队战斗力以及各种武器装备的性能和使用方法的基础上，根据上级意图，合理部署兵力，恰当区分任务；部队须正确理解上级的企图，坚决贯彻上级决心，严格执行协同计划，遵守协同纪律，主动配合，相互支援。战斗中，运用指挥、控制、通信、情报系统实施指挥和协调部队的行动，不间断协调地面攻击与空中突击、前沿战斗与纵深打击的行动，使火力、突击、机动、电子对抗和防护紧密结合。当情况发生变化或协同失调、遭到破坏时，适时调整或恢复协同动作，保证协调一致地完成战斗任务。

七、全面保障

组织周全、严密的战斗保障、后勤保障和技术保障，对于顺利遂行战斗任务具有重要意义。现代技术特别是高技术条件下，须集中主要保障兵力和器材，保障主要方向和执行主要任务的部队的行动，并控制预备兵力和器材；各种保障行动须符合战斗行动的要求；专业分队保障与部队自身保障相结合；使用制式器材保障与使用就便器材保障相结合。战斗中，须建立全方位的侦察配系和警戒配系，采取各种伪装措施，防止敌人突然袭击；采用电子对抗结合敌后破袭等方法，对付并制止敌人的电子侦察、干扰；严密组织对敌核、化学及燃烧武器袭击的防护；加强工程保障，提高防护、机动能力，限制敌人的机动。及时组织对各种技术装备进行保养和维修。综合运用各种力量，适时供应战斗所需的物资、器材；及时救治伤病员，巩固和提高部队连续战斗的能力。

军事技术的发展将对战术的发展产生重大影响。原有基本原则将不断充实新的内容，还将形成一些新的原则；立体纵深的战斗方法将进一步完善；综合火力杀伤与电子干扰结合，将成为打击敌人的重要手段；空中机动、立体封锁将被广泛采用；信息战将成为一种新的战斗内容；战斗指挥更加注重运用指挥自动化系统；战斗保障中的某些内容，将成为战斗行动的组成部分。

第三节　单兵战术动作基础

一、卧倒、起立

（一）持枪卧倒

口令:“卧倒”。

动作要领:当听到“卧倒”的口令时,左脚向右脚前迈出一大步,脚尖稍向右,左腿弯曲,上体前倾,身体下塌,两眼注视前方,左手顺左脚前伸,掌心向下稍向右,以左手、左膝、左肘的顺序着地,成侧身卧倒。此时姿势是:左腿弯曲,右腿伸直,右手提枪(沙地、雪地、泥泞地卧倒时,枪口稍抬高),枪托轻着地,目视敌方。需要射击时,右手以虎口的压力和四指的顶力将枪向目标方向送出,左手接握下护木或弹匣弯曲部,同时蹬直左腿,全身着地,收回右手,打开保险,移握握把,据枪射击。如不需射击时,右手将枪送出,并旋转枪面,使枪面向右,将枪轻贴身体右侧,右手或枪管置于左小臂上,目视敌方。

(二)端枪卧倒

口令:“端枪卧倒”。

动作要领:左脚向前一步,身体下塌,按左膝、左小臂、左臀的顺序着地,两手协力将枪向目标方向送出,同时蹬直左腿,据枪射击。

当地面松软时也可按双膝、双肘、腹部的顺序扑地卧倒。动作要领:两脚分开平齐,约与肩同宽,上体收腹前倾,身体下蹋,重心稍向后移,两膝内侧迅速着地,同时上体前扑,两手臂外侧迅速着地,伸直双腿,成据枪射击姿势。

(三)反身卧倒

反身卧倒,是士兵在持枪跃进过程中后方突然出现目标,或担任爆破手拉火返回适当位置时,迅速隐蔽、射击或做好再次爆破准备的一种卧倒方式。

口令:“反身卧倒”或“后方出现目标”。

动作要领:左脚向前迈出一大步,左手前伸,身体下塌前倾,利用两脚的蹬力将身体向后(反时针方向)旋转 180 度,重心左倾,按左手、左腿外侧的顺序着地,侧身卧倒,此时左腿弯曲,右腿伸直,目视目标,并做好射击或再次爆破的准备。

(四)起立

口令:“起立”。

动作要领:当听到“起立”的口令时,右手迅速关上保险,移握枪上护木,同时左小臂屈回并侧身,尔后以左手、左脚的支撑力将身体支起,右脚向前迈出一大步,左脚再迈出一大步的同时,左手挑起枪背带,压于右手拇指内侧,继续前进或出右脚靠拢左脚成立正姿势(停止间)。反身卧倒起立时,其要领:收枪后按顺时针方向转体 180 度,将身体支起,向前一步,迅速跃起。

(五)携带 95 式自动步枪的卧倒方法

1. 单手擎枪卧倒

口令:“单手擎枪卧倒”“起立”

在右手擎枪的基础上,当听到“单手擎枪卧倒”的口令后,左脚向前迈出一大步(此时枪面向左),左腿弯曲,上体前倾,两眼注视前方,左手顺左脚方向伸出,按左手、左膝、左肘的顺序着地，迅速卧倒。卧倒后，右手将枪向前送出（送出的同时转正枪面），左手接握下护盖或小握把，同时全身伏地，成据枪射击姿势。听到“起立”的口令后，右手将枪面左转收枪的同时屈左腿于右腿下，左小臂里合，以左手和两脚的支撑力将身体撑起，右脚向前一大步，左脚再向前一步（此时枪面转正），右脚靠拢左脚的同时，成单手擎枪立正姿势。

2. 端枪卧倒

口令："端枪卧倒准备""卧倒""起立"

当听到"端枪卧倒准备"的口令后，迅速成端枪姿势。听到"卧倒"的口令后，左脚向前一大步，上体下塌，重心下降并前移，两手协力将枪面转向左，按左膝、左小臂外侧的顺序着地，在左肘撑地的同时两手协力将枪面转正，全身伏地成据枪射击姿势。或两脚分开，略宽于肩，两膝内合，膝盖着地，上体收腹前倾，身体下榻，重心稍向后移，同时上体前扑，按双肘、腹的顺序着地，成据枪姿势。

当听到"起立"口令后，转身向右，利用左肘、左膝撑起身体，同时右脚向前迈出一大步，左脚再向前一大步，在右脚靠拢左脚的同时成单手擎枪姿势。也可使弹匣着地，双手用力的同时收腹、提臀、上右脚，在身体起立的同时，左脚向前一大步，右脚靠拢左脚的同时，成单手擎枪姿势。

二、直身、曲身前进

（一）直身前进

直身前进是在距敌较远，地形隐蔽，敌观察、射击不到时采用的运动方法。

口令："向××——直身前进"。

要领：目视前方，右手持枪，大步或快步前进。

（二）曲身前进

曲身前进是在遮蔽物略低于人体时采用的运动方法。

口令："向××——曲身前进"。

要领：目视前方，右手持枪，上体前倾，头部不要高出遮蔽物，两腿弯曲（屈身程度视遮蔽物高低而定），大步或快步前进。

三、跃进

跃进是在敌火下迅速通过开阔地时采用的运动方法。根据情况可采取持枪跃进或端枪跃进。跃进前，应观察前方地形，选择好前进路线和暂停位置，尔后，迅速突然地前进。跃进时要做到跃起快、前进快、卧倒快。跃进前，通常有个跃进准备的动作，其口令为："跃进准备"。动作要领：右手持枪稍向上提，移握护木，左手握枪背带上1/3，向右后方用力，将枪背带压于右手拇指下，左手放下同时，左脚向前一大步，此时，两腿弯曲，身体重心下降，上体前倾，右手持枪成45°，成跃进准备姿势。

(一) 持枪跃进

持枪跃进通常在距敌较远，地形平坦时采用。

口令："向××——持枪跃进"。

要领：卧姿跃起时，可先向左(右)移(滚)动，以迷惑敌人。自动步枪手应迅速收枪，同时屈左腿，右手提枪，以左手、左膝、左脚的支撑力将身体支起，右脚向前迈出一大步，左脚再迈出一大步的同时，左手挑起枪背带，压于右手拇指内侧，出右脚迅速前进。跃进的距离根据敌火力威胁程度、地形特点和战士身体素质而定。敌火越猛烈、地形越开阔，速度应越快，跃进距离越短。战士体质较强时，跃进距离可适当增加。通常每次跃进速度 5 米/秒，跃进距离不超过 30 米。当跃进到暂停位置或遭敌火猛烈射击时，应迅速隐蔽或卧倒。

(二) 端枪跃进

端枪跃进通常在距敌较近或通过复杂地段时采用。

口令："向××——端枪跃进"。

要领：卧姿跃起时，可先向左(右)移(滚)动，以迷惑敌人。自动步枪手两小臂撑地，迅速收腹，同时收回左腿，左膝跪地，利用两小臂、左膝将身体撑起，右脚向前一步，同时端枪迅速前进。如跪姿、立姿时，应迅速利用两脚的蹬力跃起前进。前进时左肘稍离开身体，左小臂略平，左手虎口正对枪面，右手握握把，枪托轻贴右胯，并与身体后侧取齐，枪身与地面约成 45°，枪面稍向左，两腿弯曲，上体前倾，收腹含胸，曲身快跑。

四、滚进

滚进是在卧姿时，为避开敌人观察、射击而左右移动或通过棱线时采用的运动方法。

口令："向××——滚进"。

要领：将枪关上保险，左手握枪表尺上方，右手握枪颈附近或两手握上护木，枪面向右，顺置于胸、腹前抱紧，两臂尽量向里合，两脚腕交叉或紧紧并拢，全身用力向移动方向滚进。

运动中，也可在卧倒的同时向移动方向滚进。其要领：左(右)脚向前一大步，左手在左(右)脚前着地，身体尽量下塌，右手将枪置于小臂内，身体向右(左)侧，枪面向右，在右(左)臂、肩着地的同时，向右(左)滚进。滚进时，右(左)腿伸直，左(右)腿微曲，滚进距离长时可两腿夹紧。还可按持枪卧倒(防护时)的动作卧倒，然后向右(左)滚进。在泥泞地、沙地通常不用滚进，而采用匍匐前进的方法左(右)移动。

五、匍匐前进

匍匐前进是在通过敌步、机枪火力封锁地段较短(通常在10米左右)或利用较低的遮蔽物前进时采用的运动方法。根据遮蔽物的高低,匍匐前进又分为低姿匍匐、侧身匍匐、高姿匍匐和高姿侧身匍匐四种姿势。

(一)低姿匍匐

低姿匍匐是身体伏于地面并降低至最低程度的运动方式,一般是在前方遮蔽物高约40厘米时采用。

口令:"向××——低姿匍匐前进"

动作要领:行进时,腹部贴于地面,头稍微抬起,屈回右腿,伸出左手,用右脚内侧的蹬力和左手的扒力使身体前移,在移动的同时,屈回左腿,伸出右手,用左脚内侧的蹬力和右手的扒力使身体继续前移,依次交替前进。携95步枪时,右手掌心向上握大握把,枪面朝右前,弹匣置于右小臂上,拇指卡住枪背带。携机枪时,通常右手握握把推枪前进,也可由正副射手协同推、拉枪前进。前进中姿势要低,第三衣扣不得离地,速度不小于0.8米/秒.其要领可归纳为:手扒脚蹬腹着地,手脚交替向前移,注视前方要隐蔽,动作迅速姿势低。

(二)侧身匍匐

侧身匍匐是在前方的遮蔽物高约60厘米时采用的一种运动方式,其特点是运动的速度稍快,但姿势偏高。

口令:"向××——侧身匍匐前进"

动作要领:右手前伸移握护木将枪收回,同时侧身,使身体左侧着地,左小臂前伸着地,左大臂支撑身体,左腿弯曲,右脚收回靠近臀部着地,以左臂的扒力和右脚的蹬力使身体前移。携95自动步枪时,右手握大握把,枪面向左,枪托置于右大臂和右胁之间。侧身匍匐前进中应注意保持方向,速度不小于1.2米/秒。

(三)高姿匍匐

高姿匍匐一般是在前方的遮蔽物高约60厘米时采用。

口令:"向××——高姿匍匐前进"

动作要领:持枪时,左手握护木,右手握握把,将枪横托于胸前,枪面朝向身体,枪口离地,用两肘和两膝支撑身体,然后,依次前移左肘和右膝、右肘和左膝,如此交替前移。有时,也可采取低姿匍匐的携枪方法。

(四)高姿侧身匍匐

高姿侧身匍匐通常在遮蔽物高约80~100厘米时采用。

口令:"向××——高姿侧身匍匐前进"。

动作要领:左手和左小腿外侧着地,右手提枪,以左手的支撑力和右脚的蹬力使身体前移。

无论采取哪种匍匐姿势，运动到预定位置或适当的距离，都应迅速卧倒隐蔽，视情况出枪射击。

六、利用地形

地形是指地面高低起伏的状态和固定性物体。它对军队的作战行动有着重要作用。利用地形是战士的基本战斗动作，是单兵战术的基础。实践经验证明：一个战士，在战斗中能否善于利用地形，对于保存自己，消灭敌人有着直接的关系。不同掩蔽方式的伤亡概率：站立为80%，卧倒为55%，而利用弹坑仅为9%。可见，在未来战场上，要接近、消灭敌人，灵活有效地利用地形有着更重要的意义。

（一）利用地形的目的

利用地形的目的，就是灵活恰当地运动，充分发扬火力，有效地隐蔽和掩蔽身体。隐蔽和掩蔽身体是战士进行防护借以防敌发现和敌火杀伤的最有效方法；充分发扬火力，是战士消灭敌人的重要手段；灵活机动的运动，是战士迅速逼近以至消灭敌人的主要条件，三者是有机联系，相辅相成的。因此，在利用地形进行运动、射击和防护的运动中，应首先着眼于积极的行动消灭敌人，只有消火敌人，才能有效地保存自己。

（二）利用地形的要求

战士利用地形时，应根据不同情况灵活地加以改造和利用，做到：便于观察、射击和隐蔽身体；便于接近与离开；便于防敌地面和空中火力的杀伤；不要妨碍班（组）长的指挥、邻兵的动作和火器射击；不要几个人拥挤在一起，以免增大伤亡；尽量避开独立、明显的物体和难以通行的地段。（三便于，两不要，一避开）火箭筒手利用地形射击时，应考虑到尾翼张开时不受影响和喷管后的安全距离，特别在火箭弹飞行的路线上，不得有草木等障碍物，筒后30米内，不能有人，以免受到伤害。

（三）利用地形射击的方法

战士在利用地形占领射击位置时，要根据敌情、任务和遮蔽物的高低、大小取适当姿势，隐蔽占领。对不便于射击的位置，应加以改造。战士在一地不要停留过久，视情况灵活地变换位置。

⑴ 对堤坎、田埂的利用。横向的利用背敌斜面或残缺部位，纵向的通常利用弯曲部或顶端一侧，依其高度取适当姿势，堤坎高于人体时，应挖踏脚孔或阶梯。

⑵ 对土（弹）坑、沟渠的利用。通常利用其前沿，纵向沟渠利用弯曲部。根据敌情，坑的大小、深度，以跳、滚、匍匐等方法进入，并取适当姿势；对空射击时，以坑沿作依托或背靠坑壁进行射击。

⑶ 对土堆（坟包）的利用。通常利用独立土堆（坟包）的右侧，如视界、射界受限制或右侧有敌火力威胁时，也可利用其左侧或顶端。双土堆（坟包）利用其鞍部。对空射击时，通常利用其后侧或顶端。

(4) 对树木的利用。通常利用其右后侧,根据树干的粗细取适当姿势。树干粗(直径 50 厘米以上)可取各种姿势,树干细,通常采取卧姿。如取立姿时,应尽量将身体左侧、左大臂(或左小臂),左膝紧靠树木,右脚稍向后蹬。如对空射击时,可将左小臂抬高或身体左后侧紧靠树木进行射击。如取卧姿时,应将左小臂紧靠树木或以树的根部为依托,两脚自然并拢,身体尽量隐蔽在树木后侧。机枪手通常采取卧姿,根据树干的粗细和地形情况,脚架可超过树干。120 反坦克火箭筒(火箭筒)手卧倒射击时,应将筒口前伸超过树干或离开树干 20 厘米以上,以便使火箭弹脱离洞口时尾翼能张开。

思考题:

1. 战术基本原则有哪些?
2. 卧倒、起立的动作要领是什么?
3. 如何利用地形地物?

第九章　军事地形学

军事地形学是研究如何识别和利用地形的一门学科。军事地形学训练是对军人进行军事地形基本知识及应用方法的训练。共同科目训练之一。军人的必修课。训练内容通常包括:一是识图用图。地图、投影、比例尺、坐标系、地物符号、等高线显示、地貌、方位角与偏角、地图分幅和编号的原理;地图与现地对照,按图或按方位角行进,图上通视及遮蔽情况的判定,利用地图研究地形的方法。二是判定方位。利用指北针、星座、太阳和时表、地形特征、导向设备等在现地判定方位的方法。三是分析判断地形。地形的分类,各种地形的特点及其对战斗行动的影响,分析判断地形的方法等。四是简易测图。测图准备、测量方法、测绘地物、地貌的技能。五是调制略图。略图符号、调制的方法步骤。六是标绘要图。军队标号及使用规定,标绘的方法和要领。七是制作沙盘。制作准备、制作实施方法等。八是相片判读。航空、航天相片的基本知识、判读地形要素和军事目标判读的依据及方法。各军种、兵种可根据不同专业、任务和对象,在训练内容上有所侧重。通常按照先理论、先应用,先图上、后现地,先昼间、后夜间,先一般地形、后复杂地形,先分步、后综合的步骤进行。训练中,强调广泛运用挂图、幻灯、景视、实物模型、自动显示系统等训练手段,注意实践,提高运用技能。

第一节　地形对作战行动的影响

一、地形的概念

所谓地形,就是地面起伏的形状,是地貌和地物的总称。地貌是指地表面高低起伏的状态,如平原、丘陵地、山地等;地物是指分布在地面上的人工或自然形成的固定物体,如居民地、道路、江河、森林等。不同的地貌和地物相组合,便形成了多种多样的地形。按地貌的状态,可分为平原、丘陵地、山地、高原;按地物的分布物土壤的性质,可分为居民地、水网稻田地、江河和湖泊、山林地、岛屿、沙漠与戈壁、草原、沼泽等。

二、各类地形对作战行动的影响

不同的地形有其不同的特点,因而其对作战行动的影响也不同。

平原地是指海拔在200米以上,高差在50米以下的平坦开阔的地区。其特点是地面起伏小,人烟稠密,特产丰富,交通比较发达。平原地视界、射界开阔,便于部队机动，适合大兵团作战；但隐蔽伪装较困难。

丘陵地是指地面起伏较缓，岗丘错综连绵，高差在200米以下的地区。其特点是谷宽岭低，岗丘形状圆浑，斜面较缓，人烟较多，物产较丰富。丘陵地便于军队机动集结，具有一定的隐蔽条件、视界、射界良好，便于构筑工事；山谷和凹地遭核化武器袭击后易滞留毒剂。

山地是指地面起伏显著，群山连绵交错，海拔通常在500米以上，高差大于200米的地区。其特点是地形复杂，人烟稀少，交通不便。山地便于部队隐蔽，但机动、指挥协同、通信联络等有一定困难。

高原是指地面比较平缓，海拔在500米以上，起伏较小，外围较陡的地区。其特点是空气稀薄，气候寒冷，人烟稀少。军队在高原行动，体力消耗大，武器装备的效能难以充分发挥。沙漠是指地表为大片沙层覆盖的荒漠。其主要特点是日照强烈，昼夜温差大，降水少植被稀少，风沙活动频繁，人烟稀少。

沙漠地区作战，不易掌握方向，不便于隐蔽，体力消耗大，后勤补给和供水困难。

岛屿是指完全被水包围的陆地。其特点是面积狭小，地形复杂，淡水缺乏，有些岛屿之间航道狭小，暗礁多。岛屿通常易守难攻，但部队机动、补给受限，四面受敌。

草原是指生长草本植物或间或灌木的广阔平坦地区。其主要特点是居民地稀少，水源不足，农产品缺乏，但地势开阔。草原便于大部队快速机动，有良好的视界射界。但判定方位、指示目标和隐蔽伪装较困难。

水网稻田地是指江河、沟渠、湖泊、池塘、水稻田交织密布的地区。其特点是地势平坦开阔，但受水网分割，道路少且狭窄。部队在水网稻田地作战，协调指挥困难，车辆机动受限，不易构筑坚固工事。

除上述几种地形外，其他的山林地、居民地、沼泽等也都有自己的特点，对军事行动也都有不同的影响。

第二节　军用地图常识

军用地图是反映实际地形最可靠的资料，是指挥员的“左膀右臂”。在作战行动中，要想发挥地图的作用，必须具备一定的识图能力。

一、地图比例尺

地图比例尺是指图上某线段的长与相应的实地水平距离之比。即：地图比例尺＝图上长/相应实地水平距离。比如，一幅地图的比例尺是1:50000，那么图上两点间的长为1厘米，实地该两点的距离应为50000厘米。

根据用图的目的和要求的不同，地图比例尺也有大小之分。通常按比值的大小来衡量。比值的大小可按比例尺的分母确定,分母小则比值大,比例尺就大;分母大则比值小,比例尺就小。图幅大小相同的地图,比例尺越大,图幅所包含的实地面积就越小,但显示的地形就越详细,精度也就越高。因此,大比例尺地图比较适合于初级指挥员使用,小比例尺就地图则适合于中、高级指挥员使用。

地图比例尺常以图形结合文字、数字表示,一般绘注在图形的下方中央(见图9-1)。其中以数字表示的为数字比例尺,它是用比例式或分数式表示的。以图形表示的为直线比例尺。比如1:5万直线比例尺,从“0”向右为尺身,图上1厘米代表0.5千米;从“0”向左为尺头,图上一小格代表50米。

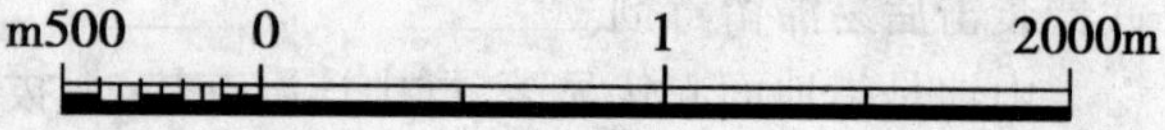

m500 0 1 2000m

图9-1 地图比例尺

根据地图比例尺,可以从地图上量取实地相应的距离。如果是量取两点间的直线距离,通常可采取两种办法:一种是在直线比例尺上比量。先用两脚规或直尺在图上准确量取两点间的长度,然后把量得的长度移到直线比例尺上去比,从而得出实施两点间的距离。另一种是根据数字比例尺换算。先用直尺在图上量取两点间的距离,然后用公式换算。换算的公式是:实地距离=图上长度×比例尺分母。

表9-1 坡度改正数

坡度	改正数%	坡度	改正数%	
0°~4°	3	15°~19°	30	如图上距离为1000m,平均坡度为7°,则实地距离1000+1000×10%=1100m
5°~9°	10	20°~24°	40	
10°~14°	20	25°~29°	40	

如果要量取两点间的曲线距离,则要使用专用的里程表。

需要注意的是,在地图上量取和计算的距离实际上只是水平距离。如果实地的坡度较大时,还应按比例加上适当的坡度和弯曲改正数。具体改正数可参见表9-1。

二、地物符号

地面上的地物,在地图上是按照《地形图图式》规定的符号和注记表示的,这些符号称作地物符号。地物符号由图形和颜色组成。

(一)地物符号的分类

地物符号可分为三类:第一类是依比例尺表示的符号,这类符号是按地物的实际轮廓按比例尺缩绘的,主要用于表示面积较大的地物,如城镇、森林、江河等;第二类是半依比例尺表示的符号,主要用于表示一些细长的地物,这类符号的长度是按比例尺缩绘的,但宽度没有按比例尺缩绘,如道路、沟渠、电线等;第三类是不依比例尺表示的符号，这类符号因地物面积太小，无法按比例尺缩绘，只能用规定的符号表示，如突出树、亭、纪念碑等(表9-2)。

表9-2 不依比例尺、半依比例尺表示的符号

定位点	符号举例		
图形中有一点的，在该点上	三角点	亭子	窑
几何图形，在图形的中心	油库	水车、风车	发电厂 ×
底部宽大的，在底部中点上	水塔	古塔	纪念塔
底部为直角的，在直角的顶点	路标	突出阔叶树	突出针叶树
组合图形，在主体图形的中心	石油井 油	泉	小面积树林
其他图形，在图形的中心	桥	矿井	水闸

(二)地物的颜色

我国目前出版的地图均为四色。具体规定见表9-3。

表9-3 地图的四色规定

颜色		使用范围
四色图	黑色	人工物体——居民地、独立地物、管线、栏栅、道路、境界及其名称与数量注记等
	绿色	植被要素——森林、果园等的普染；1978年后出版图的植被符号及注记等
	棕色	地貌要素——森林、果园等的普染；1978年后出版图的植被符号及注记等
	蓝色	水系要素——河岸线、单线河及其注记和普染，雪山地貌等

三、等高线显示地貌

(一)等高线显示地貌的原理

地貌的形态在地图上主要是用等高线显示的,其原理是:把一个山地模型从底到顶按相等的高度,一层一层地水平切开,在山的表面便出现一条条大小不等的截口线,然后把这些线垂直投影到平面图纸上,便出现一圈套一圈的曲线图形。由于同一条曲线上的各点的高度都相等,所以把它叫做等高线(图9-2)。

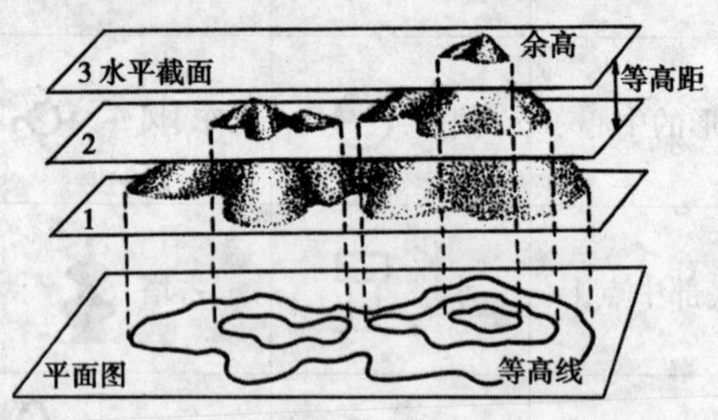

图9-2 等高线

(二)等高线显示地貌的特点

等高线显示地貌有很多的特点:同一条线上各点的高度相等,并各自闭合;等高线多,山就高,等高线少,山就低;等高线稀,坡度就缓,等高线密,坡度就陡;图上等高线的弯曲形状与相应的现地地貌形状相似。

(三)等高距

相邻两条等高线间的实地垂直距离叫等高距。同一地形等高距大,等高线就稀,地貌显示就越简略;等高距小,等高线就密,地貌显示就越详细。通常,大比例尺地图表示地貌相对详细,小比例尺地图表示地貌相对简略。表9-4为我国常用比例尺地图的等高距规定。

表9-4 等高距规定

比例尺	1:25000	1:50000	1:100000	1:200000
等高距	5m	9m	20m	40m

(四)等高线的种类

等高线按其作用的不同,可分为四种:首曲线,用细实线表示,用以显示地貌的基本形态;计曲线,用加粗实线表示,从高程起算面起,每隔4条首曲线绘粗实线;间曲线,按等高距的1/2绘制的长虚线,用以显示首曲线不能显示的局部地貌;助曲线,按高距的1/4绘制的短虚线,用以显示间曲线还不能显示的局部地貌(图9-3)。

(五)高程注记

高程注记在地图上有两种形式:一种是高程点的注记,用黑色,字头朝向地图的北方(上方);一种是等高线注记,用棕色,字头朝向上坡方向。

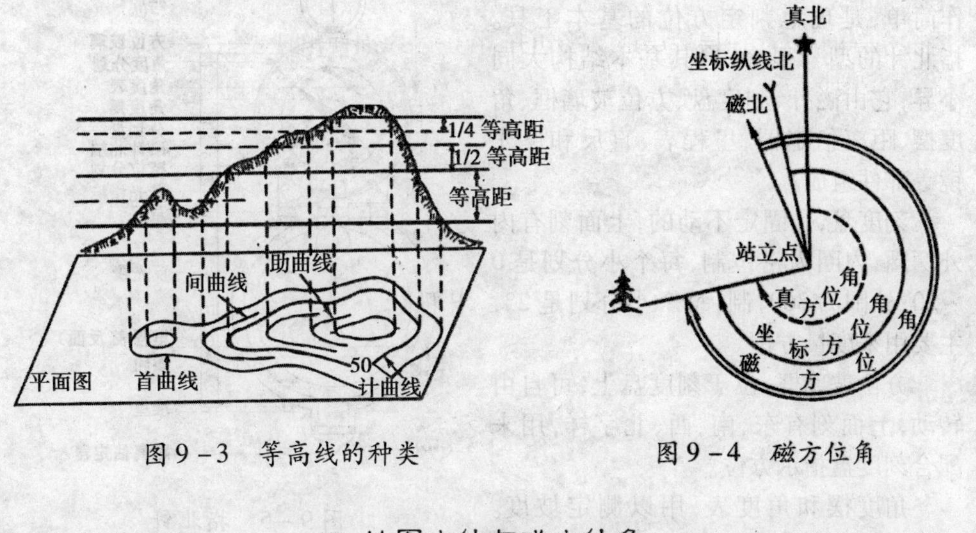

图 9-3 等高线的种类　　　　图 9-4 磁方位角

四、地图方位与磁方位角

地图的方位是上北下南,左西右东。在地图南北廓上的磁南、磁北(即 P、P′)两点间的连线,为该图的磁子午线,即地面上任一点磁针所指的南北方向线。从某点的磁子午线起,依顺时针方向到目标方向线(该点到某一目标的延长线)之间的水平夹角,叫该点的磁方位角。在航空、航海、炮兵射击、军队行进等军事活动中,磁方位角有着广泛的用途(图 9-4)。

第三节 现地使用地图

一、定位

定位是测定实地(或海、空)某点的坐标或将其确定于图上的作业。现代战争,作战空间空前扩大,战争节奏明显加快,能否快速、准确地实施战场定位与导航,既是掌握敌、我、友三方相互关系位置,拟定作战方案,周密组织协同的基础,也是保证部队正确的运动方向充分发挥各种技术兵器的作战效能的重要前提。各级指挥和参谋人员必须熟练掌握战场定位的技能。

(一)方位判定

方位判定,就是在现地辨明站立点的东、西、南、北方,明确站立点与周围地形的位置关系。它是现地用图和进行作战任务的前提。

1. 利用指北针判定

指北针(又叫指南针,图9-5),是我国古代四大发明之一。它携带方便,操作简单,是现地判定方位的基本工具。指北针的型号很多,但其基本结构大同小异,它由磁针、刻度盘、方位玻璃框、角度摆、距离估定器、里程表、直尺和反光镜等部件组成。

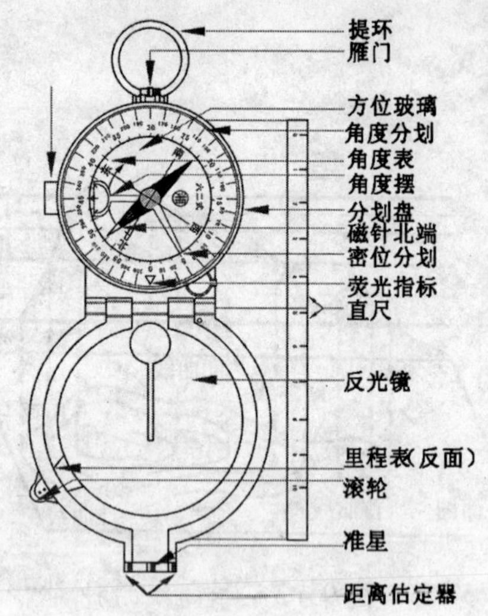

图9-5 指北针

刻度盘,是固定不动的,上面刻有内外两圈,内圈为密位制,每个小分划是0~20;外围为360°制,每个小分划是2°,主要用来度量方位。

方位玻璃框,位于刻度盘上,可自由转动,上面刻有东、南、西、北字样,用来配合刻度盘指示方位。

角度摆和角度表,用以测定坡度。角度表上分划单位为度,每个小分划是5°,可测量俯仰角各60°。"+"表示仰角,"-"表示俯角。

里程表,可用来量取1:25000、1:50000、1:100000比例尺地形图上的量程。

距离估定器,两尖端间的宽度为12.3毫米,恰为照门至准星长度123毫米的1/10,相当于对照门的张角0.1弧度。用以测定距离。

判定方位时,将指北针平放,待磁针静止后,磁针涂有夜光剂的一端(或黑色尖端)所指的方向,即为现地的磁北方向。

注意:使用指北针以前,应检查磁针是否灵敏。其方法是,将指北针置平,以铁器多次吸引磁针,每次铁器撤去后,观察磁针能否迅速静止和各次所指分划是否一致。若磁针转动缓慢,较长时间不能静止,或各次所指分划数之差大于1°,则该指北针应予修理或充磁。

2. 利用星座判定(图9-6)

为便于识别星空,天文学家把天空发现的恒星,按其亮度、关系位置分为许多区域,叫做星座。每个星座按恒星的排列形状,人们臆造了许多神话图像,加以命名。小熊星座、大熊星座和仙后星座是按排列形状而命名的三个对判定方位有着重要意义的星座。

利用北极星判定(图9-7)——小熊星座尾巴上最亮的一颗星,叫北极星。它因位于北极上空而得名。由于地球绕地轴旋转,故地球上的人观察星空,好像北极星固定不动,而其他星座绕北极星顺时针方向旋转,每天旋转一周。夜间找到了北极星就找到了北方向。我国位于北半球,终年晴空夜间都可以看到北极星。直接寻找北极星较为困难,因为小熊星座除北极星外,其他六颗星较暗,看不清楚。故一般通过大熊星座和仙后星座对于北极星的关系位置判定。大熊星座由 7 颗较亮的星组成,像一把勺子,我国俗称北斗七星。顺着勺口外缘的甲(天旋星)、乙(天枢星)两星的方向,延伸勺深的 5 倍距离处,有一颗亮星即为北极星,仙后星座由 5 颗亮星组成,按顺序连以直线形如"W",故又称 W 星座。由它的中间一颗星(策星)起,向垂直缺口方向延伸缺口宽的两部距离处,有一颗亮星即为北极星。大熊星座与仙后星座位于北极星两侧,遥遥相对并绕北极星顺时针方向旋转,每天转一圈。如果将大熊星座的丙(玉衔量)和仙后星座的丁(策星)连一直线,则北极星大致位于该连线的中点。判准北极星后,面对北极星,前面是正北方,后面是南,左边是西,右边是东。

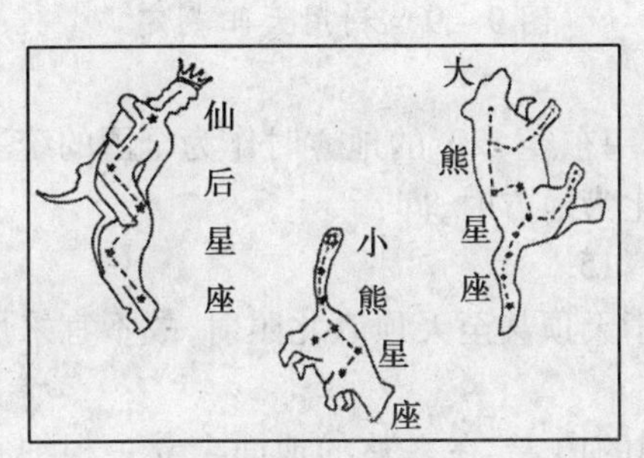

图 9-6 利用星座判定

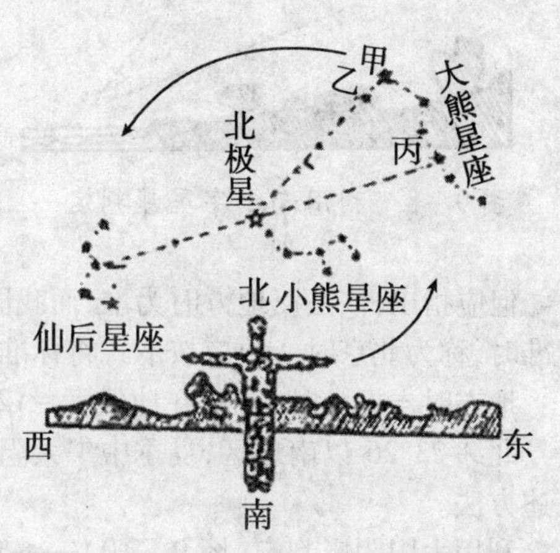

图 9-7 利用北极星判定

利用南十字星座判定(图 9-8)——南十字星座位于南极上空附近,由 4 颗较亮的星组成"十"字形。它是南半球判定南方位的主要星座但在北纬 23°以南地区,每年上半年的晴空夜间也可以用它判定方位。判定时,将南十字星中距离较长的甲、乙两星连线并向下延长两星间距的 4.5 倍处,就是正南方。

3. 利用太阳判定

利用太阳和时表判定(表 9-9)——北半球当地时间 0 点,太阳在正北下方,5 时左右在东方,12 时在南方,18 时左右在西方,24 时又回到正北下方,这就是说太阳 24 小时转一圈,而时表的时针转两圈。若将从 0 算起按 24 小时计时的时针运转角速度折半取一"假定时针",则该假定时针任意时刻所指方向与表盘中心至"12"字方向的夹角,等于该时刻太阳的方位角。若将假定时针指向太阳,则表盘中心至"12"方向即为实地的北方向。如果当地时间是下午 2 时(即 14 时)40 分,则在表盘圈上找到折半时数 7 时 20 分的假定时针位置,并于其上竖一细针,将时表置平并转动时表使其表盘中心至 7 时 20 分之点的连线指向太阳(即针影通过盘心),则表盘中心至"12"的方向即为北方向。通俗地说,就是"时间折半对太阳,12 所指是北方。"

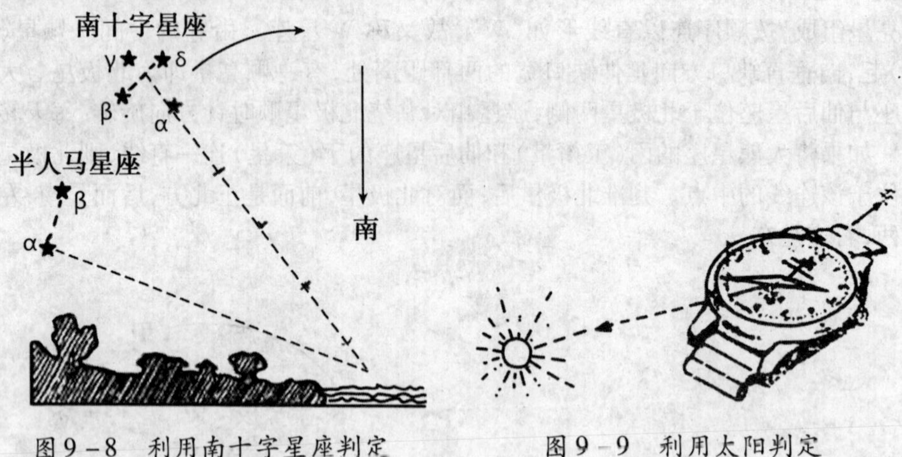

图 9-8　利用南十字星座判定　　　图 9-9　利用太阳判定

但应指出,该法以地方时为准,而我国采用东经 120°的地方时作为全国的统一标准时,称为北京时。故应按下式将标准时化为地方时,即:

地方时 = 标准时 +(所在地经度 - 120°)/15

北纬 23°26′以南地区,夏季中午太阳位于天顶甚至天顶以北照射,故不宜采用上述方法。

利用太阳阴影判定(图 9-10)——晴朗的白天,在平整的地面上立一根细宜的杆子,在太阳照射下会投下一个影子 OA,将该影子标示在地上;10~20 分钟后,再标出影子的新位置 OB,然后过两个影子的端点 A 和 B 画直线,此直线就是概略的东西方向线,第一个影子的端点 A 是西,第二个影子的端点 B 是东,面垂直于方向线的垂线就是南北方向线。

4. 利用自然特征判定(图 9-11)

由于长年累月受阳光、气候等自然条件的影响,使有些地物、地貌形成了某种特征。据此可概略判定方位。独立大树,通常是南面向阳的枝叶茂密,树皮光滑;而北面背阳的枝叶稀疏,树皮较粗糙,有时还长着青苔。砍伐后,树桩上的年轮,北面间隔小,南面间隔大。

突出地面的物体(如土堆、土堤、田埂、独立石与建筑物等),南面干燥,青草茂盛,冬季积雪融化较快;北面潮湿,易生青苔,积雪融化较慢。而土坑、沟渠和林中空地等南北方向的上述现象则相反。

我国农村的住房和较大的庙宇、古塔的正门,一般多数向南开。

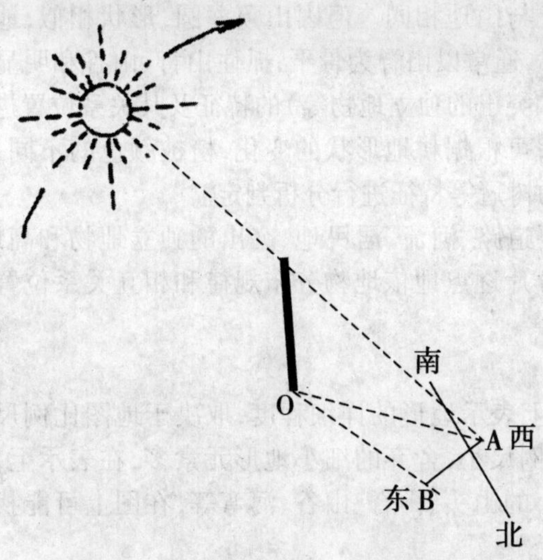

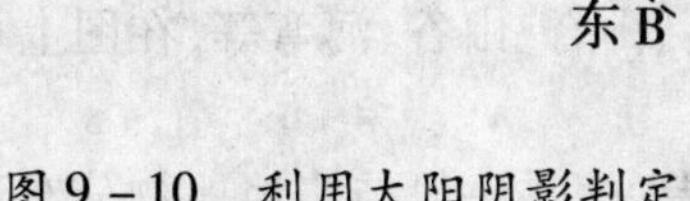

图 9－10　利用太阳阴影判定　　图 9－11　利用自然特征判定

我国北方草原、沙漠等地区,因受西北风的作用,在灌木、草棵附近形成的沙垄,其头部大尾部小,头部指向西北方向,尾部指向东南方向;在有新月形沙丘的地区,其迎风面坡缓,朝向西北;背风面坡陡,朝向东南。

(二)利用地形固定体

1. 现地对照地形

现地对照地形,就是在实地把图上的地形符号与现地的地物、地貌一一对应判别出来。同时要求把现地有而图上没有,或图上有而现地已 不存在的各类地形元素在图上或实地的位置找到。它通常是在标定地图方位之后进行的,先通过观察实地地形概貌,判出站立点的概略位置;再依此进行全面、详细的现地对照;然后准确判定站立点的图上位置。因此说,现地对照与判定站立点的图上位置是交替进行互相联系的一项工作。

现地对照地形的一般顺序是:先实地后图上,再由图上到实地,反复进行。对照的要领是:先对照大而明显的地形,后对照一般地形;先由近至远,再由远及近,按一定方向顺序进行,逐片进行对照。对照方法:先观察实地的地形分布特征,特别是山川大势,谷脊走向,形状大小,重要地物的分布及相互关系位置,然后在图上一一"对号入座",进而判出站立点的位置。当地形复杂不便观察时,应变换站立点位置或登高观察。

对照山地地形,首先应观察山岭走向,主要是高地和山体的分布特征、关系位置,然后在图上寻找相似等高线图形并判出站立点的概略位置;再由图到实地,按方位顺序进行具体对照,逐次对照各山顶、鞍部、山背、山谷以及山间的村庄、道路等细部地形。

对照丘陵地地形，其方法基本上与山地相同。但因山顶浑圆，形状相似，地形零碎，难度一般比山地较大。对照时，通常以山脊为骨干，抓住山背、山谷和明显地形点（如道路、河流的交叉、拐弯处和突出的独立地物等）的特征及其关系位置进行对照。当山脊前后重叠不易分辨时，可根据耕地形状的变化，植被颜色的不同，谷地、居民地的形状和大小以及露出的树冠等特征进行分析判定。

对照平原地形时，可先对照主要道路、河流、居民地、突出的独立地物和高地，然后再以道路或河流划分的地域，分片逐点地依地物分布规律和相互关系位置对照细部地形。

现地对照应注意：

一是要有比例尺概念。地形图上表示地形的详细程度，取决于地图比例尺的大小。比例尺大，表示较为详尽；比例尺小，舍弃的细小地形元素多，在表示上，综合程序也较大，某些地形的细部如小的山头、山脊、山谷、河弯等，在图上可能找不到。

二是要注意发展变化。地形图现实性差，植物一般与实地地物分布不完全一致。但相对而言，地貌变化较小，水系要素中的河流、湖泊、大中型水库变化也不大；仅居民地、道路网、沟渠等变化速度较快。因此，现地对照要以地貌和水系要素为先导，再推判其他要素的分布、位置与数量变化。在对居民地对照时，应以建筑时间较久的高大突出建筑物、十字街口和永久性独立地物为依据，再判定其他地形元素。

2. 确定站立点在图上的位置

确定站立点在图上的位置是利用地形图定位的基本内容。随时确定站立点在图上的位置，有利于根据地形图了解周围地形和遂行作战任务。确定站立点的主要方法：

地形关系位置判定法（图 9－12）——先标定地图方位，按照现地对照的方法步骤逐一判定站立点四周明显地形点在图上的位置；再根据它们与站立点的相互关系以及站立点本身所处的地形特征，综合判定出站立点在图上的位置。若用图者站在三角点左下方的山背上，根据左侧的冲沟和前方的山顶等位置关系，即可确定站立点在图上的位置。该法适用于地物较多或其他判定依据较多的地区。

侧方交会法（图 9－13）——若站立点位于线状地物（如道路、土堤、水渠等）上，可采用侧方交会法确定站立点。标定地图方位后，在线状地物侧方选择一个图上和现地都有的明显地形点，于图上该符号的定位点插一细针，以照准器（或指北针）的直尺绕该针，照准实地所选的明显地形点描绘方向线，该方向线与所在线状地物符合的交点即为站立点在图上的位置，若站立点不在线状地物上而在其附近时，也可用侧方交会法，先在图上求出方向线与附近线状地物的的交点后，再沿此方向测估出站立点至实地交点 G 的距离，然后在图上由交点起沿方向线截取相应长，则其端点 P 即为站立点在图上的位置（此法又称为截点法，图 9－14）。

图 9－12 地形关系位置判定法

图 9－13 侧方交会法

图 9－14 截点法

图 9－15 后方交会法

后方交会法(图 9－15)——先用指北针标定地图方位,再选择两个图上和实地都有的明显地形点,并于图上符号的定位点插一细针,然后以照准器(或指北针)直尺分别切绕细针照准实地相应地形点并沿直尺向后画方向线,其交点即为站立点在图上的位置。

膜片法(图 9－16)——在四周较远处寻找 3 个图上和实地都有的明显地形点;放平透明膜片,于其上任取一点 0 并插一细针;以照准器直尺切绕细针依次照准实地相应 3 个地形点并向前画方向线;再将膜片置于地形图上,使所绘 3 条方向线分别通过图上相应地形点,则此时 0 点的位置即是站立点在图上的位置。该法简捷、精度高,特别适于山地、丘陵地使用。如果 3 个地形点都明显突出,则在广阔的区域内均可依此判定站立点而无需再经对照地形的过程。

磁方位角法——在较远处选取两个交角良好的明显地形点,用指北针分别测出站立点至该两点的磁方位角(打开指北针,使反光镜概略成 45°,照准地形点,待磁针静止后,用眼的余光观察反光镜并转动方位玻璃框,使其上的指北线与磁针方向一致，然后放下指北针并依指北线在分划盘上读取磁方位角）；把图板放平，将图上的磁北方向分别推至两明显地形点，并以此为准，用量角器作出相应的磁方位角，其交点即是站立点在图上的位置。当无量角器时，也可在站立点近旁用指北针标定地图方位；再分别以指北针切绕图上两地形点，使磁针北端指向所测的相应磁方位角，然后沿直尺画线，两线的交点即是站立点在图上的位置。该法精度稍差，适于丛林和农作物生长茂密的平原地区（图 9－17）。

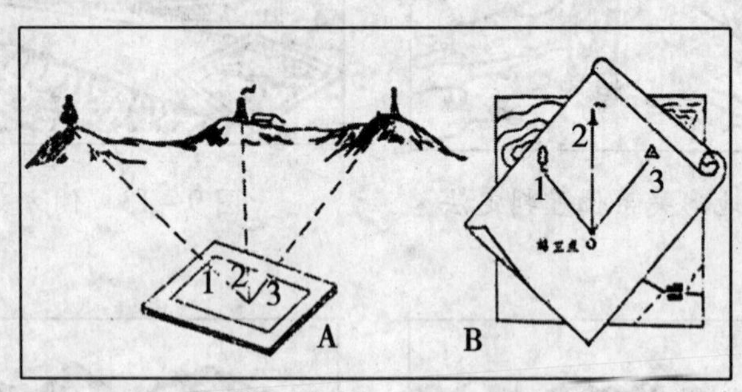

图 9－16　膜片法

图 9－17　磁方位角法

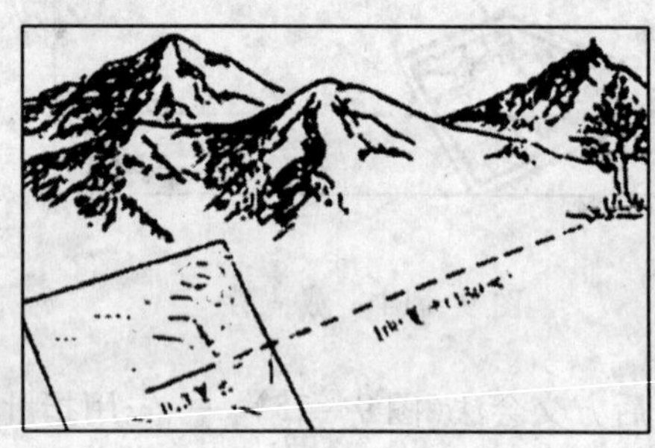

图 9－18　极距法

极距法（图 9－18）——当便于测定站立点至明显地形点的距离时，可采用此法。如果是标定地图方位，选择一个图上与实地都有的明显地形点，以照准器直尺切绕图上所选明显地形点照准实地相应目标并沿直尺画方向线；测出站立点至地形点的距离，在图上由地形点起在方向线上按比例尺截取距离，其端点即为站立点在图上的位置。也可用指北针测出站立点至所选地形点的磁方位角，再按前述方法于图上绘出该磁方位线，由地形点起在该磁方位线上缩取相应距离，其端点即为站立点在图上的位置。

总之，依图确定站立点的方法很多，可根据情况灵活应用。但应注意，上述几种方法中所讲的明显地形点的个数是必需的。为防止出现错误，最好多选一个点参与作业，以便检查。操作时，地图方位标定后，定位过程中不能碰动地图。采用交会法时，交角最后要在 30°～150°之间。点位确定后，还在再次对照周围地形，防止判错。

3. 确定目标点在图上的位置

作战中常需将新增加新发现的地形目标与战术目标标绘在地图上，以便量取坐标、指示目标和确定射击诸元。确定目标点在图上的位置，是在确定站立点在图上位置之后进行的。主要方法有：

地形关系位置判定法（图 9－19）——先观察实地目标点与周围明显地形点的关系位置，后在图上找出相应符号，并依关系位置确定目标点的图上位置。假如目标为敌坦克发射点，位于三角点所在高地和张家庄北无名高地之间的鞍部，且在分水线以南，小路以北的斜坡上。故按此关系在图上找到鞍部，而后按目标对于分水线和小路的距离北，在图上定出敌坦克发射点的位置。该法适用于明显地形点较多的地区。

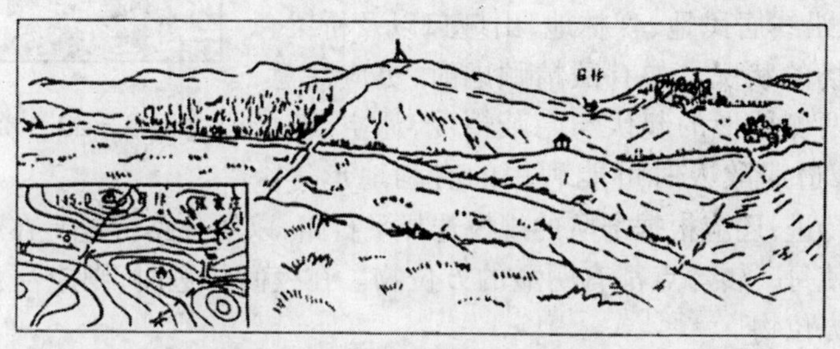

图 9－19 地形关系位置判定法

极距法——首先标定地图方位；用照准器直尺切绕图上站立点照准实地目标点并沿直尺瞄绘方向线；测出站立点至目标点的距离并依比例尺缩小后，由图上站立点起，沿方向线截取距离，其截点即为目标点在图上的位置。图上站立点至目标点的方向线，也可用指北针测定其磁方位角，而后用量角器图解绘出。还可用望远镜、方向盘测出目标点对于某明显地形点的夹角，然后在图上以站立点和明显地形点的连线为准，依所测角度图解出至目标的方向线。

前方交会法——当目标较远且明显地形点较少时，可在便于运动的地区，寻找两个与目标点交角较好的明显地形点，如果我们在地图上做一个练习，要先在 A 点标定地图方位，用照准器直尺切绕图上相应 A 点照准目标瞄绘方向向线；再于 B 点以同样方法瞄绘方向线。则两方向线的交点，即为目标点在图上的位置。也可用指北针在 A、B 点分别测出目标点的磁方位角，然后在图上作出两磁方位角线，其交点既是目标点的图上位置。如果配备有对讲机，则可在 A、B 两点上同时测定站立点至目标点的磁方位角，并将结果迅速报知对方，立即交会出目标点的图上位置。

截线法（图 9－20）——当目标点位于线状物体或地性线上时，可在站立点标定地图方位；以照准器直尺切绕图上站立点并照准目标点绘方向线，其与线状物体符号或地性线的交点，即为目标点的图上位置。

二、按地图行进

按地图行进，就是利用地形图选定行军路线，通过地图与现地对照，以保持沿选定的路线，到达预定地点的行进方法。

（一）行进前的准备

行进前的准备，这里讲的主要是图上准备。其内容包括：

1. 选择行进路线

图 9－20　截线法

行进路线是根据受领的任务、敌情、地形和部队装备等情况在图上选出行进的最佳路线。选择时，应着重考虑和研究路线上与行动有关的地形因素，如地貌起伏、沿线居民地、森林地、山垭口以及桥梁、渡口和徒涉场的状况。如有敌情顾虑时，更应注意研究沿道路两侧地形的起伏与隐蔽情况，遇空袭时的疏散区域，遭遇敌人时可能利用的有利地形等。组织大部队行进，还应根据部队的规模选择平行路，以便分路行进。在越野行进时尤其注意应使每一转弯点都有明显的方位物。在夜间行进时，则应注意选定夜间便于识别的方位物。

为便于行进中掌握方向，在路线选定后，还应在沿线选定明显突兀、不易变化的目标作为方位物，如行进路线上的转变点、岔路口、桥梁、居民地的出入口、城市中的广场和突出建筑场以及沿线两侧的高地等。

2. 在图上标绘行进路线

标绘行进路线和方位物就是将选定的行进路线（起点、转折点和终点）和方位物，用彩色笔醒目地标绘于图上，并按行进方向顺序进行编号，以便行进中对照检查。必要时也可专门调制行军路线略图。

3. 量取里程和计算时间

在图上量取行进路线上各段里程和计算行进时间，并注记在图上或工作手册上，如行进路线上地貌起伏较大时，还应当将图上量得的水平距离，按不同的坡度改正为实地距离。为了便于掌握行进速度和时间，需要时可将改正后的各段距离，根据预定行进速度换算为行进时间。

4. 熟记行进路线

熟记行进路线的方法，一般按行进的顺序，把每段的里程、行进时间、经过的居民地、两侧方位物和地貌特征，特别是道路的转弯处，岔路口和居民地进出口附近的方位物及地形特征等都熟记在脑子里，力求做到胸中有图，末到先知。

总之，图上准备就是：一选、二标、三量算、四熟记。在行进之前一定要认真准备,切实做好,行动起来就自如了。

(二)徒步沿道路行进的方法要领

徒步沿道路行进是军队机动的重要方式。其要领是:

在出发点上先标定地图对照地形判定出发点位置,明确行进道路和方向,然后记时出发。

在行进中,应根据记忆,边走边回忆,边走边对照,随时明确站立点的图上位置,随时清楚已走过的里程;随时明确前方将要通过的方位物和将到达的位置等,力求做到“人在路上走,图在心中移”。

在经过岔路口、道路转弯点、居民地进出口时,应及时对照现地地形,明确站立点的图上位置,以保持正确的行进方向。

在遇到地形变化与地形图不一致时,应采用多种方法,仔细对照地貌,全面分析地形的变化和关系位置,然后准确地判定站立点的位置和行进方向。做到有疑不走,有矛盾不走,方向不明不走;定准方向,消除疑虑和矛盾后再继续走。

当发现走错线路时,应立即对照地形,回忆走过的路程,判明从什么地方错的,偏离原定路线有多远,根据情况决定另选迂回路或返回原路,回到正确路线后,再继续前进。

(三)越野行进的方法要领

在道路稀少地区(如沙漠、草原等),或因任务需要,不能沿道路行进时,部队常采用越野行进。越野行进时因为地面起伏不平,障碍多,容易偏离方向,所以多采用按地图与方位角相结合的方法行进。行进时应注意下列几点:

第一,行进路线应选择在方位物较多的地形上,特别是转折点及其附近应有明显的方位物,以利对照检查,维持正确的行进方向。

第二,在起点和各转弯点上都要明确标定地图,明确行进方向和下一点方位物。或按预先测定的各段磁方位角,照准行进方向,找到下一点方位物,选择便于通行的地形前进;如不能直接看到下一点方位物,应选择辅助方位物,这样逐段按方位物方向行进,直到终点。

第三,行进中,要勤对照,多分析,随时判定站立点的图上位置,特别在复杂地形上行进尤为重要。如果发现走错了方向,应停止前进,查明原因,重新确定站立点的图上位置、尽量选择近道插到原方向上,不得已时可原路返回,再按正确方向继续前进。

思考题:

1. 不同地形对作战行动的影响主要有哪些?
2. 地物符号有哪些分类?
3. 如何按地图行进?

第十章　综合训练

第一节　行军

行军是指军队徒步或乘车沿指定路线向预定地区进行的有组织的移动,它是军队机动的基本方式。行军的目的是为了转移兵力,争取主动,创造有利战机,形成有利态势,为尔后的行动创造条件。因此行军必须做好充分的准备,周密组织,加强保障,实施坚定灵活的指挥,确保能迅速、隐蔽、准时、安全地到达指定地区。

一、行军方式

行军按运动方式,行军可分为徒步、乘车(摩托化和机械化)行军和综合行军;按行军方向可分为向敌行军、侧敌行军和背敌行军;按行军强度可分为常行军、急行军和强行军;按行军时间,分为昼间行军和夜间行军。

徒步行军,即步行实施的行军;乘车行军,也称摩托化行军和机械化行军,即乘坐运输汽车和战斗车辆实施的行军;综合行军,也称混合行军,是指徒步与乘车相结合的行军。向敌行军,指部队为了进攻或阻击敌人,而向敌人所在方向实施的行军;侧敌行军,指部队在敌人的翼侧实施的行军;背敌行军,指部队背向敌人方向的行军,背敌行军通常在执行特殊任务或退却时采用。常行军,是指部队按正常的每日行程和时速实施的行军,是部队在通常情况下采用的行军方式;急行军,是指部队以最快的速度实施的行军,一般在执行紧急任务时采用;强行军,是指加快行军速度,并加大日行军时间和行程的行军。

二、行军准备

(一)思想准备

行军对个人的意志和体能是一个考验。无论是刮风、下雨、山地、沼泽,还是酷暑、严寒、森林、雪地,只要作战需要,均要实施行军。因此,行军前应做好充分的思想准备工作,明确行军的目的和意义,克服畏难情绪,以饱满的精神状态主动参与行动。

(二)物资器材准备

物资器材准备,主要包括武器、弹药、装具、给养、饮水和药品等。应根据行程、道路和气候情况而定,以保证战斗、生活,不过多增加负荷为原则。通常携行粮食

3 日份(其中熟食 1 日份)和必要的饮水,准备好必备药品,并根据季节变换做好防寒、防雨雪、防蚊虫的准备。做到着装确实,出发前扎紧腰带、弹袋,扣紧裤脚、系紧鞋带,穿大衣或雨衣时,将衣襟下角扎于腰带上;携行的武器、装具、器材要做好充分的检查、清点,装具、器材固定牢固。

三、行军实施

(一)掌握行军路线和速度,遵守行军规定

为确保按规定的行军路线行军,指挥员可通过找向导带路、询问居民、利用地图(行军要图)、按方位角行进、依据路标等方法,掌握行军路线。使用向导带路时,应适时地更换向导。在复杂地形和夜间行军时,应加强道路侦察组的力量。按地图行进时,应不断进行地图与现地对照,认真查明沿途明显地形点和路旁的里程碑、地名牌,经常判定所在位置,正确掌握行军路标和方向。按方位角行进时,应熟记沿途地形特点,按定方向、定通过点、定到达每一点的时间(距离)的方法,保持行进方向。摩托化行军时,还应注意发挥各车的车长、观察(联络)员和驾驶员的作用,利用车上里程表和路旁的里程碑、地名牌等掌握行进路线。如果发现走错路时,应首先判定所在位置,尔后选近路插向原定路线,无把握时,应返回到开始走错的地点,认准正确路线再继续前进。当接到上级下达的改变行军路线的命令或发现原定路线因故无法行进时,指挥员应令分队停止前进、迅速判明新的行军路线或正确选择迂回路线,修改行军方案,并立即向所属人员明确有关事项,组织分队按新的行军路线继续行军。

行军速度,应根据敌情、任务、时间、行军能力、道路状况和天候等情况而定,通常情况下,行军开始和快到宿营地时、速度应稍慢,中间应保持匀速,防止忽快忽慢,以尽量减少人员疲劳。常行军徒步平均时速:乡村路为 4 ~5 公里,山路为 2.5 ~3.5 公里,每日行程为 30 ~40 公里。摩托化行军平均时速:昼间为 20 ~30 公里,夜间为 15 ~20 公里。每日行程为 150 ~250 公里。急行军的时速一般要比常行军的时速高 1/3 。强行军时,应加快行军速度和加大每日行程,其时速一般不超过急行军速度,每日行程,徒步可达 50 公里以上,乘车可达 320 公里以上。队形间距,徒步行军通常连与连之间为 100 米左右;摩托化行军,昼间车与车之间距离为 50 ~100 米,连与连之间距离为 200 ~300 米;夜间行军应适当缩小距离。

行军中,应严格遵守行军规定,自觉服从调整哨的指挥,未经上级允许,不得超越前面的分队。要主动给指挥车辆和执行特别任务的分队、人员让路,通过渡口、桥梁、隘路和道路交叉点等处,特别是几个分队同时通过上述复杂地点时,指挥员应掌握本分队的行军速度和队形间距,防止拥挤、堵塞和跟错队。通过后,先头应适当减速,以便保持队形间距。掉队时,不宜跑步跟队,应大步跟上,以免增大体力消耗,影响行军能力。摩托化行军时,应按规定登车、乘车,驾驶员应集中精力,保

持规定的车距、车速。如车辆发生故障,应停靠道路右侧抢修,修好后立即插队跟进,利用休息时间归建。如道路宽阔,经上级批准,也可超越归建。车辆无法修好时,应请求上级补充车辆或分乘其他车辆连续行进。行进中,要特别注意观察对面的来车和路旁的停车,防止碰撞。通过险路或难行地段时,干部(骨干)应下车勘察道路,指挥司机行进。

(二)适时组织大、小休息

1. 小休息

徒步行军时,通常行军30分钟后进行第一次小休息,时间约为15分钟,尔后每50分钟进行一次,每次10分钟。小休息时,人员应靠近路边,面向道路外侧,保持原来队形坐下休息。夜间行军小休息时,应严格灯火管制,保持肃静。指挥员应督促人员检查、整理鞋袜和装具,但不得躺卧、睡觉。摩托化行军时,通常行军2~3小时组织一次小休息,每次20~30分钟。休息时,车辆停靠道路右侧,车与车之间距离不小于10米,驾驶员应利用休息时间检修车辆,禁止打闹,躺卧和随意横过马路。

2. 大休息

大休息,通常在完成当日行程过半以上进行,休息时间通常为2小时左右。休息时,应离开公路、桥梁、渡口、车站等易受敌袭击的目标,进入便于隐蔽,有充足水源和燃料的位置。进入后,指挥员应迅速派出警戒哨,指定值班火器;迅速给各分队指定疏散位置,明确集合的时间和地点;及时给炊事班下达有关生活保障指示,迅速组织分队做饭、吃饭和补充饮水;妥善安置伤、病员,组织所属人员进行休息。摩托化行军时,应组织驾驶员利用休息时间检修车辆,加油加水。

四、特殊条件下的行军

(一)山地行军的特点及要求

山地地形复杂,山高林密,路窄坡陡,道路弯曲,气候多变,常有低云浓雾,对行军的观察、指挥、联络和行进均带来一定的影响,且易遭敌伏击。部队在行军前,应认真研究行军路线及其附近的地形情况,预先准备绳索、刀、斧、锯、三角木和冷却用水等克服障碍的工具和物品,并认真检查车辆。要加强侦察、通信联络、警戒和道路保障等安全防事故措施。行军中,应适当增大车间的距离,注意防山洪、防林火。

摩托化行军时,通过长坡或陡而短的坡路时,应防止车辆熄火、倒退,随时准备制动。上坡时间较长,发动机过热时,应选择适当地点休息或设法冷却。遇急转弯时,应减速并尽量靠近内侧行驶。通过危险地段时,指挥员应下车指挥。遇到大雾时,应开防雾灯慢速行驶,必要时派人引导车辆前进。

(二)草原、荒漠地行军的特点及要求

草原、荒漠地，地形开阔，树木、人烟和道路稀少，水源缺乏，水质多不良，气候干燥多变，昼夜温差大，常有暴风沙。这类地区，视界、射界开阔，便于观察、射击、机动和指挥，但隐蔽、宿营和供水困难；方位物极少，易迷失方向。沙漠和软戈壁地表土层松软，行军时运动速度慢，体力（油料）消耗大，给养保障困难。因此，草原、荒漠地行军，应根据行程和行军时间，适当增大给养、饮水的携行量，并严格规定使用标准，带足备用轮胎和必要的配件，还应根据地形、季节、行程和分队的行军能力等情况，适当减慢行军速度，并积极采取防暑（冻）、防火灾、防暴风沙（雪）等措施。行军中，应注意把握方向，尽可能沿道路行进，利用河流、湖泊、道路交叉点、沙丘等明显地形特征，加强地图与现地对照，严防走错路。

（三）高寒地区行军的特点及要求

高寒地区，是指海拔高，气候寒冷的地区。其基本特点是地高天寒，人烟稀少。高寒地区行军，由于空气稀薄，人员疲劳，易出现"高山反应"，天气寒冷，易发生冻伤；车辆不易发动，油耗量增加；人烟稀少，军需物资不能就地筹措，后勤保障困难；道路稀少，车辆行驶速度降低；判定方位困难；易迷失方向。高寒地区行军，应特别加强行军保障，减低行军速度，多进行短时间停歇。摩托化行军时，人员切忌打磕睡，应采取预防车辆供油系统气阻的措施。对"高山反应"者应及时采取防治措施。

（四）水网稻田地行军的特点及要求

水网稻田地，河流、沟渠纵横交错，道路少，且面窄、泥泞，不便机动。组织行军时，应特别注意加强道路和渡河的工程保障，做好克服河流、沟渠和泥泞等障碍的准备工作；要认真检查车辆的技术状况；切实采取防雨、防滑、防陷等措施，带足备件、附品和修车工具，携带适量的干柴、干草等防滑、防陷材料。

（五）热带山岳丛林地行军的特点及要求

热带山岳丛林地，炎热多雨，雾多潮湿，昼夜温差大；山高坡陡，沟深谷窄，草深林密，藤葛缠绕，难以通行；河溪较多，流急岸陡，水位、流量多受季节影响大；道路少而崎岖，质量差，桥梁涵洞多，载重量小；居民地少而小，毒虫多，病疫流行，分队行军保障困难。因此，分队在行军前，应加强对道路的侦察及对车辆的技术保障；采取防暑、防虫害措施，准备好药品；多带饮水，饮水中可放适量的盐，根据季节和地区特点规定着装。摩托化行军时，要整理好车篷，以免碰、挂，并注意检查轮胎的气压情况。

第二节 宿营

宿营，是军队在行军或战斗后的住宿。其目的是使部队得到休息和整顿，为继续行军或战斗做好准备。

宿营，分为舍营、露营和两者结合的宿营。

一、宿营地的选择与配置

(一)宿营地应具备的条件

⑴ 有适当的幅员和良好的地形条件,便于疏散、隐蔽地配置人员和车辆。

⑵ 有充足的水源和燃料,便于生活。

⑶ 有良好的进出道路,便于机动、展开或投入战斗。

⑷ 避开大的集镇、交通枢纽等明显目标,便于防空袭。

⑸ 避开山洪水道、油库、高压电源和易崩塌的危险地点,以免造成不必要的伤亡。

⑹ 避开严重沾染地和传染区。

⑺ 露营地域冬季应避风向阳,夏季应阴凉避暑。

⑻ 舍营时,要有足够数量的住房。

(二)宿营配置应注意的问题

⑴ 露营时,以排、班为单位,利用地形疏散隐蔽配置。

⑵ 舍营时,车辆配置在居民地边缘便于机动的地方。

⑶ 舍营与露营结合时,应将伤病员、司机及重要的物资、器材安置在房舍内。冬季,应给各排、班安排一定数量的房舍,以便人员能轮流进房舍取暖。

⑷ 无论采取何种方式宿营,指挥员均应位于便于指挥的位置。伙房应配置在靠近水源又比较隐蔽的位置上,要离开车辆和人员的配置位置。

二、宿营时的工作

(一)组织宿营

到达宿营地域后,指挥员应迅速组织宿营。组织时,应首先下达宿营命令。宿营命令的内容通常为:

⑴ 各排、班的住房分配或露营位置。

⑵ 各排、班防空疏散区和分队紧急集合场的位置。

⑶ 次日的主要任务及为执行任务应做的准备工作。

⑷ 保持通信联络的方法、信(记)号规定及口令。

⑸ 应构筑的工事和伪装规定。

⑹ 指挥员的位置。

⑺ 有关要求及完成宿营组织的时限。

(二)组织警戒、自卫

进入宿营地域后,指挥员应率领有关人员察看驻地附近的地形,结合宿营配置情况,在宿营地附近展望良好的地形上派出观察警戒哨;在人员驻地、车辆、武器和油料配置位置以及饮水地点派出警戒哨;驻地较分散时,应增派游动哨;准备好防护器材，明确遭敌各种袭击时的行动和警报、信号规定；做好防奸保密工作。舍营时，应组织军民联防，封锁消息，做好安全保卫工作。

（三）组织休息，搞好管理

宿营部署完毕，人员应进入各自宿营地，卸载、卸装，打扫卫生，设铺、搭棚、架帐篷、挖厕所；明确饮水、用水地点，做饭、吃饭；检查车辆；加油、加水；安排好伤病员，穿刺脚泡，修理鞋袜，烤晒衣服。指挥员要深入检查督促尽快休息，并加强查铺查哨。

（四）做好群众工作

指挥员应适当与地方政府和人民群众取得联系，了解社情，向分队简要介绍宿营地域的敌情、社情和风俗习惯，认真执行党的政策和三大纪律八项注意，开展拥政爱民活动。根据实际情况，动员群众，封锁消息，防奸保密，要宣传、武装群众，帮助民兵训练，组织助民劳动。离开宿营地前，应送还借用的东西，挑水、扫地，填平厕所，征求意见，检查群众纪律。

第三节 野外生存

一、野外觅食

人体需要足够的食物来提供必需的热能和营养以满足其个体活动以及肌体正常运转的需要。研究表明，人在不从事任何体力活动的静息状态下，要保证基础代谢所需要的能量就达70卡/小时，最简单的日常活动，如站、坐等可消耗2040卡/小时，若加上其他工作，需要消耗3500卡/小时。因此，人们在野外时尤其要注意节省能量，更应该注意采集多样化的食物及时补充能量。

（一）植物类食物

我国地域广大，寒、温、热三带气候俱全，大部分属于温暖地带，适合于各种植物生长，其中能食用的就有2000种左右。野生植物的营养价值很高，含有多种维生素。每年从3月开始到9、10月间，在我国辽阔的国土上，各种可食的野生植物生长旺盛，满山遍野，俯拾皆是。这为野外生存者提供了巨大的野外粮仓。

可食用植物分布的广泛性不意味着任何植物都能够食用，其中也有大量的有毒植物掺杂在其间，一旦食用了这些有毒植物，轻者引起不良反应，重者将出现生命危险。因此对可食野生植物的识别是野外生存的重要技能。鉴别植物是否有毒的常规方法可分为以下四个步骤：

首先是查看。一般情况下，有毒植物呈现出特殊形态和色彩，如天南星的茎有斑纹。另外有毒植物还通常分泌带色的液体，如毛茛、回回蒜和白屈菜在损伤后分泌浓厚的黄色液体。

其次是嗅闻。切下植物一小部分放在鼻前闻一闻,如果有令人厌恶的苦杏仁或桃树皮气味应立即扔掉它;或者稍稍挤榨一些汁液滴涂在体表的敏感部位如肘部与腋下之间的前上臂,如果感觉有所不适,起疹或者肿胀应尽快扔掉它。

第三步是尝试。如果皮肤感觉无任何不适,5 秒钟之后就可取少量植物进行品尝以便观察有无不适反应。其方法是:触动唇部,触动口角,舌尖舔尝,舌根舔尝,咀嚼一小块植物。在上述过程中,如果出现不适症状,如喉咙痛痒,有很强的灼烧感,有刺激性疼痛等,就尽快扔掉它。

第四步是吞咽。吞咽一小块植物,耐心等待 5 小时。其间不要饮食任何其他类食物,以观察反应。如果没有发生诸如口部痛痒,不停打嗝、恶心、发虚、胃痛、下腹绞痛以及其他不适症状,就可以认为这种植物是安全可食的。

在鉴别的过程中,绝不要投机取巧,而且一人一次只能尝试一种。如果出现疑惑,就不要勉强试下去。如感到不适,应尽快刺激喉咙把它呕吐出来。在野外条件下,木炭灰是可用的催吐剂。吞下少量木炭灰会诱使呕吐,还能吸附毒素。此外将木炭灰用水混匀成糊状饮用后也会减轻胃部负担。如果出现食物中毒的症状应立即采取相应的措施。

需要说明的是,鉴别植物是否有毒是复杂的,较可靠的方法是根据有关部门编绘的可食野生植物的图谱进行认真鉴别。符合者方可采食,并须严格遵照图谱介绍的食用部位和食用方法去选取和制作。也可请当地有经验的群众进行鉴别。如无识别可食野果的经验,可仔细观察鸟和猴子都选择哪些野果、干果为食,一般来说这些食物对人体也是无害的。

(二)菌类

菌类在我国分布很广,是人们喜爱的一种食品。采食菌类最重要的是识别其是否有毒。在民间,对于识别有毒菌类和可食菌类有很多方法,例如:

——有毒菌多有各种色泽,而且美丽;无毒菌则多呈白色或茶褐色。

——有毒菌的菌盖上有肉瘤,菌柄上有菌环和菌托;反之则无毒。

——有毒菌多生长在肮脏潮湿、有机物丰富的地方;无毒菌则多生于较干净的地方。

——有毒菌采集后易变色;无毒菌则不同,不易变色。

——有毒菌大都柔软多汁;无毒菌则较致密脆弱。

——有毒菌的汁液浑浊似牛奶;无毒菌则清澈如水。

——有毒菌的味道多辛酸苦辣;无毒菌则很鲜美。

——煮菌类时,锅里放灯芯草同煮,煮熟后,如灯芯草变成青绿色或紫绿色,证明有毒;如果是黄色,则无毒。

——煮菌类时,有毒菌能使银器具变黑;如果加进牛奶,牛奶马上凝固;放进葱,葱会变成蓝色或褐色。

然而专家认为:对于有毒菌类和食用菌类的鉴别目前尚无比较简易可行的方法。生物化学鉴定法虽准确可靠,但相当复杂,不易推广。目前比较可靠的鉴别方法,除了依靠菌学的分类和生物化学分析的知识外,只有根据实际经验进行。若没有经验,最好先认识一些毒性较大而且易发现的有毒菌类并记住它们的特征,然后现地对照,谨慎食用。

(三)海藻类

我国拥有漫长的海岸线和众多的岛屿,这些都是适于海藻生长的地方,因而我国的海藻资源十分丰富,可供野外求生者食用。

海藻具有丰富的营养价值,其所含的营养成分有的是人体所不可缺少的,如海带中的碘;同时海藻又易于采集,因为海藻大多分布于浅海域,并附着在海底或岩石上生长,同时使海水常常呈蓝绿色。因而只要掌握了这些规律,我们便可轻而易举地采集大量的海藻以食用。采食海藻时切记:海滩上的海藻因时间过长可能会腐烂、变质,不宜食用。

二、野外取水

生命离不开水。正常人平均每天要消耗2~3升水,即使静卧者每天也要消耗大约1升水。尽管人体的75%是水,但是体液毕竟是有限的,因此身体消耗的水分必须及时得到补充,否则健康和工作效率都无从言及。实验表明,如果没有食物,正常人平均能活三周,但没有水三天也活不了。因此,无论平时还是战时,水都是优先考虑的资源。

(一)寻找水源

寻找水源是野外大量取水的唯一方法。一旦找到充足的水源,不仅解决了野外活动的饮用水,而且解决了生活用水,所以在野外,应尽可能地寻找和利用大自然提供给我们的水源。

1.根据地形找水源

地形、地貌反映了地下水的储存场所和运动的特点,因而我们可以根据某一地区地形、地貌的特点来判断该地区有无地下水以及发现地下水的位置。

(1) 万山丛中一盆地,寻找水源较容易。即群山环抱周围高,中间有一低洼的盆地,便是地下水从四周向中间汇集之地。在我国部分高原山区的深洼地或平坦谷地地区,其地下往往裂隙溶洞较多,储存着比较丰富的岩溶水。这类洼地、谷地地下水一般埋藏不深,最有利于找水和取水。同时,这种峰丛洼地山区,往往还是地下河在山区的径流区域。

(2)洼地连成串,暗河在下边。在岩溶地区地下暗河在地表的征候呈三地四点的特征。三地即封闭洼地、条形洼地、沼泽地;四点即溶洞点、坍陷点、出水点、消水点。我国南方山区,尤其云贵一带,此种现象甚多。如果某地带洼地明显地分布于两侧，同时连成直线或曲线，从分水岭一直延伸到大型谷地或大河流岸边，则可将此现象作为寻找地下河的重要标志。

(3)崇山峻岭水源多，峡谷岸边有清泉。在有些山区，由于强大水流侵蚀冲刷作用，形成长数百米甚至数千米的峡谷，在峡谷两侧往往有泉水喷涌，有的悬挂于山腰飞泻而下。

(4)山区平原交界线，蓄藏地下水有条件。在山地突变为平原的交界处，往往蓄存着丰富的孔隙水。这主要是洪积物或冲积物中的地下水。在交界部位或山间盆地周缘，洪积物或冲积物呈扇形或锥形，向平原延伸。扇的上部渗透性好，有利于大气降水渗入和汇集地面水；扇的下部，径流缓慢，水流受阻，储存于此地的地下水则有时以泉的形式出露地表。山前是平原的交界部位为找地下水提供了线索。井点一般宜定在扇形下部，因为此处水位较浅。如在我国南方丘陵地区就可根据洪积扇地形去探寻地下水。

(5)探寻承压水，多找平原和盆地。大平原、大盆地是承压水的储存场所。这是因为大量的降水汇集于山区谷地，渗入到冲(洪)积物中，渗流到平原储存下来；盆地本身是典型的汇水地形，地下水从四周向中间汇集，所以平原、盆地成了地下水储存之地。例如华北平原、江汉平原和四川盆地等都储存着丰富的承压水。

(6)岩溶地形水源多，地貌迹象是线索。裂隙溶洞密集之地，水源是很丰富的。有岩溶地形的地方，裂隙、溶洞成条带状分布。在条带部位挖坑或打井，可以找到丰富的裂隙溶洞水。此外由于岩溶所出现的大陷坑的地方，甚至整个陷坑排成行，其地下必有地下河。

2. 根据植物生长特点寻找浅层水

植物生长与水息息相关，因此我们可以将某地区植物的生长和分布作为寻找地下水源的线索。请记住：植物生长茂盛之地往往有水源。

自然界各种喜水植物(大叶子植物、深根植物)生长茂盛的地方，可作为找水线索。常见的喜水植物有茬茬草、白茨、黄花、马莲、芦苇、沙柳、水芹菜、三棱草、富蒲、沙竹、狼尾草等。以上植物不仅喜欢生长在河岸、湖泊、沼泽周边、沟渠旁边，也常生长在地下水埋藏浅的地方，因此，可作为找浅层水的重要线索。

芦苇生长的地方一般有地下水，即使独根芦苇生长处也有可能埋藏地下水；大片芦苇生长处，地下水比较丰富。埋藏深度一般 3 ~ 5 米。

在许多干旱的沙漠、戈壁地区，生长着枝柳等灌木丛，这些植物告诉我们，这里地表下 6 ~ 7 米深就有地下水；有胡杨林生长的地方，则指出地下水位距地表面不过 5 ~ 10 米；老艾草指示地下水位于地表下 2 米；茂盛的芦苇指示地下水位只有 1 米左右；如果发现马兰花等植物，便可知这里下挖 50 厘米或 1 米左右就能找到地下水。我们还可以从植物而得知地下水的水质情况，如见到马兰花、拂子茅等植物群，就可断定那里不太深的地方有淡水。

在南方，根深叶茂的竹丛不仅生长在河流岸边，也常生长在与地下河有关的岩溶大裂隙、落水洞口的地方。例如在广西许多岩溶谷地、洼地，成串的或独立的竹丛地，常常就是有大落水洞的标志。这些落水洞，有的在洞口能直接看到水，有的在洞口看不到水，但只要深入下去，往往便能找到地下水。

树木的生长与水的紧密相关，缺水地区，树木是生长不好的。显然茂密的森林之地，则有可能地下水丰富。树木的生长状况有如下四种情况(图10－1)。

图10－1　树木的生长与水的紧密相关

第一种情况，正常生长的树，生长正值良好的地方，地下水埋深一般在1～2米；第二种情况，树木生长东倒西歪，除了树木本身有病外，大都因地下水忽多忽少所致；第三种情况，是树木上部歪，这是由于缺水而根扎不下去的缘故；第四种情况，树生长时自然形成的倾斜，表明倾斜方向有水流。

实践证明，与地下水串通的大裂隙、落水洞口的石头，其表面经常潮湿，常常长满苔藓，而与地下水无关的石头则没有苔藓。因此，茂盛的苔藓也是寻找地下水的标志。

另外，植物在季节变化过程中呈现出的与众不同的特点，也可以作为寻找水源的参考。在通常情况下，在地下水出露或地下水埋藏浅的地方，冬春之季积雪融化快，春来早，树芽早萌，树叶先绿，尤其柳树发芽早；夏天受旱时，则该处草木耐旱，不易枯萎；秋末冬初，树叶落得迟，花草枯得晚。出现上述现象的地方，容易找到地下水。此外，久旱不雨，大片禾苗、野草枯黄，唯独个别的地方小片植物禾苗嫩绿如春，这种“遍野一点绿”的现象，往往是找水的线索。这是因为这种绿点往往在地下水埋藏浅的地方或本来就是大裂隙、落水洞的地方，因被泥土淤塞而看不见。在这样的地方是很容易找到地下水的。

3.根据动物生活习性寻找水源

春秋战国时期，齐国出兵远征孤竹国，得胜回师时，正值隆冬季节，河溪干涸，人马饥渴难耐，大军无法行进。大臣彭朋向齐王建议说：“听说蚂蚁夏天居山之阴(北)，冬天居山之阳(南)。蚁穴附近必定有水，可令兵士分头到山南找蚁穴深掘。”齐王采纳了这个建议，果然找到了水，解救了全军。这个故事告诉我们，在各个地区，草木的生长分布，鸟兽虫等的出没活动，常常可以给寻找浅层地下水提供一些线索。

(1) 昆虫聚集，找水有利。地下水埋藏浅的地方，往往出现下列征候：地面经常潮湿，蚂蚁（尤其是黄蚂蚁）、蜗牛、螃蟹等喜欢在此做窝聚居；冬天，青蛙、蛇等动物喜欢在此冬眠；夏天晚上，因潮湿凉爽，蚊虫喜欢在此盘旋。上述征候，可作为寻找地下水的线索。

⑵ 大鱼出洞，水源丰富。大裂隙、溶洞及地下河都是鱼类生存活动的场所。尤其在我国南方，许多溶洞、地下河中都有鱼。常见的有油鱼、连拐鱼、无鳞鱼、突尾鱼等。轻的几斤，重的则达十几斤。往往从地下河出水口跳出溶洞。

⑶ 鸟类停留地，对找水有利。鸟类经常停留或栖息的地方有地下水，尤其是候鸟（雁、燕）飞行时停留或栖身的地方，常常可作为找地下水的线索。

（二）取水方法

在缺乏水源的地区，寻找和利用地下和地表水源固然困难，但大自然仍给我们提供了一定的水源，只是需要我们开动脑筋，采取一定的措施才能得到。

1. 提取植物中的水分

植物根部可从地下吸收水分，有的树木的根部可延伸到地下 15 米或更深处获得水分，因而如果能从植物中提取水，便可以很好地解决野外饮水问题。

那么如何从植物中提取水分呢?

方法一：我们可以在一段树木的嫩枝叶上套一只塑料袋，利用蒸腾作用从植物的叶面提取水分（图 10－2）。其方法是：

挑选健壮、枝叶浓密的嫩枝条，袋口朝上，袋的一角靠下，以便收集凝结水。或将一聚乙烯薄膜覆在任一生长良好的植株上就可以收集到水分。因为蒸腾作用产生的水汽上升与薄膜接触时遇冷，会凝结成水滴。将薄膜顶端收口并悬吊起来，或者用有弹性的垫棍支撑起来。凝结的水珠会沿着薄膜内壁流入底部收集在器皿中。不要让树叶触动薄膜，否则会碰掉凝结的水珠。

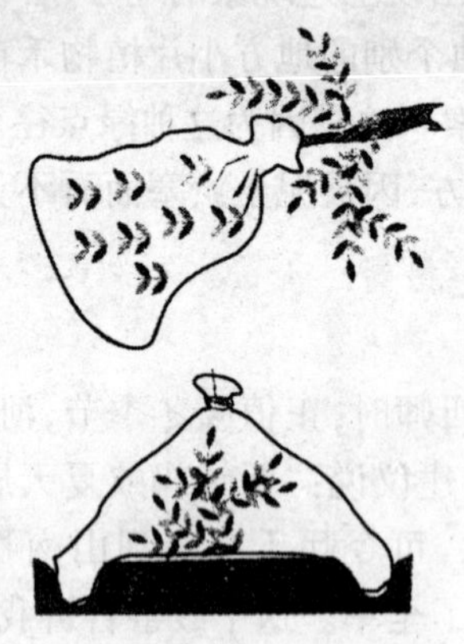

图 10－2　利用叶片的蒸腾作用提取水分

图 10－3　换新鲜的枝叶

方法二:将刚砍断的新鲜植物枝叶放在大塑料袋里,温度升高时,也会产生凝结水。用干净的石块垫在枝叶下面,以方便凝结水的收集。用石块使袋子绷紧,弹性垫棍支撑袋顶,这样以免枝叶触及袋面。塑料袋应微微倾斜使里面的凝结水珠顺着壁滑至收集点。当枝叶变蔫不再有很强的蒸腾作用时,小心地再换上一批新鲜枝叶(图 10 - 3)。

有人曾用一个塑料袋套在树枝上,将袋口扎紧。树叶蒸发出来的水分就会聚集在袋里。天气越热,蒸发量越大,得到的水就越多。利用这个方法,每天取水量可达 1 千克左右。

2. 日光蒸馏器

在地面挖一大约宽 90 厘米、深 45 厘米的坑。坑底部中央放一收集皿,在坑上悬一条拉成弧形的塑料膜。光能升高坑内潮湿土壤和空气的温度,蒸发产生水汽,水汽逐渐饱和,与塑料膜接触遇冷凝结成水珠,下滑至收集皿中。这种方法适用于沙漠地区或者日夜温差相当大的地区。塑料膜比空气温度下降得更快,水汽凝结非常明显。

日光蒸馏器也可用于从有毒或污染水中收集蒸腾凝结水。塑料膜中央部分吊一石块确保塑料膜呈弧形,以便水滴能顺滑至中央底部并落入收集皿中。塑料膜的两端也用石块压住。将收集皿固定,以免掉入陷阱的生物打翻它。

如果可能,用一虹吸管将收集皿里的水引入更低位置的容器里。这样就可不断地取水了(图 10 - 4)。蒸馏器皿是救生装置的一部分,如果没有也可以就地取材。为了蒸馏能顺利进行,需要找到一些能替代实验室里曲颈瓶工作的东西。将软管一端插入一只盛满水的密闭容器顶部,另一端插进一封闭的冷却皿中,给盛水的容器加温,水沸腾产生的蒸汽经软管散发到冷却皿中遇冷凝结成洁净的水。管子也可以因地制宜、就地取材——比如背包的中空框架等。为了避免蒸汽散出,用泥或湿沙封闭管道与容器之间的接合缝隙。管子一端插入盖口容器里,容器里装有待沸腾的污水、盐水甚至尿液,另一端插入一只日光蒸馏器里。用金属板或树皮盖住容器口。用作冷却皿的日光蒸馏器口甚至可以用卷成圆锥形的树叶来覆盖,这样有助于收集蒸汽。

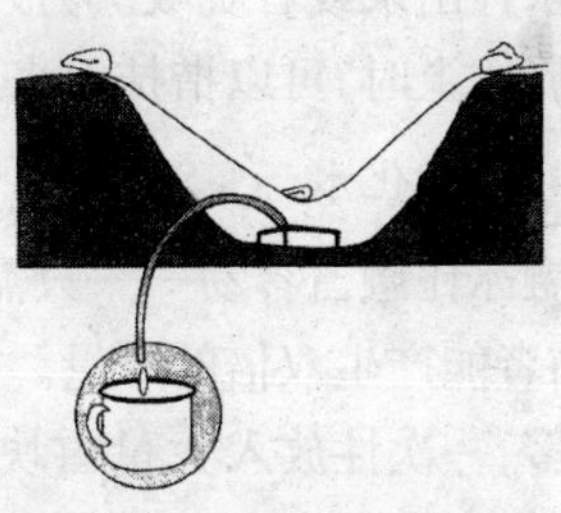

图 10 - 4　虹吸管取水

3. 收集雨露

雨水通常可直接饮用。下雨时,可用雨布塑料布大量收集雨水。也可用空罐头盒、杯子、钢盔等容器收接雨水,但要将其放在干净的石头上,不要放在地上,这是因为雨势较大时,地面的泥会溅到接水的容器中(图 10 - 5)。

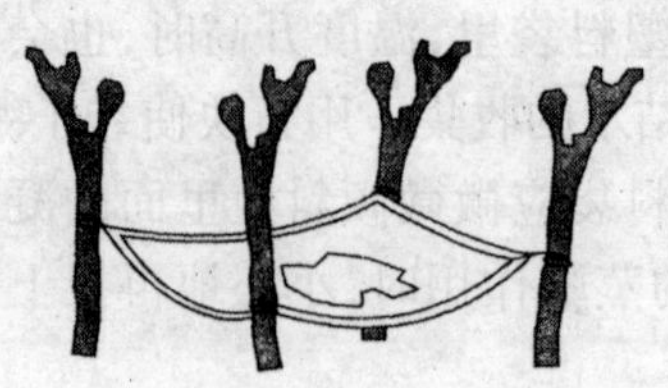

图 10－5　收集雨露

图 10－6　用塑料布收集露水

也可以在地面上挖个洞，四周用黏土围住很大一块地方，以有效地收集雨水，但要防止洞里的水渗走。如果没有防渗的薄片材料，金属材料或者帆布材料都可以很好地防渗。如果对水的安全性有所怀疑，可以在饮用前烧开。

收集露水，首先可以用塑料布进行（图 10－6）。从半夜到天明这段时间里，气温逐渐下降，空气中的水分便凝结成露水，贴附在地面或植物上。早晨将塑料布铺在草丛下面，摇晃草，使露水一滴滴地落下来，积少成多，可解干渴之急。其次可将衣服浸透水，然后再拧出来，比如将干净衣服系在腿上，在湿的植被中穿行，然后可以将水拧出来或者吮吸。另外，日夜温差相当大的地区，会有很多露水。当它凝结在金属体上时，可以揩抹下来或者直接吮吸。

4. 冰雪化水

融冰比融雪容易——只需较少热能，就可以更快更多地化出水来。同样的热能，前者能产生双倍的水量。如果只能用雪，应先融化小块的雪在罐子里，然后逐渐加多，一次性放入大量雪块的弊端在于，底部雪先融化成的水会被上部的雪浸吸，这样会产生中空，不利于进一步传热甚至会把锅烧坏。从雪层的底部取出的雪颗粒结构比表层多，易于产生更多的水。

5. 动物中取水

动物的眼眶里贮含水，通过吮吸就可得到。

所有鱼类，体内都有可饮的流汁。尤其是大鱼，沿鱼刺延伸，贮有许多新鲜流汁。下面是一些鱼类体内的水分比（%）：

鳐	82.2～76.8
鲷	78.89～77.0
多刺鱼	78.9
沙丁鱼	78.34

鲻鱼	75.6
鲭鱼	68.84 ~ 74.27
金枪鱼	58.5
鱼子	48.8 ~ 78.31

这表明,水分占鱼体重量的50% ~80%。实验表明,如果我们可以从鱼身上提取淡水,每天只要有3公斤鱼就可以满足一个成年人对淡水的需要了。

从鱼身上提取汁液,可以先把鱼切成小块,然后用力挤;或者在鱼背上用刀划一个十字口子,用劲挤;也可以将鱼解剖并取出内脏,保留脂肪并除去骨架,然后再用力挤,这样便可直接饮用鱼体流出的汁液。切记:除非你非常缺水,要留心不去吸吮鱼肉部分的浆汁,因为它们富含蛋白,消化时会消耗大量的水分。

另外沙漠动物也可成为流汁的来源。在澳洲西北部地区的旱季里,当地人经常挖开干黏土层,寻找沙漠青蛙。这些蛙通常在旱季钻入土层夏眠以求生存。蛙体内贮有水分,可以榨取饮用。

三、野炊

野炊,就是在野外将自身携带的食物以及野外觅取到的食物进行处理和加热,供人们更好地食用的过程。

野炊的位置通常选择在隐蔽条件好、附近有良好的水源之处,如山坡、沟坎、水渠、森林等地;应注意避开独立、明显的物体;卫生状况良好,避开厕所、粪坑和化学污染地区。

(一)取火

火对于生存至关重要。在野外生存中,煮烤食物、宿营取暖、发求救信号、防御野兽等都需要火,因而野外生存的能力,在某种程度上说,取决于取火的能力。

1.火源、火种与可燃物

火源,顾名思义,就是可以起火的物质。在野外生存中,火柴是点火的最便利工具,是野外取火最基本的火源,更是野外生活中不可缺少的必需品。因而在出发前多携带一些火柴是十分重要的。

火柴很容易受潮,一旦受潮便很难再擦出火来。为了防止火柴受潮,一是可以将火柴扎成一捆放在防水容器内,二是可以在火柴头上滴一些蜡,进行蜡封,点火时,可用指甲将蜡层剥除。一旦火柴受潮,如果头发干燥并且不油腻的话,可以将潮湿的火柴放在头发里摩擦一番,用头发产生的静电来干燥它。

划火柴也是有一定技巧的。应当将火柴头放在火柴皮上斜划下去,而不是沿着火柴皮来回刮擦以免将火柴皮划破(图10-7)。

当划着一根火柴之后应当首先点燃一只蜡烛,然后用蜡烛点燃其他火种,只要火势一起即把蜡烛熄灭。这样可以节省有限的火柴和蜡烛(图10-8)。

火种泛指仅需一点热量即可点燃的材料。优质火种只需一个火星即可引着。桦树皮是最理想的火种，其含油量达 20% ~30%，在雨中仍可燃烧，古代曾是重要的军用物资，是夜间作战方便的火把材料。此外，干草、细木屑、鸟绒、蜡纸和衣服上露出的蓬松的棉花都是很好的火种。干燥的真菌可以精研细磨成粉末用作火种，烤焦的棉花和亚麻，昆虫如树黄蜂钻孔打洞留下的粉末，以及粉末状的鸟类和蝙蝠排泄物，鸟巢里鸟儿落下的一行行排列的羽毛都易于点燃，适合做火种。无论用什么作为火种，一定要保持干燥。随身携带防水容器，将火种收集在里面。要在平时多注意采集火种。

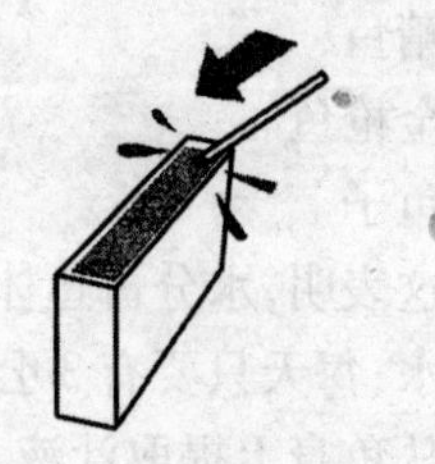

图 10 -7　划火柴的方法

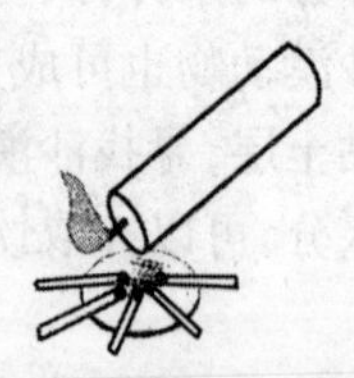

图 10 -8　先点燃蜡烛以节省火柴

可燃物是指那些可将火种的火势增大的材料。最好的引火物是干燥的小树枝，此外质地松软的木柴、含有松脂的木柴都是很好的可燃物。

木材可分为硬柴和软柴。硬柴如山核桃木、山毛榉等，其燃烧充分，释放热量大，并可以持续燃烧很长时间，能够维持一宿不灭；软柴如雪松、铁杉、松树、栗树、柳树等燃烧过快且易迸发出火花。

木材也有湿材和干材之分。湿材难以燃烧，一旦燃烧持续时间较长，火种不致熄灭，还可以释放烟雾驱赶苍蝇、蚊子。

湿材经过晾晒、风干或烘烤可以变成干材。烘烤时，可以将需要干燥的木柴放在火堆上面的支架上进行，但不能离火堆太近，否则会燃着；也可以在火堆的一角放置湿柴，在风势较弱的地方烤干；也可以将圆木靠在悬挂器皿的横木上烤干；还可以架在火堆附近，这样火的热量能够帮助烘干木材。

在木材缺乏或没有木材时，必须寻找别的燃料来替代木材作为可燃物。这些替代品主要有：

——动物粪便。在西部荒凉区域，人们使用干野牛粪点火。让排泄物干透，就能燃起无烟火，可以掺进草、地衣和树叶。

——泥炭。在干燥的沼泽地带可以找到泥炭。踩在脚底的泥炭很松软，富有弹性。它可能会出现在露头岩矿的边上，呈黑色，布满纤维，用小刀易于切割。燃烧泥炭需要良好的通风条件。将泥炭一块块码放，周围留出空间，这样会干得快，时间不长就可以点燃。

——页岩。它含有油质，易于燃烧，能放出充足热量。一些油沙层中也含有油质。它在燃烧时往往放出浓烟,可用做信号火焰。

——油。包括汽油、柴油、防冻剂、液压油和其他易燃液体,都可以作为燃料。在寒冷地区,在油料凝固前把油排出发动机油槽。如果没有容器可盛,可把油排到地上,然后使用固体油。另外将油和水混合燃烧效果会更加理想。其方法是:在装盛油和水的每个锡罐底部刺一个小孔,塞进一根尖尖的木棍,以控制液体流出(图 10 -9)。油和水沿着沟槽流进一个金属盘子,拔出木棍可加大流量,重新堵上可减少流量。平均每 2 ~3 滴水混合一滴油。首先点燃一堆小火,让盘子变热。油水混合物加热后极易挥发,在盘子上把它点着。

图 10 -9　利用油、水混合物取水

——轮胎、弹簧垫、橡胶封盖以及失事之后的许多残余物都能燃烧。将不易燃烧的物品浸入油中,可以试着将它们点燃。

——动物脂肪。做一个灯芯,在利于通风的镀锡铁皮罐中点火,形成一个小火炉。当脂肪(有时只能在极地才能找到的燃料)燃起时,往里面添加一根根骨头。

用火种或一根蜡烛的火苗,在上面放一团骨头来支撑油脂或海兽脂。尽量少使用油脂。如果食物并非过剩,烧油脂意味着牺牲有限的食物。

2. 点火

点火除了具备火源、火种、可燃物和良好的通风条件外,还要注意采取合适的方法。首先应选择背风的地方,距离帐篷不得近于 1 ~2 米,以避火灾。为了使点火顺利进行,首先应为火种搭一个底座。这个底座可以用木材并排放置在地上(图 10 -10),也可用石块堆成(图 10 -11),如果地面潮湿松软或积雪深厚,则需要搭建一个高出地面、悬在空中的平台。该平台由刚砍伐的新鲜木材搭建,四根木桩竖直,叉点上横担着木棍,在上面放置一层圆木棍,再覆盖一层土或石头,成对角线的两根最长的直木上横担一根木棍,用夹来悬挂锅等器皿(图 10 -12)。如果周围的风很大,可以挖一处壕沟生火;也可用岩石块将火堆围住,或用岩石垒成炕(图 10 -13)。还可以环绕底座搭建一个棚屋结构(图 10 -14),或将引火物斜靠在背风一面的一根圆木上(图 10 -15)。

图 10 -10　木材并排放置在地上

图 10 -11　用石块堆成的底座

图 10-12　高出地面的底座

图 10-13　用岩石垒成炕

图 10-14　棚屋结构

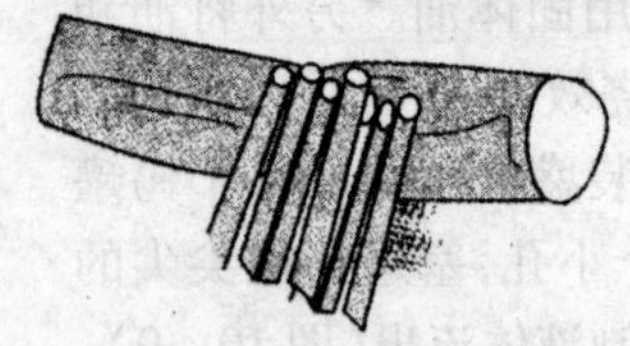
图 10-15　引火物斜靠在圆木上

点火时，首先用火源点燃火种（图 10-16），一旦引火物已燃起，添加大一点的木柴，或抱来一捆干树枝，最后再添加大的木材。

图 10-16　用火源点燃火种

如果火柴受潮，或没有火柴、打火机，那又如何点火呢？这就要开动脑筋，充分利用当时当地的自然条件和可能的物资进行。通常情况下，野外取火的方法主要有以下几种：

(1)枪弹射击取火。先将子弹的弹丸拔出来，倒出 2/3 的发射药，接在干燥易燃的引火物上，然后捆包，系在枪口上，击发后的底火即可引燃引火物取火。用信号枪在一定距离直接对准易燃物射击，可以引起燃烧。

(2)放大镜（凸透镜）取火（图 10-17）。使用放大镜（凸透镜）透过阳光聚焦照射易燃的引火物（腐木、布中抽出的纱线、撕成薄片的干树皮、干木屑等）取火，这早已为人所熟知。此外，用放大镜进行阳光聚焦照射，还可将受潮或被水浸湿后晒干的火柴点燃。放大镜是一种重要的点火工具，日本自卫队突击队供单兵使用的生存装备中就有放大镜。

如果没有放大镜，可从望远镜或瞄准镜上取下一块凸透镜来代替。另外手电筒反光碗也能聚焦阳光点燃引火物，其方法是将引火物放在手电筒反光碗近处，将太阳光聚焦后照射在引燃物上，当引燃物开始燃烧时可用嘴轻轻地吹风以便快速点燃。

(3)电池取火（图 10-18）。车辆中的电池发出的火花可用来点火，手电筒、收音机中的电池也有同样的功能。取两根长的导线，将其连在电池接线柱（正负极）上；如果没有电线，可取出两个扳手或其他金属工具应急。如果导线长度不够，可将电池从车中取出。

图 10－17 放大镜（凸透镜）取火

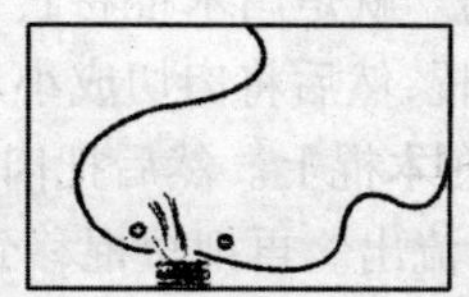

图 10－18 电池取火

将两根导线裸露的末端慢慢接近，在即将接触前会迸出火花，必须让它们落在火种上。一小块沾了点汽油的布是最好的火种。

若有电量较大的电池（如手摇电话机和电台照明用的电池），将正负两极接在削了木皮的铅笔芯的两端，顷刻间，铅笔芯就会烧得像电炉丝一样通红。用这种方法引火既方便又保险。

此外，还可用 6 节串联的一号电池（或摩托车、汽车的电瓶），将两根导线分别接在正负极上，通过正负极相碰造成短路的方法，点燃掺有子弹发射药的引火物来取火。

（4）击石取火（图 10－19）。这是人类最早的取火方法，这种方法的使用可能是受到制作石器时迸发出火花的现象的启发。我们可以找一块坚硬的石头，做“火石”，用小刀的背或小片钢铁向下敲击“火石”，使火花落到引火物上。当引火物开始冒烟时，缓缓地吹或扇，使其燃起明火。如果“火石”打不出火来，可另外寻找一块石头再试。当然并不是任何一块石头都能点燃引火物，石头击出的火花必须有一定的热量和持续时间才能点燃引火物。根据考古资料发现，用黄铁矿打击火燧石产生的火花可以取火。

图 10－19 击石取火

（二）烹饪

将食物加热虽然会丧失部分营养，但是它可以使食物变得味道鲜美、易于被消化和吸收，同时也能起到消毒、杀菌的作用。特别是在野外如果能吃到加热的食物，人们会感到肠胃舒服、食欲增强、体力倍增。因此在野外如果条件许可，应该尽可能吃到热乎食品。

烹饪的基本方法是蒸、煮、炒、熘、炸等，但在野外由于条件的限制，人们必须因地制宜地采取一些便利的方法。

1. 烧烤

烧烤就是用明火将食物烧熟或烤熟。根据当时条件，在野外生存时可采取以下方法：

(1)翻烤。就是用木棍将食物穿起来再进行烧烤。其方法：首先削几只长约50厘米的短棍，然后将肉切成小片穿在上面；或将整条鱼从嘴部穿在棍上；或将蛇剥皮后缠绕在木棍上。然后把肉(鱼)拿到火上烤一分钟左右，使其表面结一成焦皮，以免肉汁流出。再把短棍移到距火稍远处烘烤，可斜插在火旁。肉要勤翻转，大约5~15分钟即可烤熟。最后加入少许盐就可食用了。在我国南方，傣、哈尼、拉祜等少数民族的烧烤方法则是：首先将肉块涂上佐料，再用竹夹子将其夹放在炭火上面(而不是明火)翻烤，待肉不滴油，水气收干时，再在肉上涂油1~2次，继续烘烤。一般30~50分钟即熟。

(2)泥包烧烤。就是将食物用泥巴包裹起来再烧烤。其方法是：首先将肉块、去掉内脏的小动物、鱼(不用刮鳞)或禽鸟(切去头、尾和翅膀)用和好的泥包裹起来，厚约3~5厘米；然后将其放在火中并盖上一层木炭。鱼或禽鸟约需45分钟可烤熟，较大的动物则需要很长的时间，最好将其放在火坑中烤一整夜。烤熟之后，将黏土外壳剥掉，皮或鳞随之脱离。对于军人，在帆布军用挎包中装进一定比例的米和水，然后用泥包裹，放在炭火下面烤，约30分钟，生米也可做成熟饭。

(3)石头烧烤(图10-20)。这是较方便的一种方法，就是用烧得滚烫的石头烘烤食物的方法。其方法是：首先找两块扁平的大石头(不宜用石灰岩)放入火中，一块叠在另一块之上，中间用小石块隔开。待石头烧得非常热后，撤去燃烧的木柴，扫去石上的灰烬，然后把被烤食品(如肉)放在两片大石头中间烘烤。

图10-20 石头烧烤

2. 炙烤(图10-21)

这是一种烹制大量食物的快捷途径。其方法是：将一张金属网或是悬吊或是支撑在将要烧完的火堆上，然后将被烤食物(如肉)放在金属网上，并用木棍或刀具翻动食物以免烤煳。

如果没有金属线网，可用嫩青的枝条做成一格子网，或者把一根长棍放在带叉的支撑物上以便可以在火上方悬挂食物。将食物缠在棍上，可以在烧烤肉和蔬菜时用木棍作支架，横放在燃着的余火上，两侧各支一根带叉的木棍。这种方式应该只在食物丰富的情况下使用，因为这浪费了绝大部分脂肪。火堆边的滚烫的岩石也能用作炙烤层。也可将食物用木棍串起，悬于火苗上方。

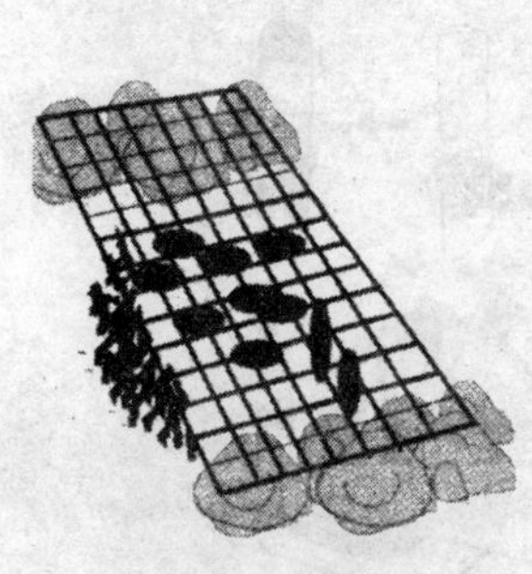

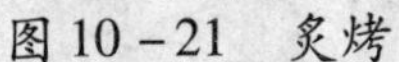
图 10－21 炙烤

图 10－22 烘烤

3. 烘烤（图 10－22）

就是用“烤箱”来烘烤食物的方法。首先是找一个“烤箱”，它可以是一个大型食品罐头盒或带有铰链盖的金属箱。对于军人，弹药箱是理想的烘箱。然后将“烤箱”放在岩石上，岩石下留一个洞以便点火。在“烤箱”两侧、后面以及顶部用岩石和泥土塞好，并在后面留出一个孔洞以便热气和烟散发。然后就可蒸制食物了。

这种方式不会使食物烧煮过度，因而食物营养不会丧失，对于鱼和蔬菜很适用，新鲜的嫩菜叶不需烧多少时间。

可以用烘箱同时烧制不同的食品。如向烘箱加水，这就成为一种蒸炖的方式。

4. 坑焖

这是一种在没有任何器具的情况下进行野炊的应急手段，是传统的毛利人及南太平洋土著人群流行的烹饪方法。

首先挖一个卵形坑，两边深约 45～50 厘米，在洞底放上引火物，在洞坑上方横放一层圆木材，然后在上方垂直方向再搁置一层圆木，如此交替约五六层，要求上面圆木比下层短一些，各层之间及最顶层要放置一些石头（图 10－23）。

图 10－23 坑焖

然后点燃引火物，使圆木燃烧并加热石块，最终使石块、木灰烬落人坑中，将仍在燃烧的余火和灰烬清除掉。

最后将食物放在滚热的石块上，肉置于中间，蔬菜放在边缘，食物与地面保持距离。再在坑里放些小树枝，再放上树叶等，并用泥土将坑洞掩盖严实。此时洞坑犹如一个加压蒸煮器，一个半小时后将覆盖物去掉，一顿可口的饭菜已然呈现眼前（图 10－24）。

图 10－24 加压蒸煮器

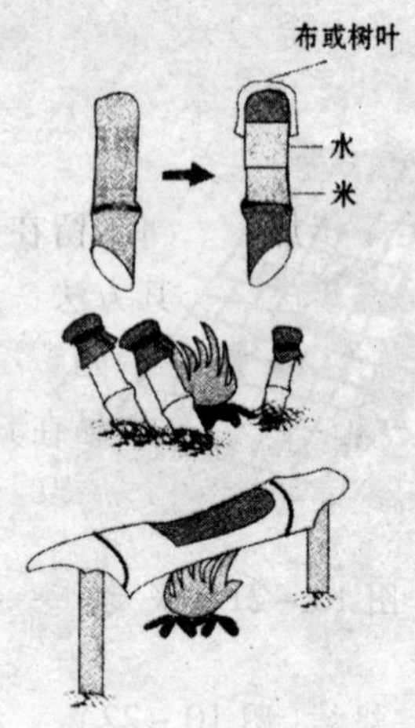

10－25 竹筒炖煮

5. 竹筒炖煮

在有竹子的地方，可以在直径 6 厘米左右、长约 30～40 厘米的竹节里按 1:2 的比率放入米和水，用布包好并用绳子捆扎好开口处（也可用草或叶子堵塞），插在火边进行烧烤；也可以用一根带叉的木棍将竹筒支起在火上直接烧烤，直到竹筒冒烟为止（约 30 分钟左右），将竹子劈开就可以食用。此外，利用竹子也可以当“锅”烧水（图 10－25），还可以炖肉、煮菜。

6. 饭盒的使用

饭盒是野外必备的物品，它不仅可以盛放物品，携带食品，而且可以当作锅用于烧水做饭。

常见的饭盒其构造很简单，由上盖、中层、盒体组成，做饭的时候它们各有不同的用途（图 10－26）。

——上盖反过来可当作碗盘，或是量杯使用。

——中层在煮饭时可装菜同时蒸煮，也可当作量杯使用，或是作为碗盘使用。

——盒体可作为锅用于烧水煮饭。

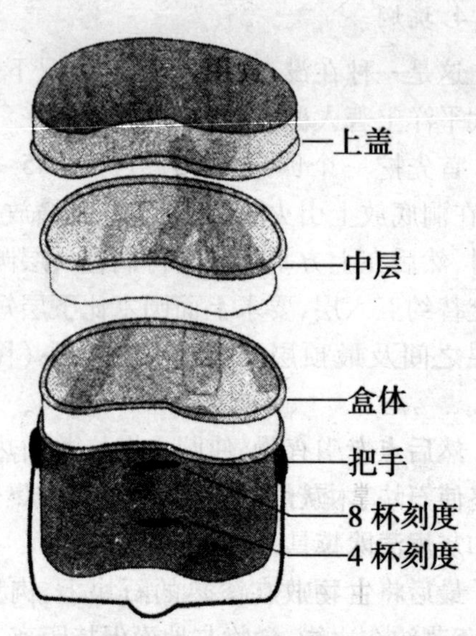

图 10－26 饭盒的使用

空锅也可作为装米的容器使用。

7. 煮饭的方法

第一步是量米，可用上盖量取 2 杯。

第二步是洗米。将米倒入盒体内再倒入清水，用手搅拌后将脏水倒出。如此反复 3 ~5 次。

第三步加水。将米留在盒体内然后注入清水同时观看刻度线以掌握注水量。

第四步吊锅。其方法：一是以石头垒起做支架；二是以圆柱做支架；三是以两根丫字形树枝做支架；四是将锅吊在两树间(图 10 －27)。吊锅时可选用铁棍做横梁，这样可将饭盒直接吊在其上；若用木棍，则需用一定长度的铁丝悬挂，其长度以火烧不到横梁为准。吊锅时注意锅底与火苗的距离，一般为 5 ~10 厘米，以便用火的外焰加热提高火的利用率。多锅煮饭时，每个锅之间要留出空隙以便热气流通。

第五步生火煮饭。按照前面介绍的方法在锅下生火烧煮。当锅开时要将锅吊高些远离火堆减弱火力。感觉饭快熟时，可用木棍敲击的办法检查是否煮熟，若声音铿锵表明未熟，声音“咚咚”则表明饭已煮熟。此时将饭锅拿下并将其倒置 10 ~15 分钟左右，便可食用。

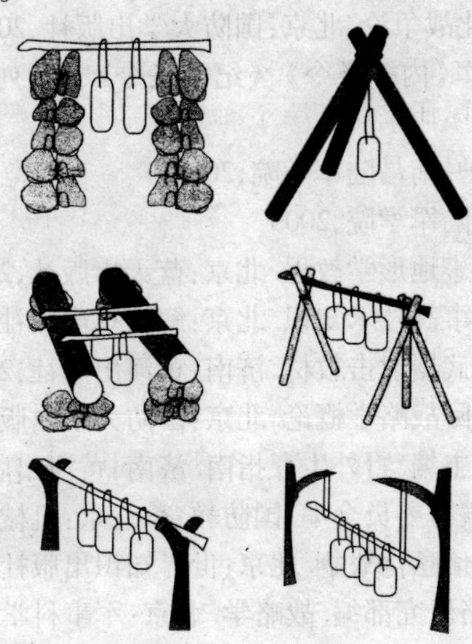

图 10 －27　吊锅

思考题：

1. 行军方式有哪些？
2. 如何掌握行军路线和速度？
3. 宿营地应具备什么样的条件？
4. 野外生存中如何寻找水源？
5. 野外生存中如何取火？

参考文献

[1]宋时轮主编. 中国大百科全书(军事1、2卷). 北京:中国大百科全书出版社,1989

[2]宋时轮主编. 中国军事百科全书(军事思想卷). 北京:军事科学出版社,1997

[3]毛泽东选集. 北京:人民出版社,1991年

[4]邓小平文选(第一、第二、第三卷). 北京:人民出版社,1989,1993,1993

[5]刘继贤、王益民主编. 邓小平军事理论教程. 北京:军事科学出版社,2000

[6]陈岳等著. 中国周边安全分析. 北京:时事出版社,2006

[7]江泽民文选(第一、第二、第三卷). 北京:人民出版社,2006

[8]吕登明主编. 信息化战争与信息化军队. 北京:解放军出版社,2004

[9]蔡仁照著. 信息化战争论. 北京:国防大学出版社,2007

[10]中国人民解放军《内务条令》、《纪律条令》、《队列条令》. 中华人民共和国中央军事委员会,2007

[11]战术基础与防护. 南昌陆军学院,2009

[12]军事思想. 南昌陆军学院,2009

[13]朱淑清主编. 军事地形学教程. 北京:蓝天出版社,2006

[14]沈永平主编. 军事高技术知识. 北京:解放军出版社,2004

[15]曹明晶主编. 轻武器射击教材. 济南:黄河出版社,2000

[16]高金钿主编. 国际战略学概论. 北京:国防大学出版社,2001

[17]李景龙、张万良主编. 野外生存指南. 济南:黄河出版社,2003

[18]国防教育教材编写委员会编. 国防教育. 北京:机械工业出版社,2002

[19]张召忠著. 打赢信息化战争. 北京:世界知识出版社,2004

[20]军事科学院战略研究部编. 战略学. 北京:军事科学出版社,2001